田中正人
齋藤哲也 編輯監修

哲學超圖解 ②

中國・日本・歐美當代哲學篇

中西72哲人✕190哲思，600幅可愛漫畫秒懂深奧哲學，讓靈魂更自由！

【推薦】

系統性的介紹，正確且有效的認知

—— 苑舉正（臺灣大學哲學系教授）

　　哲學深奧不用我多說，但想想也知道，思想中的內容極其複雜，要讓一般人能夠體會哲學的重點，談何容易。我也不用太強調哲學的重要性，因為作為萬學之母，哲學引導我們的生活，決定做什麼行為。

　　因為這兩點，所以大家都很期待學習哲學，但因為哲學困難，所以大家都想用最簡單的方式，理解哲學。

　　我一直覺得，如果不能夠深入淺出，不能夠在生活中活用，哲學的意義不大。但是，想要輕鬆理解哲學，還要體會哲學的精義，是一件很不容易的事情。本書的作者，田中正人，透過圖解的方式，做到了這一點。作者在上次取得成功以後，再次出版圖解哲學，但是千萬不要以為這僅僅是續集而已。這本書裡**所顯現出的內容，其實是好處連連。本書的價值，除了延續傳統，透過圖解的方式讓哲學內容能夠明確呈現之外，還包含如下面四個重點：**全面性，在地性，對比性，以及歷史觀。

　　這本書全面地涉及世界的主要哲學，其中包含了中國哲學傳統，日本唯心哲學，當代歐陸哲學，以及英美分析哲學。這四種哲學所代表的，不僅是地域上的區別，而是自古到今，整個哲學發展在各個地區，因為不同的環境，出現的不同關懷。

　　中國哲學中所列舉的16位哲學家，當中很明確地把所有的哲學家，按照儒家、道家、墨家、法家、名家、兵家、農家、縱橫家、陰陽家，以及後來結合佛家的宋明理學，選定以朱熹與王陽明作為代表，對中國哲學的

人類若未自行判斷自己的罪行，便無法徹底地愛自己。

1897～1962
巴塔耶

發展，做了一個全面的陳述。在日本哲學方面，則是以19世紀末所出現的日本哲學界中8位哲學家為代表。他們所處理的題目，大多數以唯心論為主。透過這些說明，可以對日本哲學的近代發展有一個非常全面的認識。本書中所強調的歐陸哲學家，是針對上一本書所作的補充，但是這個補充裡面所涉及的題目還是非常有系統的，尤其是針對生命的發展中所顯現認知。這個部分就是當代歐陸哲學的重點，理解它們基本上可以全面的掌握歐陸哲學的發展方向。英美哲學是本書中的主要部分。在38位哲學家的介紹當中，作者從美國實用主義開始，透過語言哲學、科學哲學、心靈哲學、認知科學，發展到科學影響下，延伸出來的倫理學與形上學。本書在這些議題上，做出非常具體而且全面的介紹。

我針對這本書的在地性，強調的重點以中國哲學為主。通常，我們接觸的中國哲學，經常通過列舉各家各言的方式，但對於它們的連接關係，卻不能給出一個完整的理解。這本書介紹中國哲學的方式很不一樣，因為它是以說故事的方式，讓我們瞭解中國哲學中各家立場產生的原因，以及它們轉化的過程。

各家哲學的產生，都有特定的內外因素。外在的因素是因為時代的改變，造成了思想上的變動，而內部的因素則是因為理念的發展，導致思想的深化。這種陳述的方式，讓我們感覺本書擁有一個融貫架構，非常能夠滿足我們理解中國哲學的期待。在閱讀哲學書籍的時候，對比性具有很大

愛多者
則法不立。

法家

BC280~BC233
韓非

的幫助。一本哲學書以深入淺出的方式講了不同的哲學後，再加上對比，讓我們可以活用理解，以及透過對比產生的效果，更能夠加強吸收內容。

在儒家的介紹中，孔子、孟子，以及荀子之間的思想對比，讓我們瞭解，孔子以仁禮為主的中心思想，在孟子與荀子那裡，有兩種不同的發展，構成了這三位偉大哲學家的思想。

其次，在整個發展上，中國哲學與西方哲學，以及佛教哲學之間的對比，有助於我們理解不同地區產生的哲學，它們強調的議題，以及面對這些議題的態度。這些差異不單單是不一樣而已，也具有系統上的隔閡。

第三種對比，是有關中國哲學與日本哲學的差異。在日本哲學的發展上，一開始對於什麼是哲學，即有明確的認知，而中國哲學在思想跟哲學之間，沒有做明顯的區別。這個對於「哲學是什麼？」的認知差異，說明了這兩個地區在接受哲學薰陶的過程中，有本質上的不同。讀者可以自己慢慢體會它們的差別。

最後在**歷史觀方面，是我覺得本書最精彩的地方**。我講兩個例子，讓大家可以發現歷史的轉折，決定了哲學的方向。

第一點是日本哲學的歷史發展。日本的思想原先以從中國傳來的朱子學為主，然後透過陽明心學，反對朱子學。後來在與西方接觸的過程中，日本哲學全面地接受了德國哲學的影響，發展出自己的唯心論。日本哲學在發展唯心論的過程中，對於哲學有明確的認知。因此，本書特別強調，對於日本而言，哲學就是哲學，宗教、思想，甚至倫理規範，都不能夠算是嚴格定義下的哲學。這一點必須透過歷史變革，才能理解。本書另外一個歷史觀點是英美哲學的發展。英美哲學大多數處於當代，但是在哲學發

機械會思考嗎？

1912～1954
圖靈

展中，它們始終與科學對話，並因此而產生各式各樣的哲學。英美哲學在發展的過程中，逐步地經過原先代表美國精神的實用主義，進一步發展語言分析，然後是科學哲學，認知科學，心靈哲學。在這些不同的哲學發展中，科學的成就是貫穿這些哲學的主軸。科學是人類歷史發展中最重要的成就，也是一個最明顯的事實，而英美哲學中對於科學所產生的效應，透過哲學思考，形成各式各樣哲學的核心。因此，在企圖瞭解人的認知與心靈之後，英美哲學將哲學的發展，延伸到倫理學以及形上學。英美哲學在這兩個領域當中，處理的議題來自傳統，但完全從科學認知的角度來看待這些議題。

在說完上述四個重點之後，我必須強調**本書的編撰方式非常具有系統。無論是哪個地方的哲學，他都是先介紹哲學家，然後再介紹這些哲學家所產生的系統**。接著，作者再透過圖解的方式，介紹系統裡所呈現的主要議題。**這個完整的系統，讓本書就像是一本當代哲學的百科全書**。作者似乎對於這一點感覺非常驕傲，因為他在撰寫本書的過程中，強調本書中任何一頁，任何一個主題，都是可以獨立閱讀的。

閱讀哲學書的經驗，讓我對於這一點感到非常驚訝。在閱讀完本書後，我發覺作者講的很有道理。我希望，所有的讀者能夠以本書，作為百科全書式的工具書，可以透過本書的查閱，對於哲學的理解，得到一個正確，而且有效的認知。

我向國內所有哲學的愛好者鄭重地推薦本書，並且希望他們能夠在閱讀本書之後，對於哲學發展的脈絡系統，以及歷史觀產生極大的興趣，作為閱讀其他哲學書籍的準備。

【推薦】

補足全面哲學觀念，脈絡淺顯易懂

—— 王偲宇（員林高中歷史教師）

　　野人文化出版的《哲學超圖解2【中國‧日本‧歐美當代哲學篇】》是《哲學超圖解》的姊妹作，前一集主要以西方哲學為主，橫跨古代到現代的72位思想家，此次範圍擴大的東方，包括中國歷代哲學家與其思想、日本哲學家、以及歐美當代的哲學家等72位，彌補前一集所缺乏的單元，其特色仍以漫畫圖像與短句詮釋了各時期各地思想家最精華的哲學觀念。在現今中學教育重視素養閱讀之際，**本書的出版，可謂將國文與歷史課程當中常提及的東西哲學家思想的脈絡淺顯易懂的呈現出來，確實很值得向中學師生來推薦。**

化簡為繁，化繁為簡

——吳一昏（花蓮女中歷史教師）

　　哲學是個繁複的學問，它在簡單的事物中體悟出複雜的理念，所以往往讓一般大眾有難以親近的感覺，許多專業用語也形成學習哲學的門檻，常常令人有不得其門而入的感受。

　　正因如此，當本書的前作《哲學超圖解》出版之時，便讓許多人有耳目一新之感，《哲學超圖解》使用大量的圖例做為輔作，幫助讀者理解哲學用語，讓人更容易享受學習哲學的樂趣。

　　但《哲學超圖解》出版之時，便有人指出本書偏重西方哲學，未能涵括東亞哲學，是其可惜之處。此刻《哲學超圖解2【中國‧日本‧歐美當代哲學篇】》的出版，恰恰補足前作的不足之處。此外，本書在人物介紹方面，較前作增添了哲學家的著作內容，也有助於讀者進一步深入鑽研。

　　如果說哲學是門化簡為繁的學科，有助於提升人的思想層次，讓人用嶄新的視野解讀萬物。本書則是以化繁為簡的書寫方式，讓人得以洞見哲學領域的奧妙之處。相信正在閱讀的你能隨著圖像化的說明與精準詮釋的短語，找到觀看世界萬物的多元視角。

在無法言說之處，必須沉默。

1889～1951
維根斯坦

【推薦】

萌感十足的哲學普及書

—— 哲學蟲（哲學Youtube頻道《哲學蟲》）

身為哲學普及推廣的新手，一直在嘗試著用有趣、不無聊的方式帶領大眾瞭解哲學。我是一個很懶惰的人，準備哲學普及影片時常遇到的問題是：文本繁瑣又枯燥，令我難以閱讀下去，更別提將它轉化成有趣不無聊的內容交給大眾，簡直是天方夜譚。

但田中正人的《哲學超圖解》和那些枯燥的文本不同，可以說是一本附有可愛插圖的「哲學圖鑑」，而它的續集《哲學超圖解2【中國‧日本‧歐美當代哲學篇】》一書，不但延續了第一本的可愛風格，更將許多當代哲學概念深入淺出地交給讀者。**這本書將複雜、抽象的哲學概念轉為圖像，再搭配文字說明，不但能輕鬆閱讀，而且不失哲學思辨的趣味。**

我本身是學習英美分析哲學的，但在閱讀中國、日本以及歐美哲學的部分時，卻不會感到枯燥乏味或是難以理解，甚至能透過書中的索引，和英美分析哲學的概念作連結，我想這是本書的優點之一吧！不同領域的哲學概念能夠互相連結，讓讀者能夠融會貫通。

如果你看過《哲學超圖解》，那你絕對不能錯過《哲學超圖解2【中國‧日本‧歐美當代哲學篇】》；如果你對哲學有那麼一丁點的好奇，那這兩本書絕對是你入門哲學的好夥伴！我不敢說這本書是多偉大的哲學書籍，但它絕對是你必須收藏的哲普書籍之一。原因是：**你有看過這麼萌的哲學書嗎？**

潜意識就如語言一般具有其構造。

1901～1981
拉岡

深度思考，化解五毒

—— 冀劍制（華梵大學哲學系教授兼文學院院長）

　　世間有所謂的五毒，分別是蛇、蠍、蜈蚣、蟾蜍和蜘蛛。只要遇上了，就要趕快躲開，以免受害。佛學也談五毒，談得是精神世界裡的毒物，分別是貪、嗔、痴、慢、疑。只要避得開，便能享受寧靜、安心、幸福的人生。少了腐化人心的亂源，社會也將風調雨順。但遺憾的是，多數人尚未察覺自己已深陷毒害而難以自拔。在這五毒中，臺灣早期社會受害最深的，是「貪」。這或許是因為多數人生活在物質生活匱乏的恐懼中，順著本能努力堆積財富與擴張權勢，掌控越多資源，就越能安心生活。於是，社會陷入惡性循環，貪念順勢成了最佳競爭力，在不知不覺中塑造出一股難以跳脫的貪婪文化。然而，社會進步了。福利政策與基本工資的調升讓多數人不再受資方壓榨而深陷苦難；全民健保制度的實施讓沒有高額保證金就無法就醫的情況不再發生；民主政治的實現，讓高官無法欺壓百姓。於是，累積財富與擴張權勢的迫切性降低，貪婪文化也在新世代的崛起中逐漸降低影響力。

現代新五毒之首

　　到了現代，五毒中異軍突起，造成人心與社會動盪最嚴重的，反而是過去對社會影響較小的「慢」，傲慢。網路時代資訊發達，輕而易舉便能獲得大量知識。但是，普羅大眾缺乏深度思考，看不清知識背後的虛假與

脆弱，只見自己知道了什麼，不見自己的無知，便容易自以為是。在網路上、在生活中、在政論節目裡，甚至在新聞播報現場，膚淺的見解與輕率推理，傳播傲慢之心，讓整體文化陷入新的毒害而不斷製造紛爭。

　　欲解此毒，最好的方法，就是建立一股深度思考的新文化。對於所獲得的訊息，習慣性的自問「真的是這樣嗎？」以及「為何是這樣？」人們便容易在深度理由的找尋中，看見自己的無知。在無知的自覺裡，求知之心將取代傲慢。也就是說，現代社會最重要的藥方，就是從兩千多年前開始，希臘哲學家蘇格拉底最強調的智慧：「無知之知」。**從深度思考到獲得無知之知的智慧，最好的路徑就是讀哲學**。但這條路也不容易，我們可以發現許多哲學人學了高明的哲學推理能力後，並未走向內在去認識自己的不足，而只擅長於指責他人。在無法掌握自己的無知，又能成功批判他人的情況下，反而更加傲慢。但這終究只是一個學習過程。萬事俱備，只欠東風。遲早有一天，當時機成熟，思路轉了彎，便能撥雲見日、走向認識自我之路。

　　所以，提升哲學風氣，是治療傲慢社會的根本之道。很幸運的，就在臺灣社會遭受傲慢毒害最嚴重的同時，刮起了一股哲學風潮。許多好書順勢出版，而《哲學超圖解》，更是一本可以讓人快速上手的利器。

簡單說明哲學並不容易

　　幾年前，曾有出版社邀我寫一本簡單介紹哲學專有名詞的書。當時我拒絕了，理由是，這樣的書很多人都可以寫，對我來說沒有挑戰性，我希

我不是因為悲傷而哭泣，而是因為哭泣而悲傷。

1842～1910
詹姆士

望把時間用在更適合發揮個人長處的地方。

後來發現，我錯了！因為簡單介紹哲學名詞，其實並不容易。尤其在2015年遇見第一本《哲學超圖解》後，更深刻體會。它能用簡單的字句呼應許多艱難的專有名詞，精確到位，嘆為觀止。

從那時起，我就不時聽到學生表達對此書的喜好。當然，作為一個哲學老師，我總是叮嚀學生，學習哲學不能只停留在簡介，還必須尋找更專門的書籍深入研讀才行。但即使如此，還是必須肯定其帶來的價值。尤其當我們對哲學理論先有大致的掌握後，在深入閱讀時也比較容易抓住重點。

當時，我針對那本書提出五項主要優點：(1)**好的圖解更容易閱讀。**(2)**用最少的字，表達最豐富的內容。**(3)**主題分明，重點清楚。**(4)**特殊的編排方式讓閱讀更沒壓力。**(5)**可以當哲學字典查閱。**

這種簡介哲學的方式，可以讓人很快發現自己感興趣的哲學家和哲學理論。依據興趣深入探索，更容易把握哲學的精要。

如果硬要說那一本有什麼缺點，那就是以扮演一本哲學詞典的角色來說，範圍不夠廣泛，尤其缺乏傳統東方思想與許多現代分析哲學理論。所以，當我看見這本續集的稿件時，便有一種「原來大家都有相同想法」的感覺。這本續集，持續保有原本的優點，而且補足了之前缺少的部分。合併起來，更加完整。

但願這本《哲學超圖解2【中國‧日本‧歐美當代哲學篇】》的加持，能在掃除人心五毒的戰場上，成為最強的生力軍。

廣義來說，得到愛情的人，其實正是給予愛情的人。

1872～1970
羅素

【推薦】

體會多元的邏輯思維模式

—— 孫玉如（金陵女中歷史教師、圖書館主任）

　　幾年前閱讀野人文化出版的《哲學超圖解》時，就覺得使用圖像來介紹哲學的方式，很特別！不過介紹的哲學家多以西方為主，當時就想：如果能用這種編排方式向讀者介紹中國哲學家、東亞哲學家，那該有多好！沒想到，多年後這個小小願望竟被《哲學超圖解2【中國・日本・歐美當代哲學篇】》滿足了！真好！

　　書中依序介紹中國、日本、歐陸、英美哲學概念。對於中學生而言，中國哲學的部分，全都是高中歷史一定會介紹的重要哲學概念，可以藉此補強課堂所學；其他部分雖然比較陌生，但剛好可以增加新知、擴大視野。不過，仍有些概念應該是有所聽聞的，如：作者之死、國家的意識形態機器、典範、潛意識、存在主義……等。不少中學生對於「哲學」，總是一知半解、似懂非懂，甚至拒之於門外。但是，作者在書中以「文字」連接脈絡，以「圖像」解釋例子，兩者相輔相成，可以針對資訊做最合適的設計；提供讀者實際圖像，呈現抽象概念，且一次只講一個主軸的原則，也讓資訊更能完整傳遞。也許此書可以成為中學生們淺嘗哲學的美好初體驗，做為未來深入發展各哲學專門理論的準備。

　　《中庸》：「致廣大而盡精微，極高明而道中庸。」學習有不同的面向，閱讀亦然；我們無法一下子做到「深而精」，但可以試著先從「博而遠」來努力。此書也許沒有辦法給予讀者關於各哲學家的完整想法論述，但絕對是引領讀者一窺究竟的入門磚，尤其書中設計許多「超連結」、「辭典」索引，讓看似各自存在的篇章，在不會互相踰越彼此疆界的狀況下，卻又有整體性、系統性的整合關係。

　　特將此書推薦給有意一窺哲學樣貌的中學生們，藉由閱讀本書體會哲學家們多元的邏輯思維模式。

【推薦】

駛向偉大航道的絕好望遠鏡

——杜可瑜（大直高中歷史教師）

　　愛好探求知識的人，多半肯定哲學的重要性，認為能透過哲學增進思考、分析與討論議題的能力，而當生命遭遇困頓、挫折時，更能經由哲學找尋到出口；然而，即便如此，對於哲學還是不免會有「可遠觀而不可褻玩」的心理障礙。所幸，野人文化翻譯出版了《哲學超圖解》系列，以可愛的插圖和簡要的說明，將看似遙不可及的哲學化為近在眼前的好景。

　　在以「中國・日本・歐美當代哲學篇」為主題的續集，綜合了東亞和歐美當代的哲學發展，尤其切合臺灣目前的情況。在文化與價值觀方面，臺灣恰恰成為三方的匯集；以漢人移民為主的社會，使我們從個人到家庭乃至於政治……等等，都受到中國傳統文化的影響，而曾被殖民的過去，以及日本對現代東亞的影響，也是臺灣不能迴避的。至於歐美當代哲學，不僅延伸出許多學術領域的新趨勢，同時影響了當代藝術文化的發展。認識這些形塑當代臺灣與臺灣人的文化根源，提供了思考的可能、批判的基礎，於是我們能夠選擇和取捨——要成為怎樣的人、要構築怎樣的社會、如何看待與表達我們的世界……

　　當然，《哲學超圖解2【中國・日本・歐美當代哲學篇】》並不能作為理解這些哲學家、哲學概念的唯一來源，不過，如果在駛向偉大航道

時，能有一只絕好的望遠鏡在手，先能窺見遠方的丁點美好，會更有勇氣、更有動力破浪前往真實的明媚風光吧！

　　《哲學超圖解2【中國‧日本‧歐美當代哲學篇】》，就是那只絕好望遠鏡！

CONTENTS

本書使用說明 --- 012

中國哲學

▶年表

中國哲學家 --- 016

▶哲學家介紹

孔子｜老子 --- 018

孫子｜墨子 --- 019

莊子｜孟子 --- 020

鄒衍｜蘇秦 --- 021

張儀｜許行 --- 022

公孫龍｜荀子 --- 023

韓非｜董仲舒 --- 024

朱熹｜王陽明 --- 025

▶哲學概念解說

中國哲學 --- 026

諸子百家 ---孔子等人 ---------- 028

儒家 --孔子等人 ---------- 030

仁｜禮 --孔子 ---------- 032

德治主義 --孔子 ---------- 034

道 --孔子 ---------- 035

《論語》 --孔子 ---------- 036

性善説 --孟子 ---------- 038

五倫五常 --孟子 ---------- 040

仁義 --孟子 ---------- 042

大丈夫 --孟子 ---------- 043

王道 (政治) --孟子 ---------- 044

易姓革命 --孟子 ---------- 045

性惡説 --荀子 ---------- 046

禮治主義 --荀子 ---------- 048

墨家 --墨子等人 ---------- 049

兼愛 --墨子 ---------- 050

非攻 ---------------------------------- 墨子 ---------------- 052

兵家 ---------------------------------- 孫子等人 ---------- 054

名家 ---------------------------------- 公孫龍等人 -------- 056

陰陽家 -------------------------------- 鄒衍等人 ---------- 058

縱橫家 -------------------------------- 蘇秦等人 ---------- 059

法家 ---------------------------------- 韓非等人 ---------- 060

法治主義 ------------------------------ 韓非 -------------- 061

道家 ---------------------------------- 老子等人 ---------- 062

道 ------------------------------------ 老子 -------------- 064

大道廢，有仁義 ------------------------ 老子 -------------- 066

自然無為 ------------------------------ 老子 -------------- 067

上善若水 ------------------------------ 老子 -------------- 068

柔弱謙下 ------------------------------ 老子 -------------- 070

絕學無憂 ------------------------------ 老子 -------------- 072

知足 ---------------------------------- 老子 -------------- 073

小國寡民 ------------------------------ 老子 -------------- 074

老莊思想 ------------------------------ 莊子等人 ---------- 076

莊周夢蝶 ------------------------------ 莊子 -------------- 077

萬物齊一 ------------------------------ 莊子 -------------- 078

朝三暮四 ------------------------------ 莊子 -------------- 079

無用之用 ------------------------------ 莊子 -------------- 080

逍遙遊 -------------------------------- 莊子 -------------- 081

心齋坐忘 ------------------------------ 莊子 -------------- 082

四書五經 ------------------------------ 朱熹等人 ---------- 084

朱子學 -------------------------------- 朱熹 -------------- 086

理氣二元論 ---------------------------- 朱熹 -------------- 088

性即理 -------------------------------- 朱熹 -------------- 090

居敬窮理 ------------------------------ 朱熹 -------------- 092

格物致知 ------------------------------ 朱熹 -------------- 094

陽明學 -------------------------------- 王陽明 ------------ 095

心即理 -------------------------------- 王陽明 ------------ 096

良知 ---------------------------------- 王陽明 ------------ 098

知行合一 ------------------------------ 王陽明 ------------ 099

日本哲學

▶年　表

日本哲學家 --- 102

▶哲學家介紹

西周｜西田幾多郎 ---------------------------------- 104

鈴木大拙｜田邊元 ---------------------------------- 105

九鬼周造｜和辻哲郎 -------------------------------- 106

三木清｜戶坂潤 ------------------------------------ 107

▶哲學概念解說

日本哲學 -- 108

純粹經驗 ------------------------------ 西田幾多郎 --------- 110

主客未分 ------------------------------ 西田幾多郎 --------- 112

善 ------------------------------------ 西田幾多郎 --------- 114

述詞邏輯 ------------------------------ 西田幾多郎 --------- 116

場所邏輯 ------------------------------ 西田幾多郎 --------- 118

絕對無 -------------------------------- 西田幾多郎 --------- 120

絕對矛盾的自我同一 -------------------- 西田幾多郎 --------- 122

懺悔道 -------------------------------- 田邊元 ----------- 124

構想力 -------------------------------- 三木清 ----------- 126

粹 ------------------------------------ 九鬼周造 --------- 128

偶然 ---------------------------------- 九鬼周造 --------- 129

自然 ---------------------------------- 九鬼周造等人 ------- 130

風土 ---------------------------------- 和辻哲郎 --------- 132

「間柄」的存在 ------------------------ 和辻哲郎 --------- 134

無分別智 ------------------------------ 鈴木大拙 --------- 136

妙好人 -------------------------------- 鈴木大拙 --------- 138

歐陸哲學

▶年　表

歐陸哲學家 -- 142

▶哲學家介紹

柏格森｜班雅明 --- 144

巴塔耶｜高達美 --- 145

拉岡｜阿多諾 --- 146

羅蘭・巴特｜阿圖塞 --- 147

▶哲學概念解說

歐陸哲學 --- 148

影像 -- 柏格森 ------------- 150

綿延 -- 柏格森 ------------- 152

生命衝力 --- 柏格森 ------------- 154

消盡 -- 巴塔耶 ------------- 156

情色 -- 巴塔耶 ------------- 158

否定辯證法 -------------------------------------- 阿多諾 ------------- 160

靈光 -- 班雅明 ------------- 162

拱廊街計畫 -------------------------------------- 班雅明 ------------- 164

視野 -- 高達美 ------------- 166

鏡像階段 --- 拉岡 --------------- 168

想像界｜象徵界 --------------------------------- 拉岡 --------------- 170

現實界 -- 拉岡 --------------- 172

群體語言 --- 羅蘭・巴特 ------ 174

神話作用 --- 羅蘭・巴特 ------ 176

作者之死 --- 羅蘭・巴特 ------ 178

認識論的斷裂 ----------------------------------- 阿圖塞 ------------- 180

多元決定 --- 阿圖塞 ------------- 182

意識形態國家機器 ------------------------------ 阿圖塞 ------------- 184

英美分析哲學

▶年　表

英美哲學家 -- 188

▶哲學家介紹

皮爾斯｜詹姆士 --- 190

杜威｜弗雷格 -- 191

懷海德｜麥克塔加特 -- 192

羅素｜摩爾 -- 193

愛因斯坦｜維根斯坦 -- 194

卡納普｜萊爾 -- 195

卡爾・巴柏｜奎因 -- 196

艾耶爾｜莫頓 -- 197

奧斯丁｜圖靈 -- 198

戴維森｜赫爾 -- 199

斯馬特｜羅爾斯 --- 200

孔恩｜費耶阿本德 -- 201

普特南｜法蘭克福 -- 202

羅蒂｜希爾勒 -- 203

內格爾｜諾齊克 --- 204

克里普克｜路易斯 -- 205

邱吉蘭德｜丹尼特 -- 206

布拉克｜因維根 --- 207

傑克森｜辛格 -- 208

索卡｜查默斯 -- 209

▶哲學概念解說

英美哲學 (分析哲學) --- 210

◉實用主義

實用主義 ----------------------------------- 皮爾斯等人 --------- 214

可錯論 -- 皮爾斯 --------------- 216

誘導法 -- 皮爾斯 --------------- 218

有用即是真理 ----------------------------- 詹姆士 --------------- 220

工具主義 ----------------------------------- 杜威 ------------------ 222

有保證的可斷言性 ———————————— 杜威 ————————— 224

創造性智能 ————————————————— 杜威 ————————— 226

●語言哲學與科學哲學

語言分析哲學 ———————————————— 維根斯坦等人 ———— 230

指涉／指稱 ——————————————————— 弗雷格 ——————— 232

語句 (命題) ———————————————————— 弗雷格 ——————— 234

意涵 ——————————————————————— 弗雷格 ——————— 236

描述詞理論 ——————————————————— 羅素 ————————— 238

圖像理論 ———————————————————— 維根斯坦 ————— 240

語言遊戲 ———————————————————— 維根斯坦 ————— 242

家族相似性 ——————————————————— 維根斯坦 ————— 244

科學哲學 ———————————————————— 卡納普等人 ———— 246

邏輯實證主義 —————————————————— 卡納普等人 ———— 248

可否證性 ———————————————————— 卡爾‧巴柏 ———— 250

整體論 ——————————————————————— 奎因 ————————— 252

自然主義 ———————————————————— 奎因等人 ————— 254

經驗主義的兩個教條 ——————————————— 奎因 ————————— 256

翻譯的不確定性 ————————————————— 奎因 ————————— 258

新實用主義 ——————————————————— 奎因等人 ————— 260

科學實在論｜反實在論 —————————————— 普特南等人 ———— 262

奇蹟論證｜悲觀歸納 ——————————————— 普特南等人 ———— 263

典範 ——————————————————————— 孔恩 ————————— 264

新科學哲學 ——————————————————— 孔恩等人 ————— 266

認知無政府主義 ————————————————— 費耶阿本德 ———— 268

反基礎主義 ——————————————————— 羅蒂 ————————— 270

言語行為理論 —————————————————— 奧斯丁 ——————— 272

●心靈哲學

心靈哲學 ———————————————————— 萊爾等人 ————— 276

實體二元論｜性質二元論 ————————————— 笛卡兒等人 ———— 278

物理主義 ———————————————————— 萊爾等人 ————— 280

機器中的幽靈 —————————————————— 萊爾 ————————— 282

範疇誤用 ———————————————————— 萊爾 ————————— 283

行為主義 ———————————————————— 萊爾等人 ————— 284

同一論 ----------------------- 斯馬特 ----------------- 286

類別同一論｜個例同一論 --------------- 戴維森等人 --------- 288

功能主義 ----------------------- 普特南等人 ----------- 290

計算機功能主義｜黑箱功能主義 --------- 普特南等人 ----- 292

圖靈測試 ----------------------- 圖靈 ----------------- 294

取消主義 ----------------------- 邱吉蘭德 ------------- 296

笛卡兒劇場 --------------------- 丹尼特 --------------- 298

現象意識 ----------------------- 查默斯等人 ----------- 300

感質 --------------------------- 查默斯等人 ----------- 302

副現象論 ----------------------- 傑克森等人 ----------- 304

黑白瑪莉論證 ------------------- 傑克森 --------------- 306

哲學殭屍 ----------------------- 查默斯 --------------- 308

自然主義二元論 ----------------- 查默斯 --------------- 309

中國人民 ----------------------- 布拉克 --------------- 310

中文房間 ----------------------- 希爾勒 --------------- 311

生物自然主義 ------------------- 希爾勒 --------------- 312

當蝙蝠是什麼滋味？ ------------- 內格爾 --------------- 314

◉倫理學

倫理學 ------------------------- 摩爾等人 ------------- 318

直覺主義 ----------------------- 摩爾 ----------------- 320

情緒主義 ----------------------- 艾耶爾 --------------- 322

規約主義 ----------------------- 赫爾 ----------------- 324

非認知主義 --------------------- 赫爾等人 ------------- 325

自由意志主義 ------------------- 羅爾斯 --------------- 326

動物權利 ----------------------- 辛格 ----------------- 328

生命倫理學｜環境倫理學 --------- 辛格等人 ------------- 330

◉形上學

(當代) 形上學 ------------------ 普特南等人 ----------- 334

桶中之腦 ----------------------- 普特南 --------------- 336

經驗機器 ----------------------- 諾齊克 --------------- 337

時間的不實在性 ----------------- 麥克塔加特 ----------- 338

可能世界 ----------------------- 克里普克 ------------- 340

模態實在論 --------------------- 路易斯等人 ----------- 342

沼澤人 --- 戴維森 ------------- 344

決定論 --- 丹尼特等人 --------- 346

嚴格不相容論 -------------------------------- 因維根等人 -------- 348

附 錄

歷代哲學家 --- 352

▶哲學概念解說

理型 --- 柏拉圖 ------------- 356

我思，故我在 --------------------------------- 笛卡兒 ------------- 358

主觀｜客觀 ----------------------------------- 笛卡兒 ------------- 360

二元論 --- 笛卡兒 ------------- 361

泛神論 --- 斯賓諾莎 ---------- 362

在永恆的相下 --------------------------------- 斯賓諾莎 ---------- 364

物自身 --- 康德 --------------- 366

道德法則 -------------------------------------- 康德 --------------- 368

定言命式 -------------------------------------- 康德 --------------- 369

辯證法 --- 黑格爾 ------------- 370

效益主義 -------------------------------------- 邊沁 --------------- 372

快樂計算 -------------------------------------- 邊沁 --------------- 373

最大多數人的最大幸福 ----------------------- 邊沁 --------------- 374

生產關係 -------------------------------------- 馬克思 ------------- 375

（勞動的）異化 ------------------------------ 馬克思 ------------- 376

上層建築｜下層建築 ------------------------- 馬克思 ------------- 377

潛意識 --- 佛洛伊德 ---------- 378

本我｜自我｜超我 --------------------------- 佛洛伊德 ---------- 379

現象學 --- 胡塞爾 ------------- 380

存在主義 -------------------------------------- 齊克果 ------------- 382

存在先於本質 --------------------------------- 沙特 --------------- 383

符號的任意性 --------------------------------- 索緒爾 ------------- 384

結構主義 -------------------------------------- 李維史陀 ---------- 386

主要參考文獻 --- 388

索　引 --- 392

本書使用說明

本書分為「中國哲學」、「日本哲學」、「歐陸哲學」與「英美哲學（分析哲學）」這四個部分。

「中國哲學」主要介紹諸子百家的學者思想。「日本哲學」介紹的是明治後期，也就是「哲學」一詞在日本出現以後的哲學。「歐陸哲學」這個部分介紹了《哲學超圖解》尚未提及的柏格森等八位歐陸哲學家，他們所提倡的哲學。關於歐陸哲學的用語，篇幅會比《哲學超圖解》多。與歐陸哲學一樣誕生於二十世紀的英美哲學則是歸在本書的「英美哲學（分析哲學）」篇，並且重新詳細介紹（「英美哲學」的部分用語會與《哲學超圖

哲學家介紹頁面

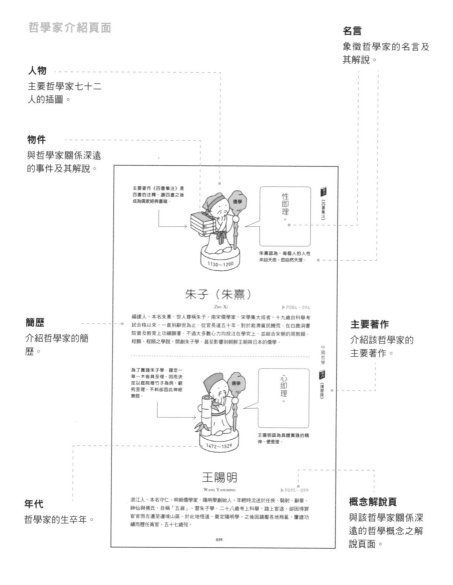

名言
象徵哲學家的名言及其解說。

人物
主要哲學家七十二人的插圖。

物件
與哲學家關係深遠的事件及其解說。

簡歷
介紹哲學家的簡歷。

主要著作
介紹該哲學家的主要著作。

年代
哲學家的生卒年。

概念解說頁
與該哲學家關係深遠的哲學概念之解說頁面。

解》重複）。另外，卷末的「附錄」是《哲學超圖解》的解說，是同時在本書也會派上用場的名詞。

本書從哪一頁開始翻閱都可以。不過各章一開始解說的用語會出現在之後的說明，因此建議從各章開頭開始翻閱，這樣閱讀起來會比較輕鬆。若把本書當成哲學概念辭典使用，卷末的索引很方便。查閱哲學概念時，除了哲學概念本身的那一頁外，若一併參閱相關頁面，將可加深理解。

資料

〔意義〕
以一句話簡單解說概念意義。

〔具體實例〕
舉出屬於某種類別或群體的具體實例或代表人物。

〔對立詞〕
介紹在概念或想法上與此處概念對立的概念。

〔文獻〕
舉出以此概念為中心展開討論的文獻。

〔相關概念〕
列舉書中相關的概念標題。

〔備註〕
解說有助於進一步理解此概念的有用知識。

哲學概念解說頁面

哲學概念標題
介紹一百五十多個主要哲學概念。

相關哲學家簡介頁碼
介紹相關哲學家的頁碼標示

相關哲學家
與標題概念關係深遠的Q版哲學家插圖。

解說
解說標題概念。

其他重要用語
不同於標題概念的其他哲學概念，重要度與標題概念相同。

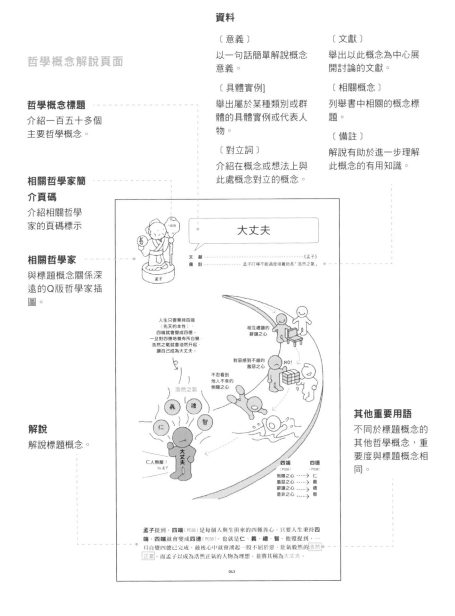

中國哲學

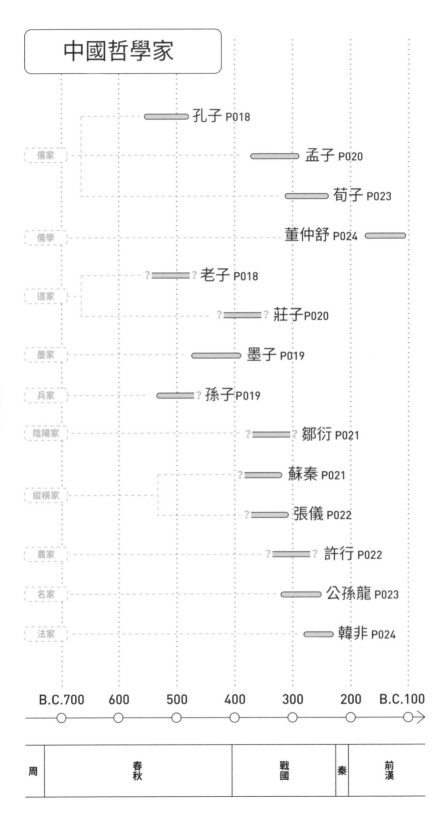

中國哲學

中國哲學家

- 儒家
  - 孔子 P018
  - 孟子 P020
  - 荀子 P023
- 儒學
  - 董仲舒 P024
- 道家
  - ? 老子 P018 ?
  - ? 莊子 P020 ?
- 墨家
  - 墨子 P019
- 兵家
  - 孫子 P019 ?
- 陰陽家
  - ? 鄒衍 P021 ?
- 縱橫家
  - ? 蘇秦 P021
  - ? 張儀 P022
- 農家
  - ? 許行 P022 ?
- 名家
  - 公孫龍 P023
- 法家
  - 韓非 P024

| B.C.700 | 600 | 500 | 400 | 300 | 200 | B.C.100 |

周	春秋	戰國	秦	前漢

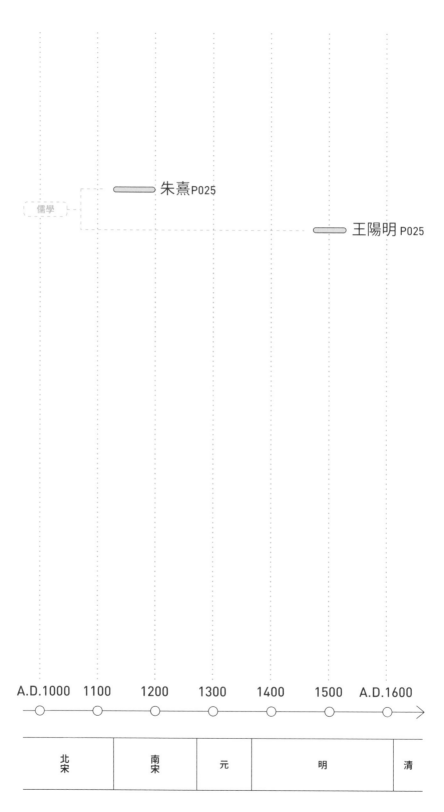

儒學

朱熹 P025

王陽明 P025

中國哲學

A.D.1000　1100　　1200　　1300　　1400　　1500　A.D.1600

| 北宋 | 南宋 | 元 | 明 | 清 |

著作 《論語》

「仁」代表人類的體貼與關懷，「禮」是儀禮。對孔子而言，仁與禮乃為一體，而且仁必須以禮來展現。

學而不思則罔，思而不學則殆。

《論語》其中一節。意指學識與思考不可偏廢。

孔子

Kongzi

▶P028～036

春秋時代的思想家。儒家之祖。名丘，字仲尼。生於魯國昌平鄉陬邑（今山東省曲阜）。五十歲從事魯國政治改革，不幸失敗。之後與弟子周遊列國，宣揚主張，但始終得不到重用。晚年返回魯國，致力於教育弟子與著述。七十三歲歿。死後弟子將其言行結集成《論語》。

中國哲學

著作 《老子》

傳聞周室式微之後，灰心不已的老子騎著青牛，就此西行而去。

自然無為。

提倡與儒家教誨完全相反的自然無為之道，亦即人生不可妄為，要順其自然。

老子

Laozi

▶P062～074

被奉為道家之祖，戰國時代的思想家。根據司馬遷的《史記》，老子與孔子是同一時代的人物。姓李，名耳，字聃，楚國人。曾於周（東周）守藏室任吏，然而是否真有其人，疑慮不斷，眾說紛紜。《老子》（《道德經》）成書之年也尚未確定，目前仍在研究當中。

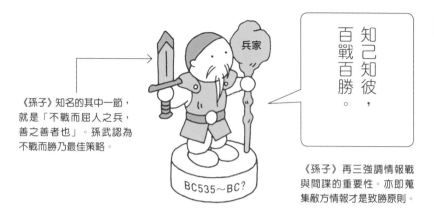

知己知彼，
百戰百勝。

《孫子》再三強調情報戰
與間諜的重要性。亦即蒐
集敵方情報才是致勝原則。

《孫子》知名的其中一節，
就是「不戰而屈人之兵，
善之善者也」。孫武認為
不戰而勝乃最佳策略。

兵家

BC535～BC?

孫子

SUNZI

▶P054

齊國人。本名孫武，春秋時代武將、兵法家。曾輔佐吳王闔閭，戰功輝煌。兵法書《孫子》今日依舊是眾多經營者與領導者愛讀的經典。此外，司馬遷亦在《史記》孫子列傳當中提及孫武的後人，孫臏。孫臏為輔佐齊威王之兵法家，亦留有兵法書，司馬遷分別將其稱為《吳孫子兵法》與《齊孫子兵法》。

據說墨子時常周遊列國，
宣揚主張，非常忙碌。因
此家中煙囪燻黑之前，就
要離開家裡。

兼愛。

墨家

墨子不滿重視仁愛，也就
是親情之愛的儒家思想，
因而提倡不分自他、人人
平等的兼愛。

BC470～BC390

墨子

MOZI

▶P049～052

諸子百家當中的墨家之祖。戰國初期思想家。墨氏，名翟。所謂墨，指的是墨刑，因此有人認為「墨子」是帶有鄙視意味之名。至於墨子身分，眾說紛紜，但有可能出身自手工業。經歷不詳。魯國人，但為宋國大夫。與儒家相反，輕禮樂，重勤勉與節用。

道家

萬物齊一。

善惡是非之區別，全是人類定義。以道的觀點來看，萬物價值，應該平等視之。

《莊子》中記載了「莊周夢蝶」這則寓言。莊子在夢中化身為蝴蝶，然而醒來之後，卻不知是自己在做夢，還是蝴蝶在夢中化身為自己。因此莊子認為，無需在意現實的標準。

BC?～BC?

莊子

ZHUANGZI ▶P076～082

本名莊周，與老子同為道家思想家。《史記》記載，莊子乃宋國蒙（今河南商丘市）人，活動時期應與孟子同代，也就是西元前四世紀末至三世紀初。一般認為是老子思想的傳承者，然而關於老子存在與否，仍有許多爭議，因此這段傳承關係亦尚無定論。

儒家

人性之善也，猶水之就下也。

人性本善，就好比水往低處流。

提倡性善說，亦即人性本為善，而惡乃來自私欲。

BC372～BC289

孟子

MENGZI ▶P038～045

戰國時期儒家代表。本名孟軻，鄒國人（今山東省鄒城市）。拜孔子之孫，也就是子思之門人為師，學習孔子教誨，並認為應將其理想付諸行動，故遊說梁、齊、宋、魯等諸國，然而成果不佳。晚年退隱返鄉，致力於弟子教育與著述。《孟子》與《論語》、《中庸》及《大學》合稱四書，並列儒家經典作品。

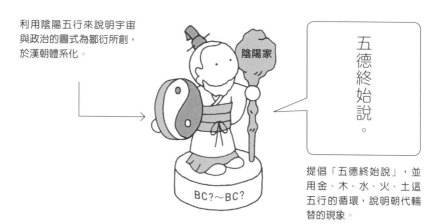

利用陰陽五行來說明宇宙
與政治的圖式為鄒衍所創，
於漢朝體系化。

陰陽家

五德終始說。

提倡「五德終始說」，並
用金、木、水、火、土這
五行的循環，說明朝代輪
替的現象。

BC?～BC?

鄒衍

ZOU YAN

▶P058

齊國人，生卒年不詳，為活躍於戰國中期至後期的思想家，陰陽學之祖。以儒者身
分向各國君主自薦卻不果，但在結合陰陽論與五行論，提倡宇宙生成與變化理論之
後，反而成為流行思想。對地理有興趣，並提出天下分為九大州的大九州說。

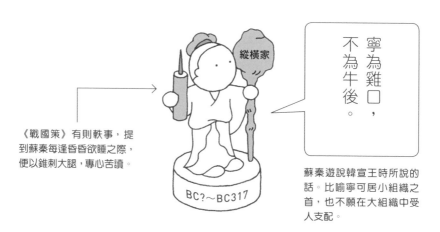

《戰國策》有則軼事，提
到蘇秦每逢昏昏欲睡之際，
便以錐刺大腿，專心苦讀。

縱橫家

寧為雞□，
不為牛後。

蘇秦遊說韓宣王時所說的
話。比喻寧可居小組織之
首，也不願在大組織中受
人支配。

BC?～BC317

蘇秦

SU QIN

▶P059

河南洛陽人。戰國時期能言善辯、遊說諸國，充分發揮外交手腕的縱橫家之一。本
想勸說秦惠文王，但勞而無功。於是遊說燕、趙、韓、魏、齊、楚，順利組成合縱
部隊以抗秦。曾掌六國宰相之印，享盡榮華富貴，卻因張儀連橫策略破六國合縱，
遭齊刺殺身亡。不過以上身世，其實眾說紛紜。

視吾舌尚在不？

能言善辯的縱橫家，牽動戰國時期的外交。

張儀在楚國時，因被冤枉偷竊璧玉而慘遭鞭刑酷打。其妻得知之後悲嘆不已，然而張儀卻問「舌頭還在嗎？」「舌在，足矣。」並繼續遊說大業。

張儀

ZHANG YI ▶ P059

魏國人。與蘇秦出自同一師門，學習辯論與外交的縱橫家。為了遵守合縱抗秦之約，蘇秦曾暗地資助張儀赴秦遊說，以制止秦國攻擊。然而一受秦惠文王重用，張儀反而到各國遊說，破解合縱之策，讓六國分別與秦國締結聯盟，成功實現連橫之策。無奈惠文王死後，未得繼位的武王信任，因而逃回魏國，以求自保。

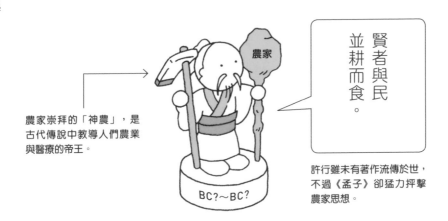

賢者與民並耕而食。

農家崇拜的「神農」，是古代傳說中教導人們農業與醫療的帝王。

許行雖未有著作流傳於世，不過《孟子》卻猛力抨擊農家思想。

許行

XU XING ▶ P029

楚國人。戰國時期屬於諸子百家中的農家。《孟子》提到許行與同伴及弟子衣衫襤褸於滕國（山東省）從事農耕，共同生活。除了倡導遵循中國古代神話帝王之一的神農之教誨，君民共耕、自給自足之外，亦主張農作物與物品應同量同價，以控制物價。

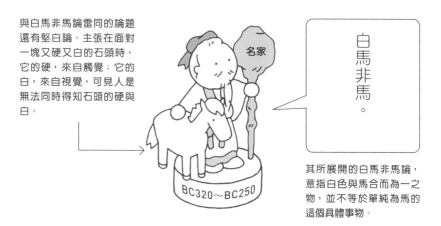

與白馬非馬論雷同的論題還有堅白論。主張在面對一塊又硬又白的石頭時，它的硬，來自觸覺；它的白，來自視覺，可見人是無法同時得知石頭的硬與白。

白馬非馬。

名家

BC320～BC250

其所展開的白馬非馬論，意指白色與馬合而為一之物，並不等於單純為馬的這個具體事物。

公孫龍

Gongsun Long

▶ P056

趙國人，戰國末期諸子百家之一。為代表名家的哲學家。在遊說燕昭王偃兵止武之後，又赴趙國力勸惠文王反戰和兼愛，因而得到其弟宰相平原君重用。但是卻因與前來趙國的陰陽家鄒衍的一場辯論而失去平原君的信賴。名家的邏輯辯證也深刻影響了莊子與荀子。

提倡性惡論，認為人若放任天性發展，將會傾向於爭奪與暴力。

人之性惡，其善者偽也。

儒家

BC313～BC238

荀子認為，人傾向於惡的天性，可藉由規範與禮儀來去惡從善。

荀子

Xunzi

▶ P046～048

趙國人。戰國後期思想家。名況。在鄉里求學之後，五十歲遊學齊國。當時齊國「稷下學宮」乃學風自由的學術機構，並於該處嶄露頭角，甚具學術地位。之後訪秦，積極宣傳基於法治主義的中央集權體制。曾任楚國地方官，卸任後依舊留在楚國，專心致力於教育與著述。門下有法家的韓非與李斯兩位弟子。

操縱臣下，必須以信賞必罰為施政要義。

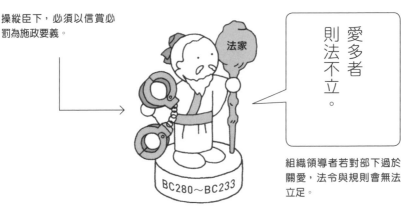

法家

愛多者則法不立。

BC280〜BC233

組織領導者若對部下過於關愛，法令與規則會無法立足。

韓非

Han Feizi　　　　　　　▶P060〜061

戰國時期的韓國貴族公子（庶出子）。受業於荀子，學習儒教後，將秦國商鞅與韓國申不害提倡的法家思想集大成，留下《韓非》一書。以韓國使者身分赴秦之際，曾因拜讀《韓非》而熱切期望見到韓非的秦王政，打算重用韓非。然而畏懼自己的地位遭受威脅的李斯，卻向秦王進讒言，陷害韓非入獄，使其在獄中毒身亡。

專心治學，聽說三年不窺園。就連騎馬時，也因心掛學問，而不知自己騎的馬是公是母。

儒學

以人隨君，以君隨天。

BC176〜BC104

意指人民聽從君主的旨意，至於君主，則是受天之命。董仲舒認為天與人之間會交互感應、相互影響，故提倡天人感應說。

董仲舒

Dong Zhongshu　　　　　▶P085

河北人。西漢儒學家。年輕時專治儒家學派之一的公羊學，景帝時任公羊博士一職。武帝時獻策，推廣儒教國教化，制定五經（《周易》、《尚書》、《詩經》、《禮記》、《春秋》），並設立五經博士，教授經典。此外，從人才徵召至土地所有，建言獻策無數。對於之後的中國統治體制影響深遠。

主要著作《四書集注》是四書的注釋，讓四書之後成為儒家經典書籍。

儒學

性即理。

朱熹認為，每個人的人性來自天命，即自然天理。

1130～1200

朱熹

ZHU XI　　　　　　　　　▶P084～094

福建人。本名朱熹，後世學者尊稱朱子。南宋儒學家，宋學集大成者。十九歲自科舉考試合格以來，一直到辭世為止，從官長達五十年。對於救濟貧民饑荒、在白鹿洞書院普及教育上功績顯著，不過大多數心力均投注在學問上，並綜合宋朝的周敦頤、程顥、程頤之學說，開創朱子學，甚至影響到朝鮮王朝與日本的儒學。

為了實踐朱子學、確定一草一木皆具至理，因而決定以庭院裡竹子為研究對象，窮究至理，不料卻因此病倒。

儒學

心即理。

王陽明認為心是具體實踐，心便是理。

1472～1529

王陽明

WANG YANGMING　　　　　　▶P095～099

浙江人。本名守仁。明朝儒學家，陽明學創始人。年輕時沉迷於任俠、騎射、辭章、神仙與佛氏，自稱「五溺」。習朱子學，二十八歲考上科舉，踏上宦途，卻因得罪宦官而左遷至邊境山區。於此地悟道，奠定陽明學。之後因鎮壓各地叛亂，屢建功績而歷任高官。

中國哲學

日文過去並沒有相對於 philosophy 的詞，故明治時期的思想家西周（P104）想出了「哲學」這個譯詞。之後中國也經由日本的傳播，開始使用「哲學」一詞。自古以來，中國與日本早已出現探索事物原理的思想理念，然而與西方不同的是，這些哲學（邏輯）與宗教之間並未有界線明確劃分，故當時也沒有「宗教」這個概念。

藝術　占卜　習慣　佛法

學問　武術　禪學

中國與日本的思想
哲學（邏輯）與宗教
毫無界線區分

哲學（邏輯）

宗教

西方哲學
哲學（邏輯）與宗教
壁壘分明

既然思考架構不同，西方概念中的「哲學」原本就無法套用在中國思想上。

不過中國卻出現了對日本影響深遠無比、人稱諸子百家（P028）的思想家，例如孔子（P018）與老子（P018）。他們的言行思想與西方截然不同，所思考的，是宇宙與人類最基本的應有狀態。這些理念，算是中國獨有的「哲學」。

我們諸子百家的思想
是「實用」的思想，
每天都能夠派上用場。

我們會相互爭論。
並且透過嚴厲批評，
讓每一個思想
更加精進。

老子　孫子
論語

道家　儒家　法家

儒家　道家

縱橫家　　　　　　　　法家

孔子　　　　老子

蘇秦　　　　　諸子百家　　　　韓非
P028

兵家　　農家　　墨家　　名家　　陰陽家

孫子　　許行　　墨子　　公孫龍　　鄒衍

和老子
一樣的
無政府思想

我們的思想
雖然屬於君主，
但是對一般人
也能派上用場

一神教的「神明」
不存於
我們的思想之中。
我們重視的是「道」。

神明

中國哲學的源流存在於**諸子百家**的思想中。因此本書將透過諸子百家的思想來介紹**「中國哲學」**。

孔子等人

諸子百家

▶018

意　義 ------- 「諸子」意指各個領域的師長，「百家」意指眾多學派
文　獻 ------- 劉歆《七略》、班固《漢書 藝文志》、司馬遷《史記》
備　註 ------- 《漢書》記載了189家。而諸子百家爭論的模樣，稱
　　　　　　　為「百家爭鳴」

西元前六世紀，以封建制度統治天下的**周朝**（BC1046～BC771）瓦解，讓中國進入各地**諸侯**（有力者）不斷對立抗爭、動亂不安的時代。這個時代的前期稱為**春秋時期**，後期稱為戰國時期，合稱**春秋戰國時代**。

中國哲學

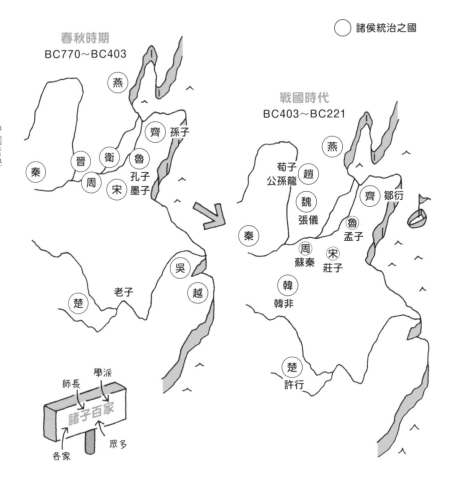

在此局面之下，各諸侯勢必要招攬有能之士與智囊，方能保命，於是各思想家紛紛登場。這些思想家，統稱**諸子百家**。

諸子百家	春秋時期後期 （西元前5世紀左右）	戰國時期前期 （西元前4世紀左右）	戰國時期後期 （西元前3世紀左右）
儒家 提倡仁禮思想 的學派 （P030）	重視仁禮 孔子（P018）	人性本善 孟子（P020）	人性本惡 荀子（P023）
道家 提倡道的 學派 （P062）	崇尚自然 老子（P018）	萬物齊一 無貴賤之分 莊子（P020）	
墨家 提倡兼愛非攻 的學派 （P049）	兼善天下 的大愛 墨子（P019）		
陰陽家 提倡陰陽五行 的學派 （P058）		自然秩序 與人事秩序 相互對應 鄒衍（P021）	
兵家 提倡戰術的 學派 （P054）	不戰而勝 孫子（P019）		
縱橫家 提倡外交策略 的學派 （P059）		「合縱」— 聯合弱國以攻強國 蘇秦（P021）　張儀（P022） 「連橫」— 幫助強國進攻弱國	
名家 提倡邏輯學 的學派 （P056）			以邏輯 來思考 公孫龍（P023）
農家 提倡農本主義 的學派		應求君民共耕 自給自足 許行（P022）	
法家 提倡法治主義 的學派 （P060）			以法治國 韓非（P024）

中國哲學

▶018

仁
禮
學

孔子等人

儒家

備　註 ------------- 「儒」字有許多解釋。漢文學家白川靜提到
「儒，應該是為了祈雨而犧牲的巫祝」（《孔子傳》），
推測應為薩滿之類的人物。

諸子百家（P028）當中，對於後世影響格外深遠的學派就是**儒家**與**道家**（P062）。**儒家**之祖**孔子**認為，想要平穩**春秋時期**（BC770～BC403）秩序大亂、動盪不已的社會，應當恢復**周朝**（BC1046～BC771）訂下的**禮儀**規範。

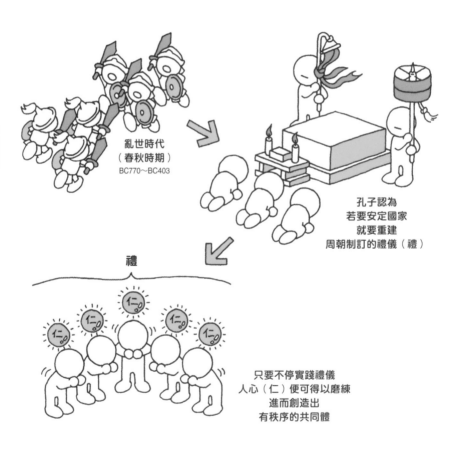

亂世時代
（春秋時期）
BC770～BC403

孔子認為
若要安定國家
就要重建
周朝制訂的禮儀（禮）

禮

只要不停實踐禮儀
人心（仁）便可得以磨練
進而創造出
有秩序的共同體

不過**孔子**認為，**禮儀**不可徒具形式，必須力行，在生活中以仁心來行禮。禮最重要的，就是敬重對方之心，好比喪禮，最重要的就是悲切之心。這就是**孔子重禮（禮儀）**的理由。因此他將禮儀內在的那份愛人之心，稱為仁。

中國哲學

孔子的思想，可用仁（P032）與禮（P032）來貫穿。孔子提到，無仁，禮只是徒具形式；無禮，仁便難以展現。他認為必須根據仁心來行禮制，進而建立一個具有禮儀制度的理想社會。

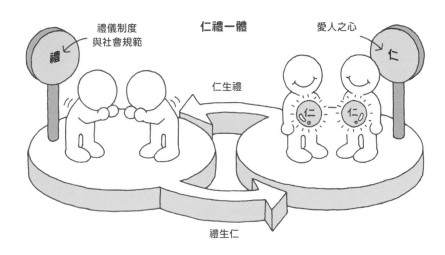

孔子的學說稱為儒家，為孟子、荀子、朱熹與王陽明所傳承。不僅如此，亦對日本等東亞地區的人們思想影響深遠。

孔子

仁｜禮

意　義 ------------------- 仁，為人的關懷之心；禮，為禮儀規範
備　註 ------- 《論語》提到顏淵曾向孔子問仁，並「請問其目。」
孔子回答：「非禮勿視，非禮勿聽，非禮勿言，非禮勿動。」

孔子思想為**仁**與**禮**所貫穿。**仁**，是愛人之心。而**禮**，是內在仁心的外在表現。具體來說，就是**禮儀制度**。

中國哲學

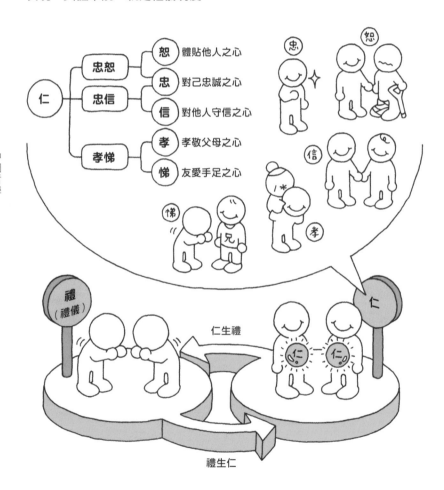

仁
　忠恕
　　恕　體貼他人之心
　　忠　對己忠誠之心
　忠信
　　信　對他人守信之心
　　孝　孝敬父母之心
　孝悌
　　悌　友愛手足之心

禮（禮儀）　　仁生禮　　仁

禮生仁

仁，有**孝**、**悌**、**忠**、**信**、**恕**。當中**孔子**最重視**孝**與**悌**（兩者合稱為**孝悌**），即對父母的愛以及對兄長（年長者）的敬意，因為他認為**孝**與**悌**是人類與生俱來的感情。

孔子提到，只要將這份**孝悌之心**擴展到其他人際關係上，就能夠創造一個更加完美的社會。

孔子認為人必須重視對父母的那份與生俱來的愛，以及對兄長（年長者）的敬意，
只要將這份心擴展到其他人身上，社會就會有序穩定。

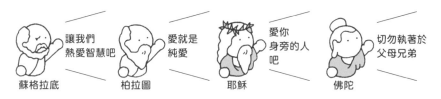

特別重視父母與兄長（年長者）是孔子思想（儒家）的特色，
然而其他聖人卻未提起。

中國哲學

孔子認為，禮與仁同等重要。唯有行禮，仁才能守護人心。約束私利私欲，言行合禮，以仁守心，便稱為克己復禮。

克己復禮
遵循禮節，以仁守心，
稱為克己復禮。
孔子認為最理想的社會
必須克己復禮為仁

孔子認為唯有習慣**克己復禮**，方能創造理想社會。由此可看出日本重禮，就是深受**孔子（儒教）**的影響。

▶018

孔子

德治主義

意　義 --------- 為政者應培養品德，以道德感化百姓，進而治國
文　獻 --------------------------------------《論語》
備　註 -----------------《論語》（為政篇一）：「為政以德」

　　孔子認為，君主必須以身作則，當一個仁（P032）禮（P032）兼備的**君子**，
方能締造一個理想國度（社會），並主張君主應以本身的仁與禮來**感化**民
眾，藉以創造一個更加完美的社稷。像這樣以德統治，稱為**修己治人**；
而以**修己治人**為理想的政治思想，便稱為**德治主義**。

中國哲學

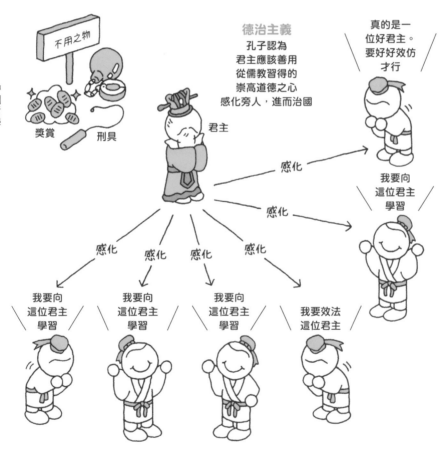

不用之物

獎賞　　刑具

德治主義
孔子認為
君主應該善用
從儒教習得的
崇高道德之心
感化旁人，進而治國

君主

感化

感化

感化　感化　感化　感化

真的是一
位好君主。
要好好效仿
才行

我要向
這位君主
學習

我要向
這位君主
學習

我要向
這位君主
學習

我要向
這位君主
學習

我要效法
這位君主

　　不過**德治主義**的理念，與之後**韓非**（P024）提倡獎勵與賞罰的**法治主義**
（P061）卻大相逕庭。

孔子

道

意　　義 ----------------- 為人應有的姿態，宇宙的原理
文　　獻 ----------------- 《論語》
備　　註 ---------《論語》（里仁篇八）：「朝聞道，夕死可矣。」

沒有**仁**（P032），**禮**（P032）就毫無意義可言。不過**孔子**也提到，沒有**禮**，**仁**就無以展現。因此他將一邊行禮、一邊達成仁的目標比喻成道。而**儒教**，可說是一部闡述如何朝道邁進的經書典籍

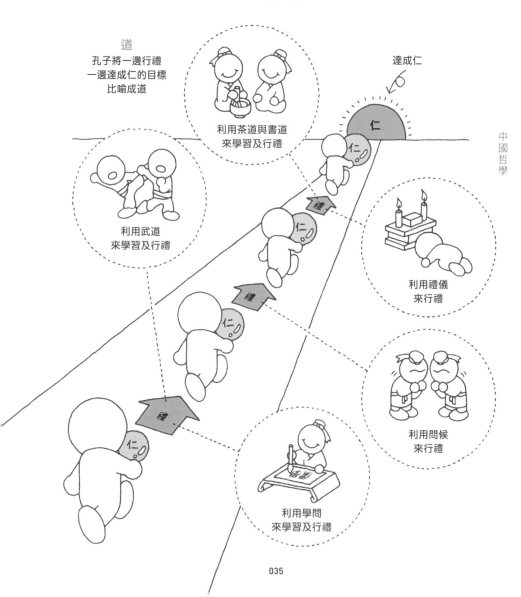

道
孔子將一邊行禮
一邊達成仁的目標
比喻成道

達成仁

利用茶道與書道
來學習及行禮

利用武道
來學習及行禮

仁

利用禮儀
來行禮

利用問候
來行禮

利用學問
來學習及行禮

中國哲學

孔子

《論語》

備　註 --------------------------- 傳聞西漢以前共有三種版本，
一直到西漢末期才彙整成今日流傳的內容。另外，
日本江戶時期的儒學家伊藤仁齋亦在《論語古義》中指出《論語》的這
二十篇當中，前十篇與後十篇的成立時期並不相同

中國哲學

孔子的言論（擷取自論語）

> 學而時習之，不亦說乎？
> 有朋自遠方來，不亦樂乎？
> 人不知而不慍，不亦君子乎？　　　　　　　　　　　←

> 己所不欲，勿施於人。　　　　　　　　　　　　　　←

> 克己復禮為仁。　　　　　　　　　　　　　　　　　←

> 孝弟也者，其為仁之本與。　　　　　　　　　　　　←

> 未知生，焉知死？　　　　　　　　　　　　　　　　←

> 子不語怪，力，亂，神。　　　　　　　　　　　　　←

> 吾十有五而志于學，三十而立，
> 四十而不惑，五十而知天命，六十而耳順，
> 七十而從心所欲，不踰矩。　　　　　　　　　　　　←

> 朝聞道，夕死可矣。　　　　　　　　　　　　　　　←

孔子死後，世人花了數百年的時間將孔子的言行錄編成《論語》。就性質而言，不管從哪一個部分開始讀《論語》都沒有問題，因為我們無以得知孔子是按照何種順序來講道。而依照讀者的立場、個性與閱讀時期的不同，透過《論語》也可以領會到不同的解釋。

「學習是一件令人欣喜的事。志同道合的朋友從遠方而來，是一件令人開心的事。就算得不到他人理解，也不心懷怨恨，這才是身為君子的應有風範。」孔子認為學問與人生是一件值得樂在其中的事。與佛陀所說的「人生是苦」迴然不同。

「自己不喜歡的事，切勿加諸於他人身上。」這是孔子對恕（P32）的看法。畢竟自己的想法未必會與他人相同，因此「自己想做的事，不應逼迫他人同行」，摒除了西方的整體性。

「克制自己的私欲，使言行舉止合乎禮節，便是仁。」即克己復禮（P033）。

「仁的根本，在於孝悌（孝敬父母、尊敬師長）。」這是孔子（儒教）思想最大的特徵，像是蘇格拉底、耶穌與佛陀並未提及對於父母以及師長的敬重之心。由此可以看出日本人多少受到儒教影響。

「現實人生都不明白了，怎麼會知道死後的事呢？」「怪異、暴力、變亂、鬼神一律不談。」孔子不談論與超自然有關的事，僅專注在現實生活上。

「我十五歲立志求學問，三十歲已奠定根基，四十歲已無惑，五十歲已知使命，六十歲能辨是非，七十歲隨心所欲，不違道德。」這就是志學、而立、不惑、知命、耳順、從心的語源。據說孔子七十歲時，仁禮便已合而為一。

「早上若能理解道，傍晚便死而無憾。」闡述了道（P035）的重要性。

孟子

性善說

意　義 --------------------------- 倡導人性本為善的學說
文　獻 ---------------------------------《孟子》
備　註 --------------------- 孔子並未深入探討人的本性。
　　　　　　　　　　　　因此在定義人類的本性上，孟子具有獨創性

繼承**孔子**（P018）思想的**孟子**提倡**性善說**，也就是「**人本性為善**」。只要看到孩子跌入井中，任誰都會前去救助。人與生俱來的這種同情心，孟子將其稱為惻隱之心。

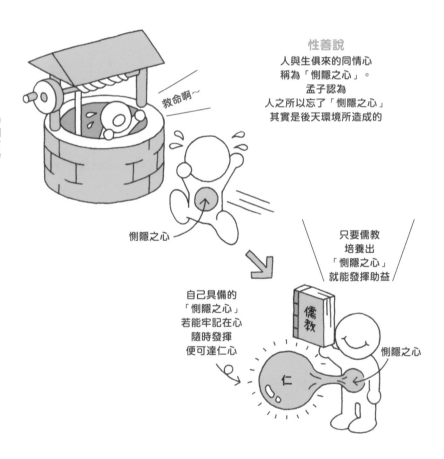

性善說
人與生俱來的同情心
稱為「惻隱之心」。
孟子認為
人之所以忘了「惻隱之心」
其實是後天環境所造成的

救命啊～

惻隱之心

只要儒教
培養出
「惻隱之心」
就能發揮助益

自己具備的
「惻隱之心」
若能牢記在心
隨時發揮
便可達仁心

儒教

仁

惻隱之心

人與天俱來的善良之心除了**惻隱之心**，還有羞惡之心、辭讓之心、是非之心，孟子稱為四端，並且提到只要自己隨時留意四端，屆時發揮的話，人人皆可成就仁、義、禮、智，也就是四德。

中國哲學

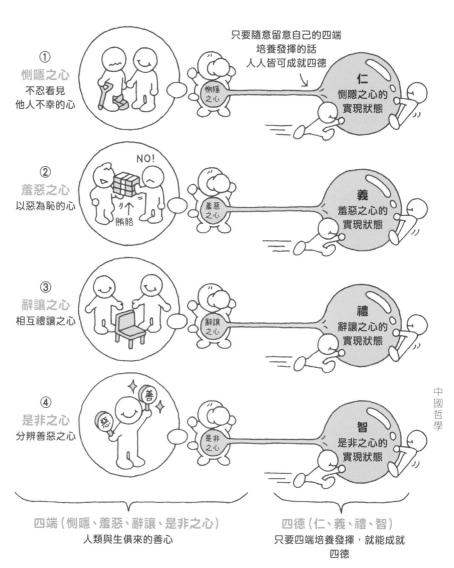

① 惻隱之心
不忍看見
他人不幸的心

只要隨意留意自己的四端
培養發揮的話
人人皆可成就四德

惻隱
之心

仁
惻隱之心的
實現狀態

② 羞惡之心
以惡為恥的心

NO!

賄賂

羞惡
之心

義
羞惡之心的
實現狀態

③ 辭讓之心
相互禮讓之心

辭讓
之心

禮
辭讓之心的
實現狀態

④ 是非之心
分辨善惡之心

善
惡

是非
之心

智
是非之心的
實現狀態

中國哲學

四端（惻隱、羞惡、辭讓、是非之心）
人類與生俱來的善心

四德（仁、義、禮、智）
只要四端培養發揮，就能成就
四德

過去**孔子**主張對人類來說，重要的是內在的**仁**（P032）與外在的**禮**（P032）。
之後**荀子**（P023）將重點放在禮的態度上，而**孟子**則是重視個人內在的**仁**。

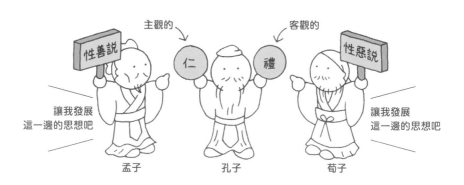

性善説

主觀的

仁 禮

客觀的

性惡説

讓我發展
這一邊的思想吧

孟子

孔子

讓我發展
這一邊的思想吧

荀子

孟子

五倫五常

文　獻 --《孟子》
備　註 ------------------------------ 五倫中的其中一節
「君臣有義，父子有親，夫婦有別，長幼有序，朋友有信」
出現在《孟子》（滕文公）批評農家（P029）的段落之中

孔子認為，人不能沒有內在道德的**仁**（P032），與外在態度的**禮**（P032），而當時**孟子**將重點放在道德上。**孟子**提倡的道德稱為**四德**（P038）。之後漢朝的儒學家**董仲舒**（P024）除了四德還加上**信**，並將其稱為道德的**五常**。

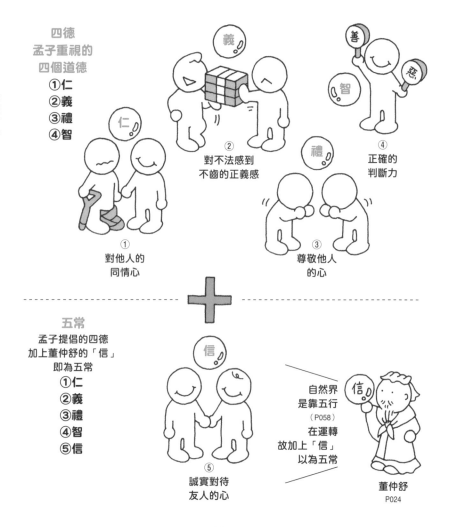

四德
孟子重視的
四個道德
①仁
②義
③禮
④智

義

②
對不法感到
不齒的正義感

善
智
惡

④
正確的
判斷力

仁

①
對他人的
同情心

禮

③
尊敬他人
的心

五常
孟子提倡的四德
加上董仲舒的「信」
即為五常
①仁
②義
③禮
④智
⑤信

信

⑤
誠實對待
友人的心

信

自然界
是靠五行
（P058）
在運轉
故加上「信」
以為五常

董仲舒
P024

中國哲學

040

另外，**孟子**除了屬於個人內在道德的**四德**，亦考察人際關係之間的倫理。他認為人類社會有五種關係，即**親子關係**、**上下關係**、**夫妻關係**、**兄弟關係**、**朋友關係**，並且主張這五種關係相對應的**親**、**義**、**別**、**序**、**信**這五種倫理是動物與人類社會的差異。這五種倫理在明朝稱為五倫。之後**五倫**與**五常**（**五倫五常**）便成為儒教的基本道德。

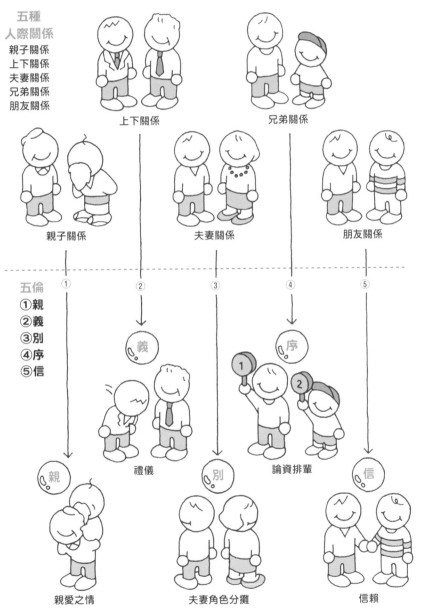

五種
人際關係
親子關係
上下關係
夫妻關係
兄弟關係
朋友關係

上下關係　　　兄弟關係

親子關係　　　夫妻關係　　　朋友關係

五倫
①**親**
②**義**
③**別**
④**序**
⑤**信**

①　②　③　④　⑤

義　　　序

親

禮儀　　　別　　　論資排輩　　　信

親愛之情　　　夫妻角色分攤　　　信賴

人類社會的五種人際關係有相對應的五種倫理（五倫）。
孟子認為五倫之有無，正是人類社會與動物社會的差別。

孟子

仁義

文　　獻 --------------------------------------《孟子》
相關概念 -------------------- 性善說（P038）、五倫五常（P040）
備　　註 -------《孟子》（告子上）：「仁，人心也；義，人路也。」

孟子認為，人應當具備的四種**道德**（四德 P038）當中，對他人表達同情之心的仁，與不因惡而屈服之正義感的**義**特別重要，又稱為仁義。因此孟子的思想中心，在於**仁義**。

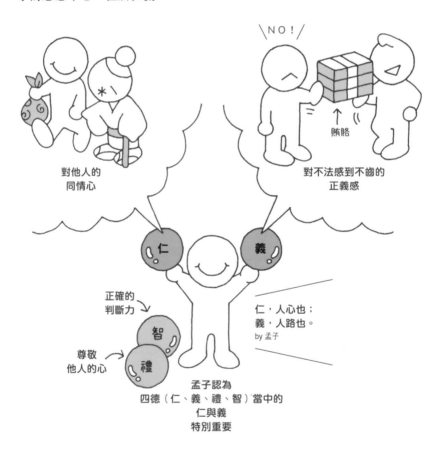

\NO!/

賄賂

對他人的
同情心

對不法感到不齒的
正義感

仁　　義

正確的
判斷力 ➤

智

尊敬
他人的心 ➤

禮

仁，人心也；
義，人路也。
by 孟子

孟子認為
四德（仁、義、禮、智）當中的
仁與義
特別重要

孟子認為君主只要基於**仁義**，努力為百姓謀求幸福，社會就會安定。另外，以仁或德治世稱為**王道（政治）**（P044）；相對地，以武力統治稱為**霸道（政治）**，以示區別。在**法家**（P060）與**兵家**（P054）等多數實際提出主張的**諸子百家**（P028）當中，孟子自始至終，均貫徹以德治民這個**理想主義**。

孟子

大丈夫

文　獻 --《孟子》

備　註 ------------ 孟子叮嚀不能過度培養助長「浩然之氣」

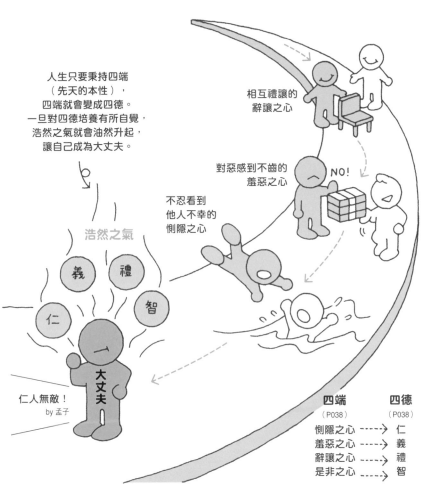

人生只要秉持四端
（先天的本性），
四端就會變成四德。
一旦對四德培養有所自覺，
浩然之氣就會油然升起，
讓自己成為大丈夫。

相互禮讓的
辭讓之心

對惡感到不齒的
羞惡之心

NO!

不忍看到
他人不幸的
惻隱之心

浩然之氣

義　禮

仁　智

一
大丈夫

仁人無敵！
by 孟子

中國哲學

| 四端 | 四德 |
(P038)	(P038)
惻隱之心 ---->	仁
羞惡之心 ---->	義
辭讓之心 ---->	禮
是非之心 ---->	智

孟子提到，**四端**（P038）是每個人與生俱來的四種善心。只要人生秉持**四端**，四端就會變成**四德**（P038），也就是**仁、義、禮、智**。他還提到，一旦自覺四德已完成，最後心中就會湧起一股不屈於惡、壯氣毅然的浩然正氣。而孟子以成為浩然正氣的人物為理想，並將其稱為大丈夫。

> # 王道（政治）

意　義 -- 以德服民的政治
備　註 --- 《孟子》（公孫丑上）：
「以力假仁者霸，霸必有大國，以德行仁者王，王不待大」

孟子

孔子（P018）提倡的**德治主義**（P034），也就是君主以品德治國的理想主張也為**孟子**所傳承。而君主的品德，就是**仁義**（P042），而且必須是一位看見百姓掉到井裡，就會出手援救的君主（性善說 P038）。

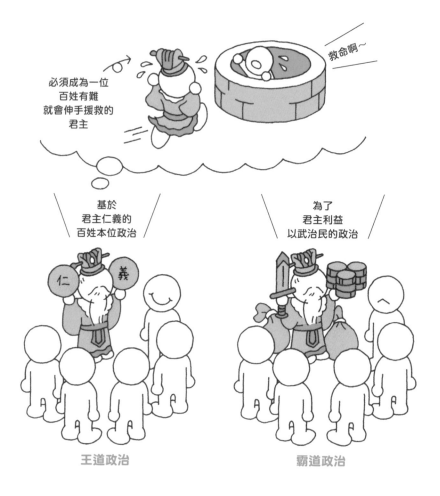

救命啊～

必須成為一位
百姓有難
就會伸手援救的
君主

基於
君主仁義的
百姓本位政治

為了
君主利益
以武治民的政治

仁　義

王道政治

霸道政治

基於君主**仁義**的百姓本位政治稱為**王道**（政治）。視**王道**為理想的**孟子**還強烈抨擊為了君主利益而以武力統治百姓的**霸道**（政治）。

中國哲學

孟子

易姓革命

備　註 －－－－－－－－所謂易姓革命，意指天意改變，君主易姓。
《孟子》(梁惠王下)提到夏朝暴君桀王為殷湯王所滅，
殷朝暴君紂王為周武王所討伐乃是順應民心。
這就是「湯武放伐」。

中國古代的君主地位，都是聽從**上天命令(天意)**而決定的。也就是説，這個**天命論**是將君主統治正當化的理由。因此**天意改變**，君主換姓，就稱為**易姓革命**。

過去對於易性革命的看法

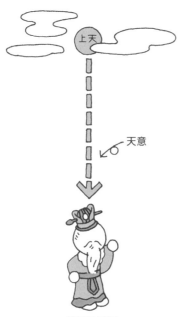

天意

殘暴的君王
換成善良的君王

孟子所想的易性革命

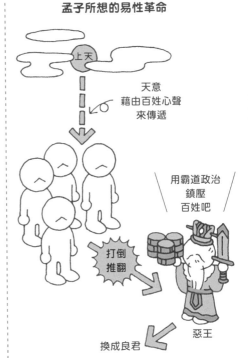

天意
藉由百姓心聲
來傳遞

用霸道政治
鎮壓
百姓吧

打倒
推翻

惡王

換成良君

中國哲學

天意是
藉由百姓心聲
來傳遞。
因此君主政治
應以百姓為中心

孟子

不過**孟子**認為**天意**會反映在百姓的心聲上。也就是推行**霸道政治**(P044)的無德君主會被民眾打倒推翻。因此**孟子**重新解釋**易姓革命**是以百姓為本位的革命，並且認為最理想的政治，就是以百姓為中心。

▶023

荀子

性惡說

意　義 ------------------------------- 認為人性本為惡的學說
文　獻 ------------------------------------- 《荀子》
備　註 ------------------ 荀子認為，「聖王大眾，本性皆同，
　　　　　　　　　　　　　　差別僅在於聖人『作為』勝於常人」

出現在**孟子**（P020）之後的**儒家**（P030）代表人物**荀子**，否定了**孟子**主張的
性善說（P038），提出「人之本性趨向惡」的性惡說。

中國哲學

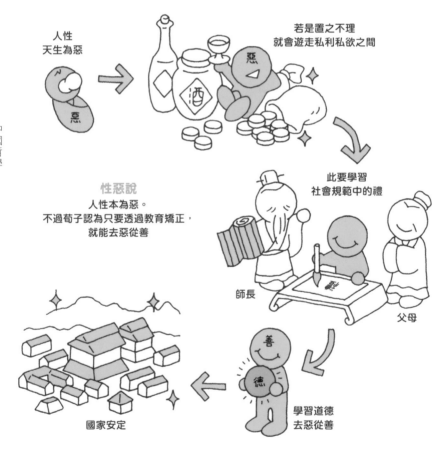

人性
天生為惡

若是置之不理
就會遊走私利私欲之間

惡

此要學習
社會規範中的禮

性惡說
人性本為惡。
不過荀子認為只要透過教育矯正，
就能去惡從善

師長

父母

善
德

學習道德
去惡從善

國家安定

荀子認為，人若是任其所為，欲望本能就會失控，但是只要學習社會規
範中的禮（P032），並且身體力行，就能懂得道德。他提到，「人之性惡，
其善者偽也（**人類本性為惡，善是藉由人為得來的**）」。

過去**孔子**（P018）主張人最重要的就是**仁**（P032）與禮。而當中重視仁的**孟子**認為只要自我省思，便能立德。相對地，重視**禮**的**荀子**認為若要立德，就必須要積極習禮，身體力行才行。

只要隨時
自我省思
便能立德仁

除非積極習禮
身體力行
否則難以立德

孟子

孔子

荀子

荀子主張「人先天並未授予善心」。如同字面所示，也就是否定**天命**（神）。**荀子**甚至斷言上天不過是一種自然現象，與人類社會的法則毫無關聯（天人之分）。對**荀子**來說，能夠取代**天**，讓人們精神有所依靠的，是社會規範中的**禮**。

上天會
守護我們
讓社會更加祥和

過去的人

天不過是一種
單純的
自然現象罷了

荀子

那麼我們的日子
該以何為依靠？

聽好了。
這就是作為
社會規範的禮

待人之心，必須有禮
這樣才能締造一個
沒有敵人，
毫無紛爭的平和社會

荀子

禮治主義

意　義 ------------------------- 應以禮（規範）治民的概念

文　獻 -------------------------------------《荀子》

備　註 -----------《荀子》〈義兵篇〉：「禮者、治辨之極也，
強固之本也，威行之道也，功名之總也」

中國哲學

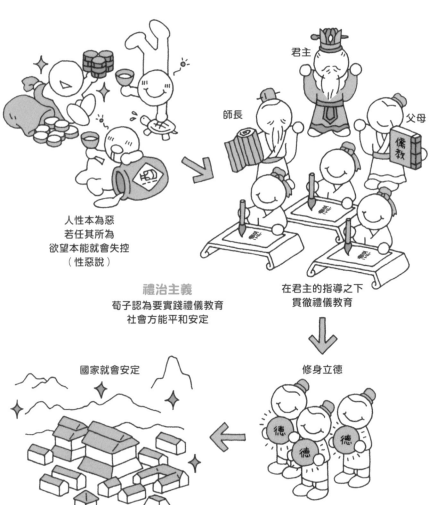

人性本為惡
若任其所為
欲望本能就會失控
（性惡說）

禮治主義
荀子認為要實踐禮儀教育
社會方能平和安定

君主

師長　　父母

儒教

在君主的指導之下
貫徹禮儀教育

國家就會安定

修身立德

德　德　德　德

荀子認為，人若是任其所為，欲望本能就會失控（性惡說 P046）。但是他主張只要在君主的指導之下，於家中或者是社會習禮（P032），修身立德，就能夠去惡從**善**，社會就會變得平和安定，因為人具備了為善的本質。因此荀子提倡重視禮節教育的**禮治主義**。

▶019

墨子等人

墨家

文　　獻 --------------------------------《墨子》、司馬遷《史記》
相關概念 --------------------------------- 兼愛（P050）、非攻（P052）
備　　註 ---------《墨子》提到過於華麗的禮樂只會讓人墮落，
並且從各方面對儒家展開猛烈抨擊。

以**墨子**為始祖、名列**諸子百家**（P028）之一的**墨家**。**儒家**主張應該從家中較親的人優先推愛，然而**墨子**卻認為這種帶有差別的愛，是導致憎恨與戰爭的因素，因此他強烈批評**儒家**思想其實是虧人自利的**別愛**。

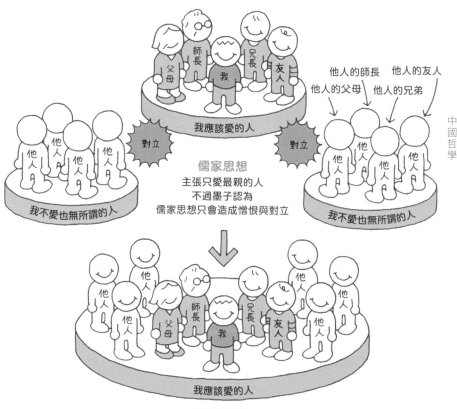

墨家思想
墨子認為不管是自己與家人，還是自己與他人，都不該有所區別，
應當一視同仁，廣泛地愛所有人。

墨子提倡不管是他人還是家人，都應和愛自己一樣廣泛平等地去愛（兼愛P050）。另外，只要愛別人，別人也會愛自己，對彼此是有利的（交利）。這就是**兼愛交利說**。

中國哲學

墨子

兼愛

意　義 —————————————————————— 毫無差別，平等愛人
文　獻 ————————————————————————《墨子》
備　註 ——— 墨家主張的兼愛是奠定在社會的整體利益之上而非感情

儒家（P030）認為應該優先愛比較親的人，例如家人。但是相對地，**墨子**卻認為這種帶有差別的愛是導致憎恨與戰爭的因素，因此他強烈批評**儒家**這種有優先順序的愛為**別愛**。

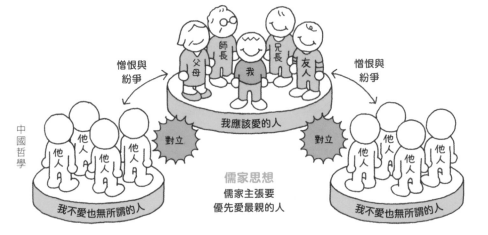

儒家思想
儒家主張要
優先愛最親的人

墨子認為應該要不分你我，不分內外，廣泛平等地去愛，這就是兼愛。並且主張只要人人秉持**兼愛**的心，就能**夠**成就一個沒有憎恨，沒有紛爭的和平世界。

墨家的兼愛思想
墨子的理想，就是不分你我，廣泛平等地去愛

中國哲學

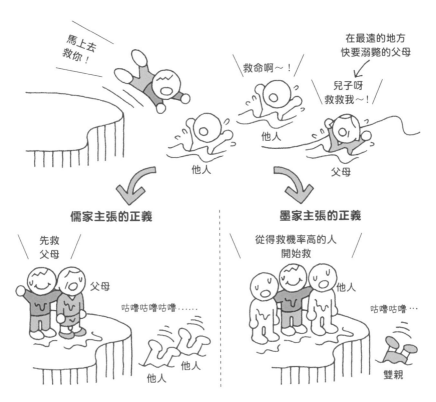

倘若要以「～主義」這個詞代表**墨子**的**兼愛**思想，那麼就會是主張「世上幸福的人越多，世界就越幸福（最大多數的最大幸福）」的**效益主義**（P372）。

雖然整體幸福的人不多，
但儒家的理想就是親人幸福就好

雖然親人不幸福，
但是墨家的理想就是整體多數人幸福就好

儒家的**孟子**（P020）批評**墨子**的**兼愛**是偏向動物的思想。因為**孟子**認為**兼愛**思想過於偏重**效益主義**，有違人類本性。

▶019

非攻

文　獻 ---《墨子》
備　註 ---《墨子》有則軼事
提到墨子曾經勸阻企圖攻打宋國的楚王取消侵略

墨子

在自己國家殺死一個人就會被判處死刑，然而侵略他國殺人無數卻被奉為英雄。因此**墨子**針對如此矛盾，主張非戰。

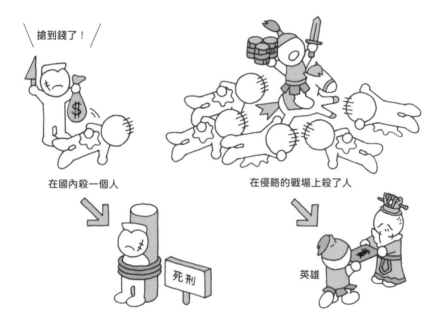

搶到錢了！

在國內殺一個人

死刑

在侵略的戰場上殺了人

英雄

就算侵略戰爭是為了自國利益而發動的，但是整體來看，**墨子**認為這種舉動反而會死傷慘重，根本就不是正義。在那個擴張領土以獲得自國利益是正義之舉的時代，**墨子**的眼光其實已經放眼望向世界了。

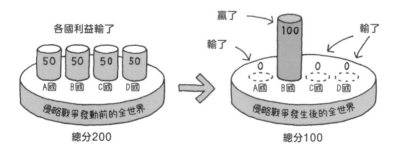

各國利益輸了

50 50 50 50
A國 B國 C國 D國

侵略戰爭發動前的全世界

總分200

贏了
100
輸了
輸了

0 0 0
A國 B國 C國 D國

侵略戰爭發生後的全世界

總分100

在侵略戰爭上就算其中一國因此得到好處，但是整個世界的好處卻反而會減少

中國哲學

然而**墨子**並未反對小國對大國進行防衛戰。只要委託以**墨子**為首的**墨家**集團，就算是犧牲性命，他們也會協助小國進行防衛戰，而且不求回報。這種貫徹守衛而非攻打的方式，稱為**非攻**。

如果是因為「幫助他人而自己的性命會有危險」這個理由而見死不救的話，這樣是不會有人怪罪的。然而過去中國卻存在著，在上述的這種情況之下依然會去選擇救援的集團。

孫子等人

兵家

文　獻 ----------------------------《孫子》、司馬遷《史記》

備　註 ----------《史記》有則聞名的軼事，提到吳王將宮女集團
　　　　　　　　交由孫子操練軍事，沒想到孫子為了整頓隊伍，
　　　　　　　　竟斬殺吳王的兩位愛妃。

諸子百家（P028）的其中一派，**兵家**的代表人物是**孫子（孫武）**。孫子的兵法書**《孫子》**以平穩的口吻寫出在戰場上致勝的戰略。對現代人而言，**《孫子》**中提到的戰略，今日在商場上以及人生依舊能夠派上用場，提供「獲勝」機會。就讓我們看當中的一部分戰略吧。

> **多算勝，少算不勝。**

孫子認為在開戰之前，應先調查獲勝的可能性有多高。這聽起來或許理所當然，但是如果沒有致勝的可能性，豈能獲勝？另外，他還主張「先勝而後求戰」。

好！
我要去考
東京大學！

東大合格率
10%

模擬考

先瞭解
自己所處的地位
再來抗戰

> **疾如風，徐如林，**
> **侵掠如火，不動如山。**

武田信玄的戰旗上知名的一句話**「風林火山」**。主張就算情況危急，也不輕舉妄動，必須伺機迅速採取行動。

想要獲勝
絕不可錯過
攻擊時機

中國哲學

> **兵聞拙速，未睹巧之久也。**

主張戰事應速戰速決，拖延只會耗損經費，挫傷官兵精力，長期戰根本就是有害無益。

這會議
開得好久喔～

長期戰
僅有百害，並無一利

> **知己知彼，百戰百勝。**

主張對抗之前，自己如果能夠先與對方比較，瞭解自己的實力，就能獲勝。但是千萬不可誇大妄想。

好像
有機會獲勝

瞭解自己
只打有把握的仗

> **怒可以復喜，慍可以復悅，**
> **亡國不可以復存，死者不可以復生。**

怒氣與憤懣平息之後，說不定會轉換成喜悅。但是國家一旦滅亡，就無法振興，亡者也不會重生。因此千萬不可一時衝動，掀起戰爭。

打仗
不會有好事的

那還不如
好好相處

> **百戰百勝，非善之善者也；**
> **不戰而屈人之兵，善之善者也。**

最好的方法，就是不戰而勝，就算百戰百勝，也不自傲。雖然是兵法書，不過孫子卻在這裡提到戰爭其實是種愚蠢的行為。

公孫龍等人

名家

文　獻 ---《公孫龍子》
備　註 ---------《韓非》（外儲說篇）提到一則如同笑話的軼事。
　　　　　一位提出「白馬非馬」的辯論家正當打算騎著白馬，
　　　　　通過邊境時，卻被索取關稅，否則無法通關。

在**諸子百家**（P028）之中大放異彩的**名家**。名家的代表人物**公孫龍**深入探討與名字相互對應的實際事物。他認為社會若要安定，首先要釐清該名之物的**實體**，也就是「何謂正義」、「何謂道德」。

中國哲學

2與3不同

「馬」與「白馬」也不同
就好比2與3的不同

（白色）
色彩概念

（馬匹的）形體概念

白馬

讓我們釐清
符合該名的實體概念吧！
「天」的實體為何？
「正義」的實體為何？
「德」的實體為何？

公孫龍

白馬非馬說
公孫龍認為
「白馬」是色彩和形體的複名概念。
因此「白馬」其實與只有形體這個
單名概念的「馬」不同。

公孫龍以白馬非馬說（白馬論）而聞名。所謂「馬」，指的是馬匹的形體概念；「白」，指的是色彩概念。他主張「白馬」是形體與色彩的複名概念，因此與單有形體概念的「馬」是不同的。而主張這種可能會深受希臘哲學家喜愛的理論之學派，便是名家。

另外，**公孫龍**還主張「白」與「堅硬」是實體概念（**堅白論**）。這個主張與希臘哲學家**柏拉圖**（P352）的**概念唯實論**以及**理型論**（P356）屬於相同邏輯。

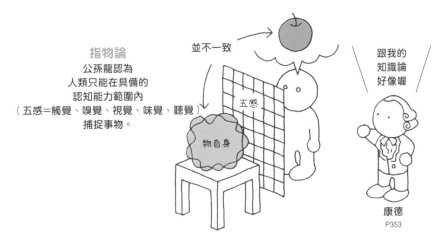

堅白論

公孫龍認為「白」與「堅硬」之類的概念
就算離開個體，依舊可單獨實存於某處。
而且「白」與「堅硬」的概念僅在人們認知的範圍內
以白色個體或堅硬個體的型態出現。

離開個體
也能夠單獨存在

離開個體
也能夠單獨存在

「白」
的概念

和我的
理型論
類似

「堅硬」
的概念

白色個體的
共同性質
就是「白」的概念

柏拉圖
P352

堅硬個體的
共同性質
就是「堅硬」的概念

天鵝　　　雪　　　牛奶　　　　石頭　　　鐵塊　　　水泥塊

MILK

個體　　　個體　　　個體　　　　個體　　　個體　　　個體

另外，**物自身**（P367）與人類的認知並不一致的概念，來自**康德**（P353）的**知識論**。不過這樣的理論，其實**公孫龍**早已在其論述中提及（**指物論**）。

指物論

公孫龍認為
人類只能在具備的
認知能力範圍內
（五感＝觸覺、嗅覺、視覺、味覺、聽覺）
捕捉事物。

並不一致

跟我的
知識論
好像喔

五感

物自身

康德
P353

古希臘的哲學思想孕育出「邏輯學」這個相當龐大的體系，然而名家思想卻被認為是一種強詞奪理的詭辯而漸漸為人所忘懷。由此可見「西方」與「東方」喜好的不同。

▶021

陰陽家

鄒衍等人

備　註 ---------------------- 鄒衍本身的著作已經失傳，
不過《史記》（孟子荀卿列傳）已簡略介紹其思想，
並且提及此「乃深觀陰陽消息而作怪迂之變，
終始、大聖之篇十餘萬言」

諸子百家（P028）中提倡**陰陽五行說**的是**陰陽家**。其代表人物**鄒衍**認為**儒教**（P031）只關心人類社會，深感儒教視野狹隘。**鄒衍**認為，若不放眼觀望位在人類社會外側的宇宙，便難以理解人類的本質。

中國哲學

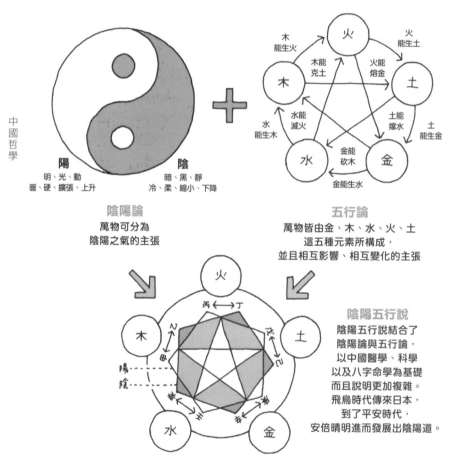

陽
明、光、動
暖、硬、擴張、上升

陰
暗、黑、靜
冷、柔、縮小、下降

陰陽論
萬物可分為
陰陽之氣的主張

五行論
萬物皆由金、木、水、火、土
這五種元素所構成，
並且相互影響、相互變化的主張

陰陽五行說
陰陽五行說結合了
陰陽論與五行論，
以中國醫學、科學
以及八字命學為基礎
而且說明更加複雜。
飛鳥時代傳來日本，
到了平安時代，
安倍晴明進而發展出陰陽道。

陰陽五行說結合了中國自古流傳的**陰陽論**與**五行論**，以說明宇宙原理的學說。**陰陽五行說**之後為**儒教**以及**老莊思想**（P076）所擷取，進而誕生**朱子學**（P087）與**道教**（P063）。

蘇秦等人

縱橫家

文　獻 -------------------- 司馬遷《史記》、劉向《戰國策》等
備　註 -------------------- 《史記》（張儀列傳）中提到
　　　　　　　　　　　蘇秦與張儀均受教於鬼谷子。
　　　　　　　　　　　但是關於鬼谷子，無論其名還是其人，均無法確定是否存在。

春秋戰國時代在諸國之間遊說，提出讓小國在強國環伺下得以生存的諸子百家之一，**縱橫家**。代表人物**蘇秦**主張小國應由北至南聯合起來，組成同盟，以抵抗大國**秦國**入侵（**合縱之策**）。

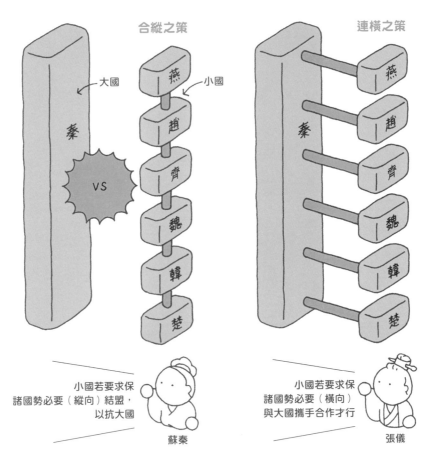

合縱之策

大國

小國

燕
趙
齊
魏
韓
楚

秦

VS

連橫之策

燕
趙
齊
魏
韓
楚

秦

中國哲學

小國若要求保
諸國勢必要（縱向）結盟，
以抗大國

蘇秦

小國若要求保
諸國勢必要（橫向）
與大國攜手合作才行

張儀

之後**張儀**（P022）提出與**蘇秦**相反的主張，認為小國應分別（橫向）與**秦國**攜手合作（**連橫之策**）。這個小國為了自保而採取的**合縱連橫**之論說，今日依舊應用在外交策略上。

韓非等人

法家

文　獻 ------------------------------- 《韓非》、司馬遷《史記》
備　註 -------------- 韓非死後經過十多年，秦始皇統一中國。
《韓非》主張經書與學者無其存在的必要，
因此始皇帝遵循這個主張，焚書坑儒（P084）。

中國哲學

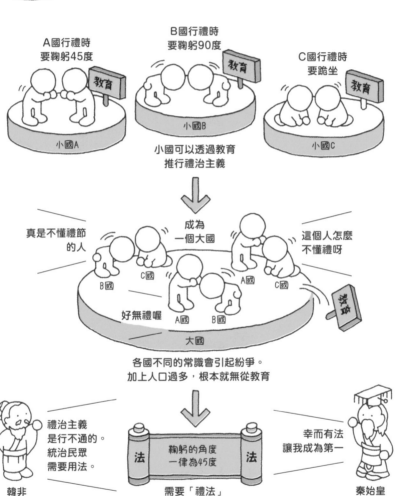

A國行禮時
要鞠躬45度

B國行禮時
要鞠躬90度

C國行禮時
要跪坐

教育

教育

教育

小國B

小國A

小國可以透過教育
推行禮治主義

小國C

真是不懂禮節
的人

成為
一個大國

這個人怎麼
不懂禮呀

B國

C國

A國

C國

好無禮喔

A國

B國

教育

大國

各國不同的常識會引起紛爭。
加上人口過多，根本就無從教育

禮治主義
是行不通的。
統治民眾
需要用法。

法

鞠躬的角度
一律為45度

法

幸而有法
讓我成為第一

韓非

需要「禮法」

秦始皇

以**韓非**為代表的**法家**，主張依據法律統治的**法治主義**（P061）。法治主義
類似**禮治主義**（P048）。**禮**是基於**養育**與**習慣**的規則；相對地，**法**是化為
文書的規則。**禮治主義**在狹小國度能夠發揮作用，但若要統治各國常識
皆有差異的眾多國家，勢必要靠法才行。像是**戰國時期**諸國之中的秦，
就是憑法家的**法治主義**征服中國全土。

韓非

法治主義

意　　義------------- 主張應該根據信賞必罰之法來統治百姓
文　　獻-------------《商君書》《韓非》《管子》
相關概念------------- 性惡說（P046）、禮治主義（P048）
相　反　詞------------- 德治主義（P034）

人非聖賢，孰能無過。**韓非**認為完全剔除利己之心是不可能的事。因此他提倡功勞出色，必會加**賞**；犯下罪過，必會處**罰**，也就是信賞必罰的方式來治國，並且倡導**法治主義**。**法治主義**與禮治主義（P048）類似，但是沒有禮這種曖昧的規則，而是清清楚楚地將規則寫在**文書**之中，以便治國。

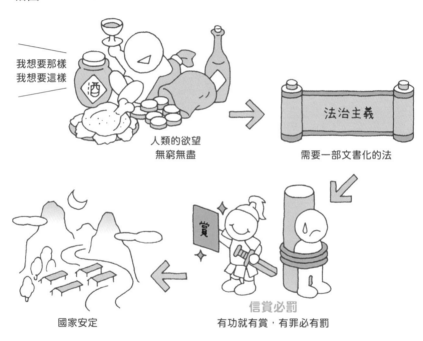

我想要那樣
我想要這樣

人類的欲望
無窮無盡

法治主義

需要一部文書化的法

賞

信賞必罰
有功就有賞，有罪必有罰

國家安定

中國哲學

法治主義堪稱只要求民眾守法，不干涉百姓的內心。這一點與讓君主以德來**感化**民眾，進而求得國家安定的**德治主義**（P034）不同。

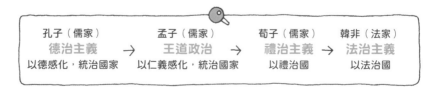

孔子（儒家）	孟子（儒家）	荀子（儒家）	韓非（法家）
德治主義 →	王道政治 →	禮治主義 →	法治主義
以德感化，統治國家	以仁義感化，統治國家	以禮治國	以法治國

老子等人

道家

文獻 --------------------------《老子》《莊子》《列子》
備註 --------------------------道教雖奉老子為教祖，
但是旨趣卻與道家的老莊思想相異。其目的是成仙，
也就是長生不老。以神仙思想為中心

諸子百家（P028）當中，影響後世最為深遠的學派就是**儒家**（P030）與**道家**。
當中**儒家**不斷主張**仁**（P032）與**禮**（P032）的重要性。

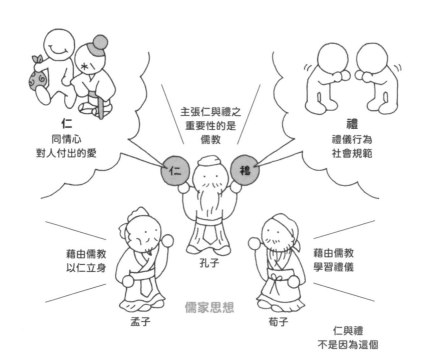

仁
同情心
對人付出的愛

主張仁與禮之
重要性的是
儒教

禮
禮儀行為
社會規範

仁   禮

藉由儒教
以仁立身

孔子

藉由儒教
學習禮儀

儒家思想

孟子   荀子

中國哲學

然而**道家**之祖**老子**卻認為，仁與禮是為
了應對亂世，迫於無奈而制訂的。他提
到，與其主張仁與禮，不如締造一個不
需要仁與禮的社會，讓人回歸到原有的
生存方式。而人類原有的生活方式，就
是理解**道**（P064），以道為處世原則。在
老子心目中，以道為處世原則，所指的
就是過著遵循自然的生活方式。

仁與禮
不是因為這個
紛紛擾擾的世界
而創造出來的嗎？
那麼處世
就不該奉從仁與禮，
而是要遵行道的法則。

道家

老子   莊子

道家思想

老子

讓我們效法自然法則吧！
也就是以道為處世原則。

珍奇鳥類
會受人珍惜

高聳陡峻的山
會崩塌

形狀彎曲，
無法用來
當作木材的樹
不會被人砍伐

不逆流而行
就能走到遠處

柔韌的草兒
折不斷

眾人嫌惡的卑污之地，
水則不嫌棄，願意處下。

以**老子**為祖的**道家**思想，之後與佛教以及**陰陽五行說**（P058）結合，產生**道教**這個民間信仰。

道教
以成仙為目標，
操縱宇宙
五種元素（P058）的宗教
就是道教。
思想雖然來自道家，
卻與老子及莊子思想
截然不同。

老子

意　義 - 產生並且成立森羅萬象的原理
備　註 - - - - - - - 《老子》一書，從「道可道，非常道」這句話開始。
　　　　　　　　　　　　　表明「這就是人類處世之道」的道，
　　　　　　　　　　　　　並不是真正的道

老子姑且以**道**來稱呼形成宇宙的天地萬物。**道**不可見、不可觸，更不可用「道是如此之物」等字詞來形容。無以特定，亦無名字，因此老子用**無（無名）**來稱呼**道**。

道，乃宇宙形成之根本原理。
亦即無常、因果關係與相反相成等自然（物理）法則

道（無）

萬物皆出於道，
遵循道之法則，並且回歸於道

老子提到，**道（無）**在天地形成之前早已存在，是孕育出有的混沌之物。
萬物皆來自**道（無）**，森羅萬象，變化不定，而且最後會再回歸於**道（無）**。

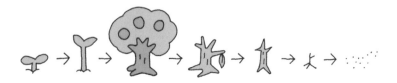

道德與**文化**（例如正義、禮儀、名譽、財產、文明、知識）等人類造作的**價值**，也要遵循這個法則不時變化，直到消亡。而道，只會默默在旁看守其消亡的模樣。

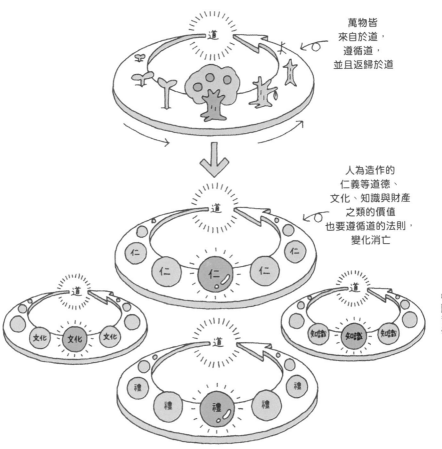

萬物皆
來自於道，
遵循道，
並且返歸於道

人為造作的
仁義等道德、
文化、知識與財產
之類的價值
也要遵循道的法則，
變化消亡

人若是受困在變幻不定，終歸要消亡的道德與文化等價值之中，豈有幸福可言。因此**老子**認為，與其如此，不如一邊學習自然法則，一邊讓生活更加美好幸福。也就是讓人生「遵循道」（無為自然 P067）來生活。

這城堡
很重要～

萬物終究會消亡。
因此人類造作的價值
也會和沙城一樣
消失匿跡的。

老子

▶018

大道廢，有仁義

文　　獻 ---------------------------------------《老子》
相關概念 ------------------------------------- 道（P064）
備　　註 --- 自從孟子提出「仁義」，這個詞便出現在戰國以後的時代

老子

「**大道廢，有仁義**」是**老子**對**儒教**（P031）的批評。過去人們原本遵循著**道**（P064）來生活，卻在文明進步的過程當中失去了**道**，只好依靠造作的**仁**、**禮**（P032）與**仁義**（P042）來約束人的行為，藉以維護秩序，這就是**儒教**。

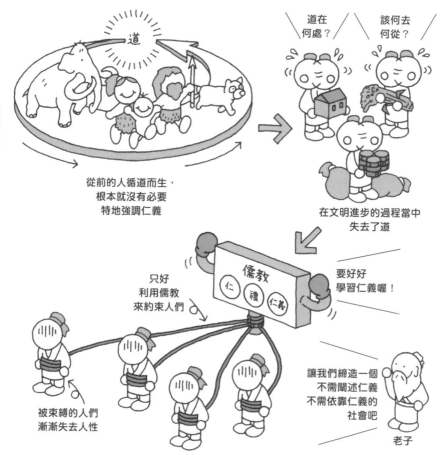

從前的人循道而生，
根本就沒有必要
特地強調仁義

道在何處？　　該何去何從？

在文明進步的過程當中
失去了道

儒教
仁　禮　仁義

只好利用儒教來約束人們

要好好學習仁義喔！

被束縛的人們漸漸失去人性

讓我們締造一個不需闡述仁義不需依靠仁義的社會吧

老子

老子認為，**仁**、**禮**與**仁義**奪走了本應無拘無束的人性，因此需要創造一個不需闡述**仁義**的社會，這就是以老子為代表的**道家**（P062）所提出的主張。

中國哲學

▶018

老子

自然無為

文　獻 --《老子》
備　註 ----------------《老子》（第四章）提到「無為而無不為」。
　　　　　　　　　所謂「無為」，意指「不妄為，萬事皆可成」。

老子説，若要懂得為人處世之理，循**道**而行（P064）即可。循道而行，亦即**無為自然**。**無為自然**，意指人不可以受到人為知識造作而出的道德與文化（例如禮儀、名譽、財產、文明、知識）等價值束縛，必須在生活當中參考自然法則。當中老子以水的性質為比喻而闡述的內容值得參考（上善如水 P069）。

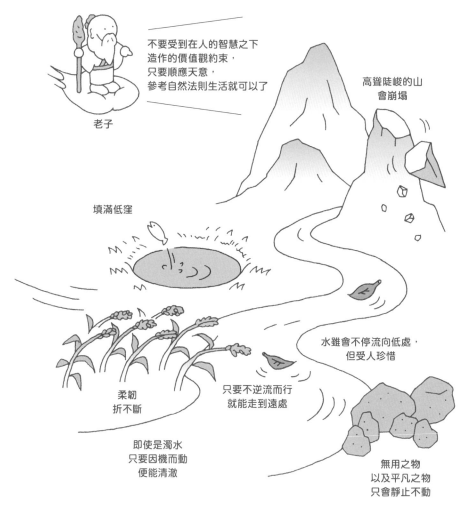

不要受到在人的智慧之下
造作的價值觀約束，
只要順應天意，
參考自然法則生活就可以了

老子

高聳陡峻的山
會崩塌

填滿低窪

水雖會不停流向低處，
但受人珍惜

柔韌
折不斷

只要不逆流而行
就能走到遠處

即使是濁水
只要因機而動
便能清澈

無用之物
以及平凡之物
只會靜止不動

中國哲學

老子

> 018

上善若水

意　　義----------------------------- 最完美的善，就好比水
文　　獻------------------------------------《老子》
相關概念----------------------------- 柔弱謙下（P070）
備　　註------------- 老子認為，水才是最接近道的事物

老子認為，若要懂得為人處世，就應效法水的性質。因為**水**無形狀，能遇物賦形，不流於一，從不爭辯。

水能遇物賦形，
不流於一
從不爭辯

應用

個性如水的
A君

知道了
我會遵照指示
試看看的

你是一位好員工
下次如果有
大型企劃
就交給你了

水會避高趨下，往人們厭惡的低處匯流，未嘗有所逆。

水會避高趨下，
往人們厭惡的低處匯流，
未嘗有所逆

應用

這個
麻煩你了

別人不喜歡的
工作
把它做完吧

個性如水的
A君

這個
拜託你了

水雖溫和柔弱，卻能勝剛強，遇襲不驚慌。

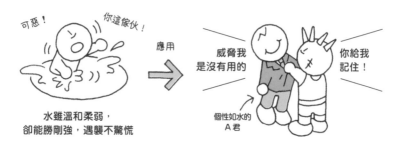

可惡！

你這傢伙！

應用

威脅我
是沒有用的

你給我
記住！

水雖溫和柔弱，
卻能勝剛強，遇襲不驚慌

個性如水的
A君

水能利澤萬物，不自恃驕傲，施而不求報。

水能利澤萬物，
不自恃驕傲，施而不求報

水沉穩平靜，不談功績。

水不發一語

老子提到，正因水具有這樣的性質，所以更值得我們去珍惜與尊重（上善若水）。

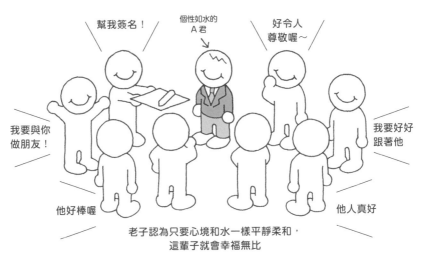

老子認為只要心境和水一樣平靜柔和，
這輩子就會幸福無比

中國哲學

老子

柔弱謙下

▶018

文　獻 ----------------------------------《老子》
相關概念 -------------------------------上善若水（P068）
備　註 --------《老子》（第七十八章）：「天下莫柔弱於水，
　　　　　　　　而攻堅強者莫之能勝，其無以易之」

只要仔細觀察大自然，就會發現**作用**會產生**反作用**。像是柔韌彎曲的樹枝不需扳返，就能恢復挺直。

柔韌彎曲 → 立刻挺直　　應用　　＼休息、休息／　　＼復活／

堅硬無法彎曲 → 折斷　　應用　　＼還沒、還沒！／　　＼不行了／

逆流而上會停滯不前，但是隨波逐流卻能行至遠處。

隨波逐流　可行至遠處　　應用　　＼那我現在就照做喔／　＼拜託你／　＼做了之後有了新發現／

逆流而上　會停滯不前　　應用　　＼這不是我的工作／　＼拜託你／　＼那我到底會什麼？／

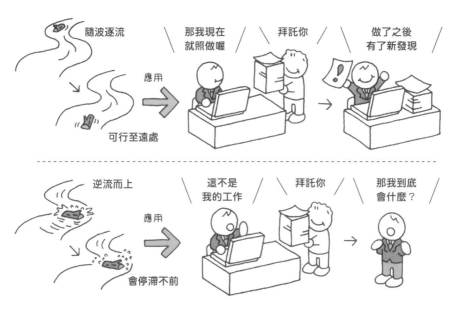

中國哲學

高聳陡峭之物會被削切，但是平坦低矮之物卻能存續。

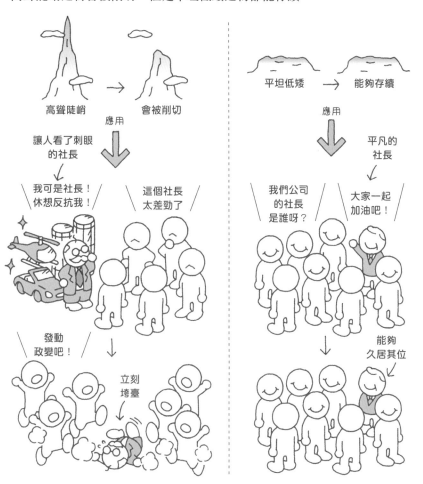

只要牢記**作用**與**反作用**這個大自然的**因果論**，應該就不會自高自大、鋒芒畢露。既然自己和水一樣重要，又何必自誇必要性（上善若水 P069）。**老子**主張，不與他人爭鬥，溫和柔韌持身處世，最後定能勝剛強。這樣的人，就是**柔弱謙下**。

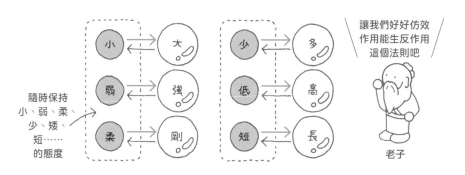

▶018

絕學無憂

文　獻	《老子》
相關概念	道（P064）、無為自然（P067）
備　註	《老子》（第四十八章）提到增加知識的「學」與減少欲望的「道」成對比。

「**絕學無憂**」。**老子**認為只要斷絕學問，就不會有憂慮。這句話之後接的是「唯之與阿，相去幾何？」意指不管是輕聲回答還是大聲回應，都毫無差別，道出了禮儀細節的空洞。

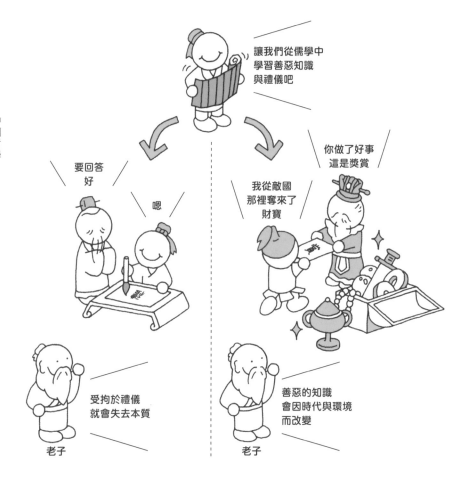

接著下一句話是「善之與惡，相去若何？」也就是善與惡這兩者又有何差別？可以看出**老子**相當排斥人類造作的價值觀。

中國哲學

知足

備　註 ------------------------「知足者富」（第三十三章），
「禍莫大於不知足」（第四十四章），
「知足不辱」（第四十六章）等，
與「知足」有關的主張，散見於《老子》各章節之中。

老子認為，知道滿足是一件非常重要的事（知足）。如果能夠恰如其分地明白這件事，就不會遭受屈辱，更不會遇險。

中國哲學

相反地，**老子**提到禍莫大於不知足，因為水過滿則溢，刃太銳則折。盛名與財產不僅容易失去，若是過於執著，失去之後得來落寞也會非常大。

老子

小國寡民

備註 -------------- 《老子》裡有不少章節提到何謂理想政治。
其根本是「無為」，也就是第三章的
「為無為，則無不治」，
而「小國寡民」是實現無為的條件

春秋戰國是一個諸國君主為了擴大領土而使得戰事不斷的時代。儘管如此，老子依舊主張國土小，人口少的**小國寡民**，才是幸福理想的社會。

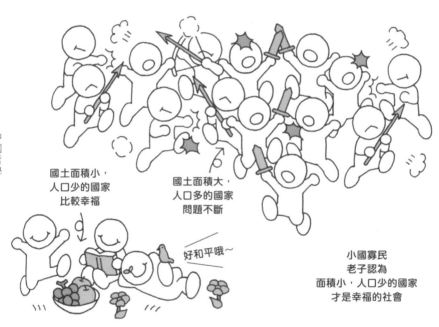

國土面積小，
人口少的國家
比較幸福

國土面積大，
人口多的國家
問題不斷

好和平哦～

小國寡民
老子認為
面積小，人口少的國家
才是幸福的社會

在**老子**心中，推行**小國寡民**的理想社會，沒有嚴規肅矩，殘酷刑罰，因此沒有人會想要離開這個國家。

好
無聊喔～

他國

船夫

沒有戰事紛爭，因此不需要武器。

大家住在農村裡，過著自給自足的生活。雖然三餐只有粗茶淡飯，生活簡約樸素，卻能讓人樂在其中。

儘管鄰國就近在可以聽到家畜啼叫聲的地方，但是對自己的國家其實已經心滿意足，所以也不會想要到鄰國生活。

老子說，**知道滿足**（知足 P073）可以締造一個和平的社稷。老子甚至認為，**滿於知足**的人，心靈永遠是充實幸福的。

老莊思想

文　獻 --《老子》《莊子》
備　註 ----------------《老子》與《莊子》的書寫風格大相逕庭。
　　　　　　　　　《老子》是簡潔凝練、層次分明的文章，
　　　　　　相對之下，《莊子》是辭藻華麗如詩一般的散文

莊子等人

老子心中的道

老子心中的道，
指的是作用、反作用、
因果論與無常等自然法則
（P064）

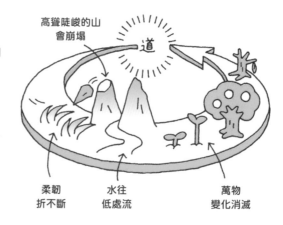

高聳陡峻的山
會崩塌

道

老子

所謂遵循道，
就是依照生活
法則
生生不息

柔韌
折不斷

水往
低處流

萬物
變化消滅

莊子心中的道

莊子心中的道，
指的是沒有善惡、優劣、
美醜、大小等人為分別之地
（萬物齊一P078）

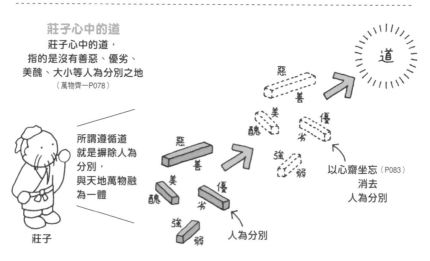

莊子

所謂遵循道
就是摒除人為
分別，
與天地萬物融
為一體

道

惡
善

美
醜

優
劣

強
弱

以心齋坐忘（P083）
消去
人為分別

人為分別

中國哲學

老子（P018）主張人要遵循**道**（P064），也就是要依循自然法則生活，不可為
名譽與財產所擺弄。另一方面，延續發展**老子**思想的**莊子**則是認為，所
謂遵循道，就是摒除善惡、優劣、大小等區別，讓生命自由。老子否定
了人為價值（無為自然 P067），莊子則是否定了萬物差異（萬物齊一 P078）。之
後人們將老子與莊子的思想合稱為老莊思想。

▶020

莊子

莊周夢蝶

文　獻 --《莊子》
備　註 -------------「莊周夢蝶」在故事最後將自己變成蝴蝶，
以及蝴蝶變成自己的這兩種情況稱為「物化」。

某日，**莊子**夢見自己變成蝴蝶，在空中遨遊飛翔。

在夢中
開心飛翔
自己與蝴蝶之間毫無區別

中國哲學

然而夢醒之後，**莊子**卻不知是自己在夢中變成了蝴蝶，還是蝴蝶在夢中變成了自己（**莊周夢蝶**）。這個世界是夢抑或是現實？常理來講，分清楚是夢還是現實或許重要，但是我們並沒有確切的證據，足以證明當中之別。因此**莊子**主張，對於這樣的區別就不要太過拘泥，自己是蝴蝶也好，是人也罷，這個世界到底是不是一場夢都無所謂，只要盡情享受得到的當下就好。

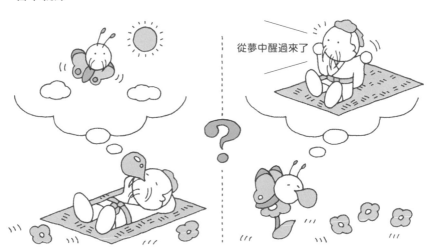

從夢中醒過來了

莊子認為，不管是夢到自己變成蝴蝶，還是蝴蝶夢到變成自己，
兩者之間其實都沒有多大的差異

▶020

萬物齊一

意　　義 ------------- 森羅萬象之間無價值之分，萬物一律相同
文　　獻 -------------------------------《莊子》
相關概念 ------------- 朝三暮四（P079）、無用之用（P080）

莊子認為，善惡、美醜、優劣與真偽等**區別（差異）**，是人類特有感覺與觀點之下的產物。人類若不存在，宇宙之間就不會出現人類的感覺與觀點所形成的差別。只要泯除一切差別，萬物就會達到齊一的境界。這就是**萬物齊一**。歸根究底，其實就是「我」與「我以外的一切」，都是同一。

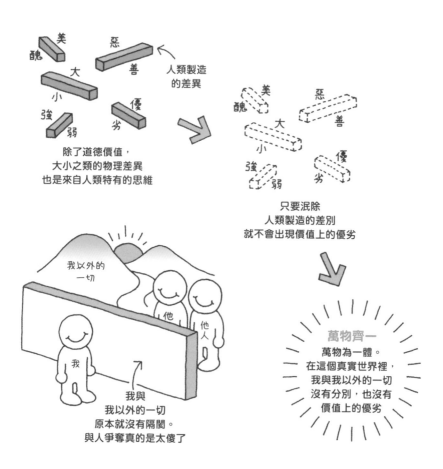

美
醜
大
小
強
弱
惡
善
優
劣

人類製造
的差異

除了道德價值，
大小之類的物理差異
也是來自人類特有的思維

美
醜
大
小
強
弱
惡
善
優
劣

只要泯除
人類製造的差別
就不會出現價值上的優劣

我以外的
一切

他

他
人

我

我與
我以外的一切
原本就沒有隔閡。
與人爭奪真的是太傻了

萬物齊一
萬物為一體。
在這個真實世界裡，
我與我以外的一切
沒有分別，也沒有
價值上的優劣

在真實世界（**萬物齊一**的世界）裡，所有價值並無優劣之分。因此莊子認為，我們為人處世更應該要自由自在，與世無爭。

朝三暮四

莊子

意　　義 --------------- 只著眼於當下差異，卻沒發現結果其實相同
文　　獻 ---------------------------------《莊子》《列子》
相關概念 ------------------------------- 萬物齊一（P078）

宇宙的真面目，是**萬物齊一**，然而人們卻遲遲察覺不到這一點，反而執著在善惡、美醜與優劣等差異上。

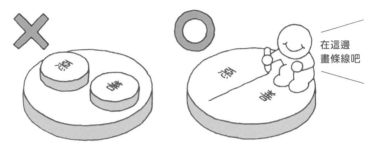

在這邊畫條線吧

世界本無善惡差異，是人類為了方便自己，劃分而來的。
而且劃分方式還會隨時代與環境而改變。
其實宇宙的真面目，是萬物齊一（P078）

莊子藉由**朝三暮四**這個比喻，說明世上的所有差異只不過是人類「區分方式」不同而造成的。

橡實
早上三個，
晚上四個

三個

四個

橡實
早上四個，
晚上三個

四個

三個

耶一！

朝三暮四

老人養了一隻猴子。當他告訴猴子要給牠的橡實「早上三個，晚上四個」時，
猴子竟然暴跳如雷，非常不滿；但是當他說「早上四個，晚上三個」時，
猴子卻歡喜若狂，卻沒發現根本就沒有差。異同如此執著的心態，人類亦然。

中國哲學

莊子

無用之用

▶020

意　義 --------- 乍看之下毫無用處的東西其實具備了真正的價值
備　註 -------------《莊子》（人間世）：「人皆知有用之用，
　　　　　　　　　　　　　　而莫知無用之用也」

莊子認為，**有用**之物，來自**無用**之物；而**無用**之物，因**有用**之物而存在。若少一方，另一方將不成立。

中國哲學

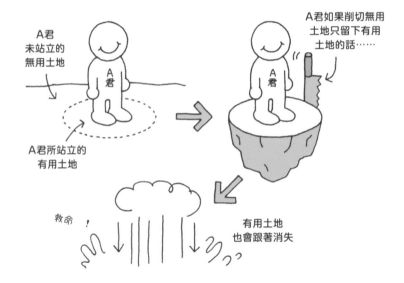

A君
未站立的
無用土地

A君所站立的
有用土地

A君如果削切無用
土地只留下有用
土地的話……

有用土地
也會跟著消失

救命！

莊子認為，萬物有用無用，不應該與他物比較，因為世間萬物都各有其絕對價值。這就是**無用之用**。他還提到，人生點點滴滴，並無價值優劣之分，一切都是命運安排，應當坦然接受，自得其樂（**隨順命運**）。

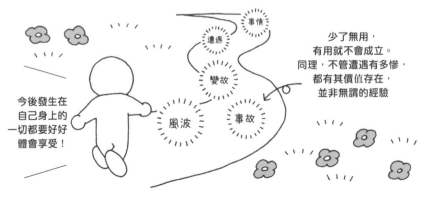

事情

遭遇

變故

風波

事故

少了無用，
有用就不會成立。
同理，不管遭遇有多慘，
都有其價值存在，
並非無謂的經驗

今後發生在
自己身上的
一切都要好好
體會享受！

▶020

逍遙遊

意　義------與原有的世界融為一體，豁達開朗、逍遙無慮的境界
備　註------《莊子》〈逍遙遊篇〉一開頭便提到：
「鵬之大，不知幾千里也；怒而飛，其翼若垂天之雲」，
以身軀龐大的大鵬在空中翱翔的姿態，當作逍遙遊的象徵。

不受優劣、美醜、強弱、大小等人類製造的差異束縛，泰然處世的態度，稱為**逍遙遊**。從「曳尾泥塗」這則寓言故事，可以窺探出**莊子**本身曠達自由的處世態度。

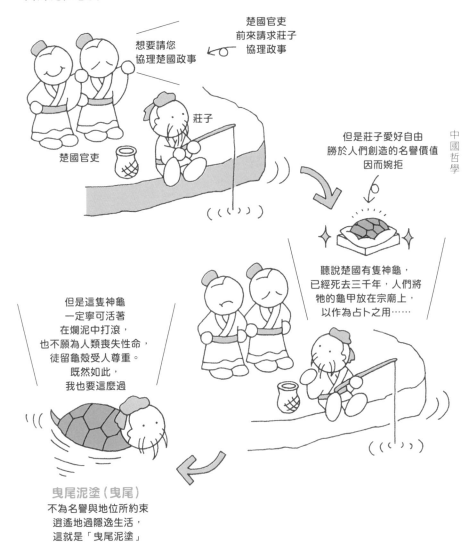

想要請您
協理楚國政事

楚國官吏
前來請求莊子
協理政事

楚國官吏

莊子

但是莊子愛好自由
勝於人們創造的名譽價值
因而婉拒

中國哲學

聽說楚國有隻神龜，
已經死去三千年，人們將
牠的龜甲放在宗廟上，
以作為占卜之用……

但是這隻神龜
一定寧可活著
在爛泥中打滾，
也不願為人類喪失性命，
徒留龜殼受人尊重。
既然如此，
我也要這麼過

曳尾泥塗（曳尾）
不為名譽與地位所約束
逍遙地過隱逸生活，
這就是「曳尾泥塗」

莊子

心齋坐忘

文　獻	─────────────────────────《莊子》
相關概念	───────── 萬物齊一（P078）、逍遙遊（P081）
備　註	────────「心齋」出自《莊子》人間世篇，
	「坐忘」出自大宗師篇

世上
被人類區分成
善惡、優劣、美醜、
強弱與大小

莊子認為
摒除人為區別之後
剩下的就是「道」，
這才是「真實世界」的面貌

道
＝
萬物齊一
（P078）

在「道」，
也就是「真實世界」裡
我與我以外的一切
毫無區別

以**老子**（P018）為祖的**道家**，是主張**道**（P064）的學派。而對繼承老子思想的莊子而言，所謂道，乃是沒有善惡、優劣、美醜、強弱，與大小等人為**分別之地**（萬物齊一 P078）。而「遵循道」，就是與**無分別之地**融為一體。

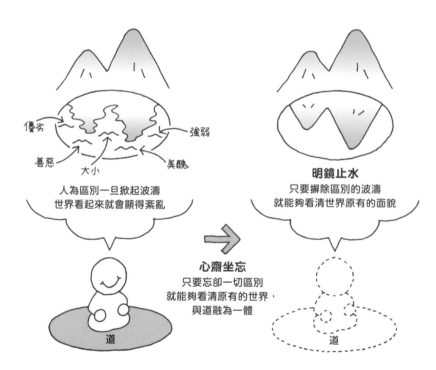

人為區別一旦掀起波濤
世界看起來就會顯得紊亂

明鏡止水
只要摒除區別的波濤
就能夠看清世界原有的面貌

心齋坐忘
只要忘卻一切區別
就能夠看清原有的世界，
與道融為一體

欲與**道**（無差別之處）融為一體，必須先讓心體澄澈，忘卻被**語言**區分的善惡、優劣與大小等差別，以達到**明鏡止水**這個修養境界。這樣的修養方式稱為**心齋坐忘**。因為**心齋坐忘**而達到**明鏡止水**境界的人，莊子將其稱為**真人**。

我心中
已經了無牽掛

真人
利用心齋坐忘，
鍛鍊修養之後
心中已不再抱持區別的人

一旦成為**真人**，心中苦悶與不滿就會消失匿跡，實際體會到真正的自由。成為**真人**，固然不易，但是只要養成勿過於在意善惡、優劣、強弱與美醜這些差異的習慣，說不定就能向**真人**境界多靠近一步。

我比較
漂亮

我比較
漂亮

好啦
好啦

你這樣
不太好喔！
你錯了！

你的
比較大！

好啦
好啦

好啦
好啦

不過於在意善惡、大小、強弱
與美醜等差異，才是成為真人之道

中國哲學

朱熹等人

四書五經

▶025

備　註 ----------------------- 朱熹在《朱子語類》中提到，
「《大學》、《論語》、《孟子》、《中庸》四書，自依次序循環」
為佳。另外，朱熹還和弟子編纂《小學》這部儒家啟蒙之書，

儒教雖曾遭到**秦始皇**猛烈打壓（**焚書坑儒**），但是到了**漢朝**卻又再次興起，並且成為國教。此外還整頓出**四書五經**，以作為**儒教**的**基本典籍**。為了與漢朝以前的**儒家**（P030）思想區隔開來，漢朝以後發展的**儒教**又可稱為**儒學**（四書是《論語》、《大學》、《中庸》、《孟子》；五經是《周易》、《尚書》、《詩經》、《禮記》、《春秋》）。

中國哲學

儒教歷史

孔子的言行
之後為弟子
結集成《論語》

孔子（P018）

六經

傳聞六經
乃孔子所編撰
《易經》……萬物法則之書
《詩經》……古代詩歌之書
《書經》……古代歷史之書
《禮記》……禮儀之書
《春秋》……魯國歷史之書
《樂經》……樂舞之書

性善說　　性惡說
（P038）　（P046）

《孟子》之後
被選為四書之一

孟子（P020）

《荀子》沒有
被選入四書之中

荀子（P023）

秦始皇
（BC259～BC210）

禁止
法家以外的
思想

續下頁

焚書坑儒
秦始皇打壓儒教

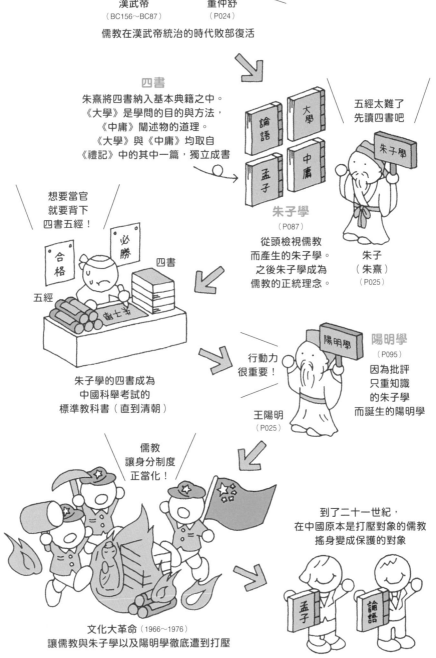

接上頁

以儒教為
國教

漢武帝
（BC156～BC87）

太好了！

董仲舒
（P024）

五經
董仲舒將
《周易》、《詩經》、
《尚書》、
《禮記》、《春秋》
制定為儒教的基本典籍

儒教在漢武帝統治的時代敗部復活

四書
朱熹將四書納入基本典籍之中。
《大學》是學問的目的與方法，
《中庸》闡述物的道理。
《大學》與《中庸》均取自
《禮記》中的其中一篇，獨立成書

論語　大學
孟子　中庸

五經太難了
先讀四書吧

朱子學

朱子學
（P087）

從頭檢視儒教
而產生的朱子學。
之後朱子學成為
儒教的正統理念。

朱子
（朱熹）
（P025）

想要當官
就要背下
四書五經！

必勝
合格
當七

五經　四書

朱子學的四書成為
中國科舉考試的
標準教科書（直到清朝）

行動力
很重要！

陽明學

陽明學
（P095）

因為批評
只重知識
的朱子學
而誕生的陽明學

王陽明
（P025）

中國哲學

儒教
讓身分制度
正當化！

到了二十一世紀，
在中國原本是打壓對象的儒教
搖身變成保護的對象

孟子　論語

文化大革命（1966～1976）
讓儒教與朱子學以及陽明學徹底遭到打壓

朱熹

朱子學

文　　獻 ---------------------------------------《朱子語類》
相關概念 --------------------- 理氣二元論（P088）、性即理（P090）
備　　註 --------------------- 朱熹是宋朝儒學（宋學）集大成者。
　　　　　　　　　　　　　　另外還有周敦頤、程顥、程頤等宋學儒生。

儒教（P031）成為國教過了千年之後，到了宋朝（960年～1279年），已經失去了當時成立的意義，漸漸徒具形式。此外，**儒教**在理論上還需要對抗**道教**（P063）以及從印度傳入中國的佛教思想。

與**佛教**以及**道教**相比，**儒教**在宇宙（自然）與人類的關係這方面顯得理論不足。在這之前，儒教僅專注在人類社會上。

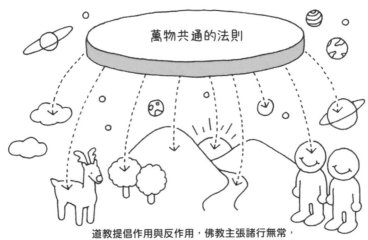

道教提倡作用與反作用，佛教主張諸行無常，
不管是道教還是佛教，均發現了貫穿於宇宙與人類之間的法則。
相形之下，儒教僅將關心放在人類社會上。

中國哲學

身為**儒生**的**朱熹**為了說明宇宙與人類之間的關係，因而從頭開始研讀**儒學**的基本典籍，並且重新解釋**儒學**，奠定了日後人稱**朱子學**的新儒學。**朱子學**不僅網羅了自古流傳的**陰陽論**與**五行論**(P058)，還融入了**道教**與**佛教**等思想。

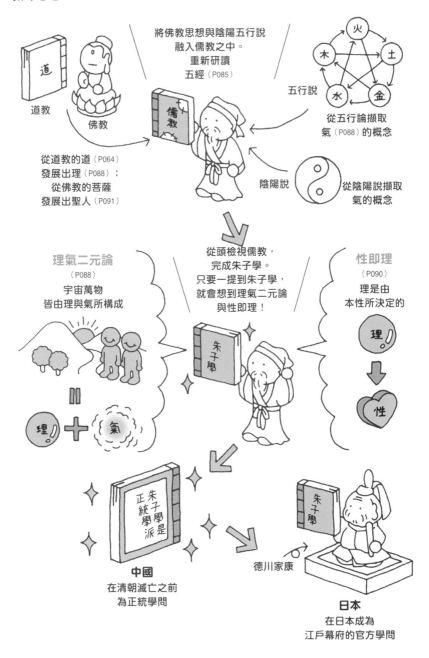

將佛教思想與陰陽五行說
融入儒教之中。
重新研讀
五經（P085）

道教

佛教

從道教的道（P064）
發展出理（P088）；
從佛教的菩薩
發展出聖人（P091）

五行說

從五行論擷取
氣（P088）的概念

陰陽說

從陰陽說擷取
氣的概念

從頭檢視儒教，
完成朱子學。
只要一提到朱子學，
就會想到理氣二元論
與性即理！

理氣二元論
（P088）
宇宙萬物
皆由理與氣所構成

性即理
（P090）
理是由
本性所決定的

理

性

正統學派是朱子學

中國
在清朝滅亡之前
為正統學問

德川家康

朱子學

日本
在日本成為
江戶幕府的官方學問

中國哲學

朱子學之後被採納為中國科舉考試的標準教科書，成為**儒教**的正統學問。傳來日本之後，還成為江戶幕府的官方學問。

朱熹

理氣二元論

文　獻------------------------《朱子語類》、《朱子文集》
備　註------------------《朱子文集》：「天地之間，有理有氣。
　　　　　　　　　　　　理也者，形而上之道也，生物之本也；
　　　　　　　　　　　　氣也者，形而下之器也，生物之具也」

朱熹認為，宇宙萬物是由**理**與**氣**結合而成的。這就是**理氣二元論**。

理氣二元論

萬物　＝　萬物原理
（萬物本質）　＋　形成萬物物質的
氣體狀粒子

氣，指的是構成萬物物質形狀的氣體狀微粒。

宇宙充滿了
不斷凝固擴散、
宛如原子的
氣體狀粒子（氣）

氣會凝聚
形成個體的質，
這就是「物質」

萬物的物質面
由氣所構成

中國哲學

另一方面，**理**，是上天決定的自然法則，萬物「本身」的原理原則。也就是說，**理**負責的是萬物**本質**。

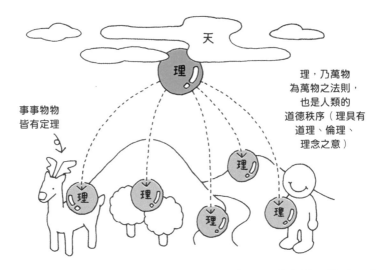

理，乃萬物
為萬物之法則，
也是人類的
道德秩序（理具有
道理、倫理、
理念之意）

天

事事物物
皆有定理

而**人類**的**理**，是身為人類應當遵守的道德秩序。具體來說，就是**五常**（P040），即**仁、義、禮、智、信**。

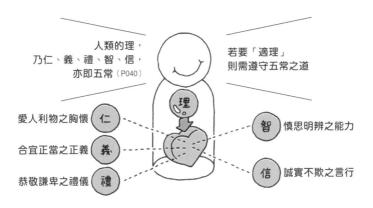

人類的理，
乃仁、義、禮、智、信，
亦即五常（P040）

若要「適理」
則需遵守五常之道

愛人利物之胸懷　仁

合宜正當之正義　義

恭敬謙卑之禮儀　禮

智　慎思明辨之能力

信　誠實不欺之言行

朱熹認為，人類之理乃客觀規律的**自然法則**。然而之後**王陽明**（P025）卻對這個部分的**朱子學**抱持疑慮。

理乃應當遵守的
自然法則
理是萬物
必備之物

理

理不是
人心創造出來
的嗎？

朱熹

王陽明（P025）

▶025

朱熹

性即理

相關概念 ------------------------------- 理氣二元論（P088）

備　　註 ------------------------------- 《中庸章句》提到：「性，即理也。
天以陰陽五行化生萬物，
氣以成形，而理亦賦焉，猶命令也」

朱熹提到，萬物皆由**理**與**氣**結合而來（理氣二元論 P088）。**氣**聚成形之後，個體之**理**，定會與氣合。而**理**，乃個體具現的模式。換句話說，**理**決定了個體**本質**。朱子認為，理所決定的本質，應為**純善之心**。

中國哲學

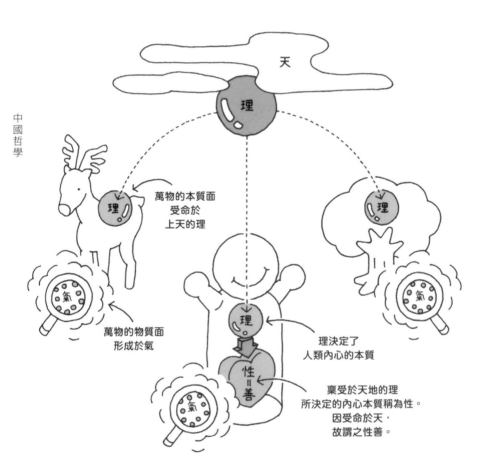

萬物的本質面
受命於
上天的理

萬物的物質面
形成於氣

理決定了
人類內心的本質

稟受於天地的理
所決定的內心本質稱為性。
因受命於天，
故謂之性善。

人所具備的**理**，稟受於天地，而且決定了個人內心本質。而受命於**理**的個人內心本質，稱為**性**。**朱熹**提到，**性**（本質）便是**理**。這就是**性即理**。

090

朱熹提到，**性**與情（欲望與感情）皆從心。而性源自**理**，故人**性**本質應為善。然而，人的形體受天地之氣而生，但氣卻會使心動情，追逐**欲望**。

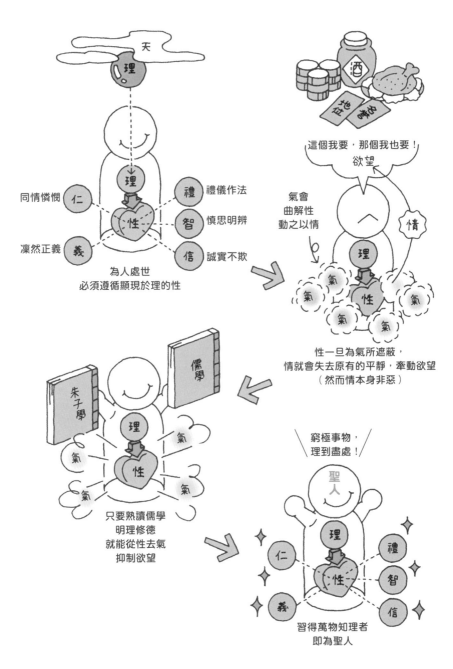

若不想讓**氣**牽動**慾**，就必須要習**理**以規範**氣**（居敬窮理 P093）。在**朱熹**心目中，能習得萬物的理和知，正是理想的聖人境界。

▶025

朱熹

居敬窮理

文　　獻 ----------------------------------《朱子語類》

相關概念 ----------------------------- 格物致知（P094）

備　　註 -----《朱子語論》：「學者工夫，唯在居敬、窮理二事」

既然**人性**有**理**，那麼**本性**就應為**善**。但是性一旦為**氣**所遮蔽，**情**就會失去原有的平靜，牽動欲望。然而**情**本身，並無善惡之分。

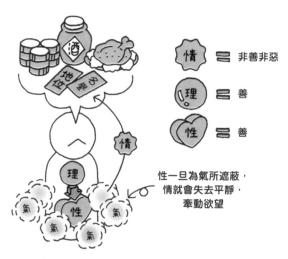

性一旦為氣所遮蔽，
情就會失去平靜，
牽動欲望

闡明本性之**理**，從性去氣的實踐方法有兩種。其一是居敬，日常生活中的任何時候都集中意識，保持內心的平靜。

儒教中的居敬

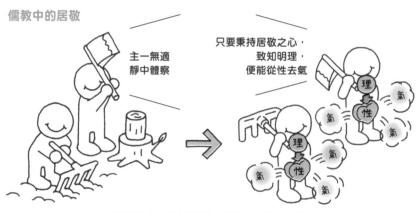

主一無適
靜中體察

只要秉持居敬之心，
致知明理，
便能從性去氣

一邊工作（在社會生活）一邊修心，便是居敬

中國哲學

與**道教**（P063）的仙人修行以及**佛教**的參禪修定相比，**居敬**是種在社會生活之中涵養本心的修養方法。

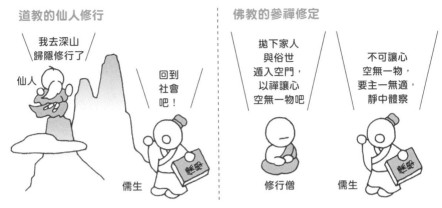

道教的仙人修行

> 我去深山歸隱修行了

仙人

> 回到社會吧！

儒生

佛教的參禪修定

> 拋下家人與俗世遁入空門，以禪讓心空無一物吧

修行僧

> 不可讓心空無一物，要主一無適，靜中體察

儒生

在佛教與道教底下修行，就無法擁有社會生活

另外一種實踐方法，是窮究事物之理的**窮理**。**朱熹**認為，只要透過**學問**，窮究自身以外一切事物的各自道理，終有一天會豁然開朗，明白萬物共通之理，同時也會瞭解切己之理。**居敬**與**窮理**這兩種修養方法，便稱為居敬窮理。

窮理

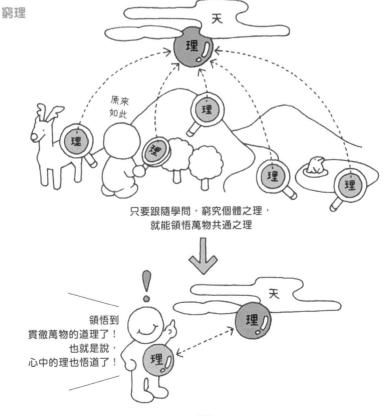

> 原來如此

只要跟隨學問，窮究個體之理，就能領悟萬物共通之理

> 領悟到貫徹萬物的道理了！也就是說，心中的理也悟道了！

格物致知

文　獻 ------------------------------------ 朱子《大學章句》
備　註 ------------------------- 朱子學與陽明學的解釋截然不同。
針對「格物」，朱子學解釋為「窮究事物道理」，
陽明學則解釋為「端正事業物境」

——窮究身外個體之理，便是**窮理**（P093）。**朱熹**認為，只要不斷**窮理**，領悟人與宇宙萬物共通之理的那一刻終究會來臨，同時自我內心之理也會茅塞頓開。探求此刻，便是格物致知。

格物致知

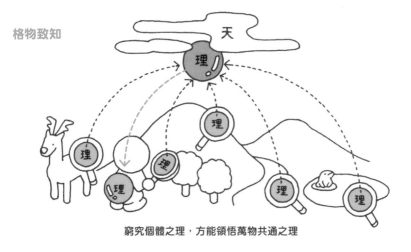

窮究個體之理，方能領悟萬物共通之理

不過**朱熹**認為，欲究明個體之**理**，關鍵在於古籍中的**四書五經**（P084）。因此**朱子學**在科學發展上，其實未有貢獻可言。

王陽明

文　　獻--------------------------------- 王陽明《傳習錄》

相關概念------------- 心即理（P096）、知行合一（P099）、良知（P098）

備　　註--------------------------------- 朱子學稱為「理學」，
　　　　　　　　　　　　　　　　　　相對地，陽明學稱為「心學」

朱熹（P025）認為，人類的**理**（P088），即人類為了成為人類而必須遵守的法則，是貫穿萬物的自然法則，而且**理**早已客觀存於宇宙之間（性即理P090）。不過**王陽明**對此觀點有所疑慮。

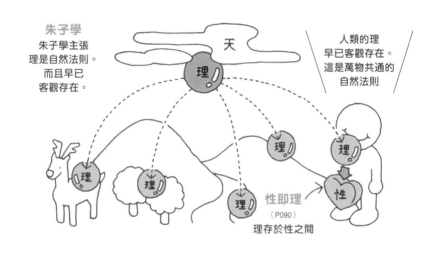

朱子學
朱子學主張理是自然法則。而且早已客觀存在。

天

理

人類的理早已客觀存在。這是萬物共通的自然法則

理　理　理　理

性即理
（P090）
理存於性之間

性

中國哲學

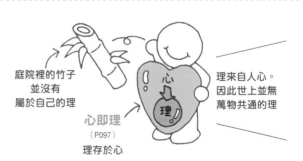

陽明學
陽明學認為理來自個人內心，而且會應內心狀況不時改變

庭院裡的竹子並沒有屬於自己的理

心　理

理來自人心。因此世上並無萬物共通的理

心即理
（P097）
理存於心

王陽明主張，**理即為心**。日常生活的事事物物若都能自己判斷好壞，便可稱為**理**（心即理P097）。而認為理並非一成不變的形態，而是會隨著身為主體，也就是靈活的內心思路不時改變的，就是以**王陽明**為始的**陽明學**。一般來說，**朱子學**（P087）主張**性即理**，陽明學主張**心即理**（P097）。

王陽明

心即理

文　　獻 ---------------------------------- 王陽明《傳習錄》
相關概念 --------------------- 知行合一（P099）、良知（P098）
備　　註 ----------「心即理」本為南宋學者，陸九淵所提倡。
可見陽明學深受陸九淵學說的影響。

朱熹（P025）認為，萬物皆由**理**與**氣**所構成（理氣二元論 P088）。只要一一領悟個體的**理**（窮理 P093），就能夠完成透徹人類與宇宙萬物的**理**（格物致知 P094）。亦即，對**朱熹**而言，掌握個體的**理**與明白自我的**理**息息相關。

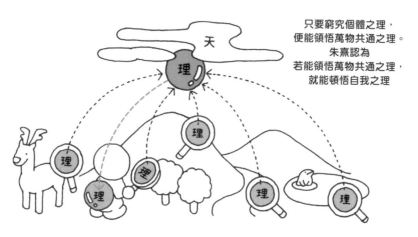

只要窮究個體之理，
便能領悟萬物共通之理。
朱熹認為
若能領悟萬物共通之理，
就能頓悟自我之理

而**王陽明**雖然不斷地想要從庭院裡的竹子身上探索出**理**，不料卻招致神經衰弱，並且領悟到自我之**理**應出自於己，而非他處。

不行了！
竹子裡頭根本就沒有自我之理。
朱子學可能需要修正。

王陽明

王陽明認為，自我之**理**僅存於己心，而非如同竹子之**理**，有固定的自然法則。故在面對日常生活大小事時，若能每次自我判斷是否為善，**理**當會存在。

中國哲學

人類內心皆有**理**，故人人皆為**聖人**（P091）。只要推行心中之**理**，善便會油然升起。

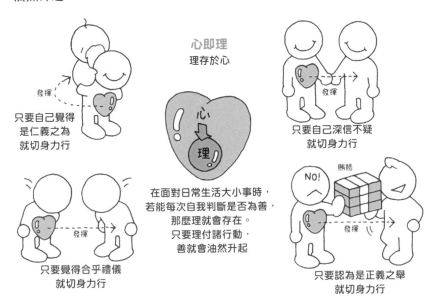

心即理
理存於心

只要自己覺得
是仁義之為
就切身力行

只要自己深信不疑
就切身力行

在面對日常生活大小事時，
若能每次自我判斷是否為善，
那麼理就會存在。
只要理付諸行動，
善就會油然升起

只要覺得合乎禮儀
就切身力行

只要認為是正義之舉
就切身力行

朱熹認為，心涵蓋了**性**與情，**理**亦具備**性**。相對地，**王陽明**則是認為這兩者毫無區別，因為**理**早已存於心中。相對於**朱熹**的**性即理**（P090），**王陽明**的思想稱為**心即理**。因為對**王陽明**來說，**理**是因為正心昭顯而來的。

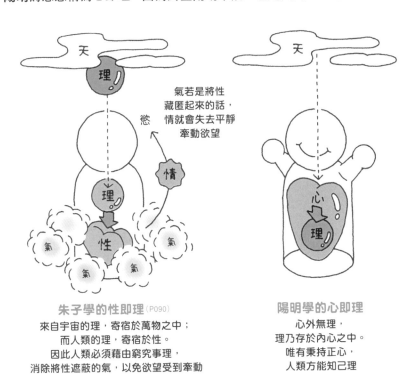

氣若是將性
藏匿起來的話，
情就會失去平靜
牽動欲望

朱子學的性即理（P090）
來自宇宙的理，寄宿於萬物之中；
而人類的理，寄宿於性。
因此人類必須藉由窮究事理，
消除將性遮蔽的氣，以免欲望受到牽動

陽明學的心即理
心外無理，
理乃存於內心之中。
唯有秉持正心，
人類方能知己理

王陽明

良知

文　獻 ------------------------------ 王陽明《傳習錄》《大學問》

備　註 -------- 對於「良知」,《孟子》的解釋是「所不慮而知者」。
而王陽明在《大學問》中
提到,所謂良知,乃「是非之心,人皆有之」

王陽明提到,人若正心,就能明**理**(P088),因為人心與生便俱有**良知**,能夠與萬物正途一體同在。只要透過**良知**,心就會與物一起朗現。

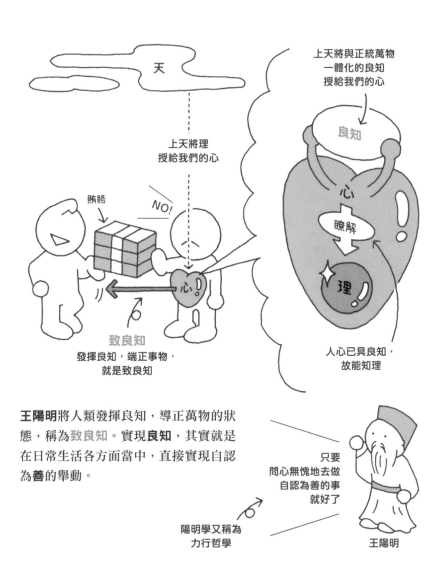

天

上天將理
授給我們的心

賄賂

NO!

致良知
發揮良知,端正事物,
就是致良知

上天將與正統萬物
一體化的良知
授給我們的心

良知

心

瞭解

理

人心已具良知,
故能知理

王陽明將人類發揮良知,導正萬物的狀態,稱為**致良知**。實現**良知**,其實就是在日常生活各方面當中,直接實現自認為**善**的舉動。

只要
問心無愧地去做
自認為善的事
就好了

陽明學又稱為
力行哲學

王陽明

▶025

王陽明

知行合一

意　　義 —————————— 知中有行，行中有知，二者不可分離

相關概念 ———————————————— 良知（P098）

備　　註 ——————— 王陽明《傳習錄》：「未有知而不行者。
知而不行，只是未知」

朱熹（P025）重學問，認為凡事應該講求邏輯。相對地，**王陽明**卻認為縱使學富五車，知中若無行，又有何意義可言？因此**王陽明**主張，真正的知識必須付諸**行動**。這就是知行合一。

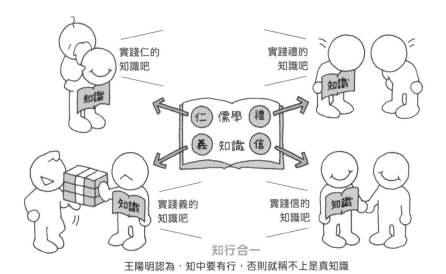

實踐仁的
知識吧

實踐禮的
知識吧

仁 儒學 禮
義 知識 信

實踐義的
知識吧

實踐信的
知識吧

知行合一

王陽明認為，知中要有行，否則就稱不上是真知識

知行合一的精神亦傳至日本，甚至成為倒幕運動的精神支柱。

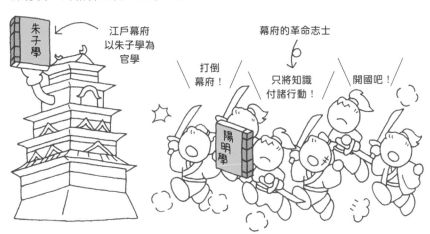

朱子學

江戶幕府
以朱子學為
官學

幕府的革命志士

打倒
幕府！

只將知識
付諸行動！

開國吧！

陽明學

日本哲學

日本哲學家

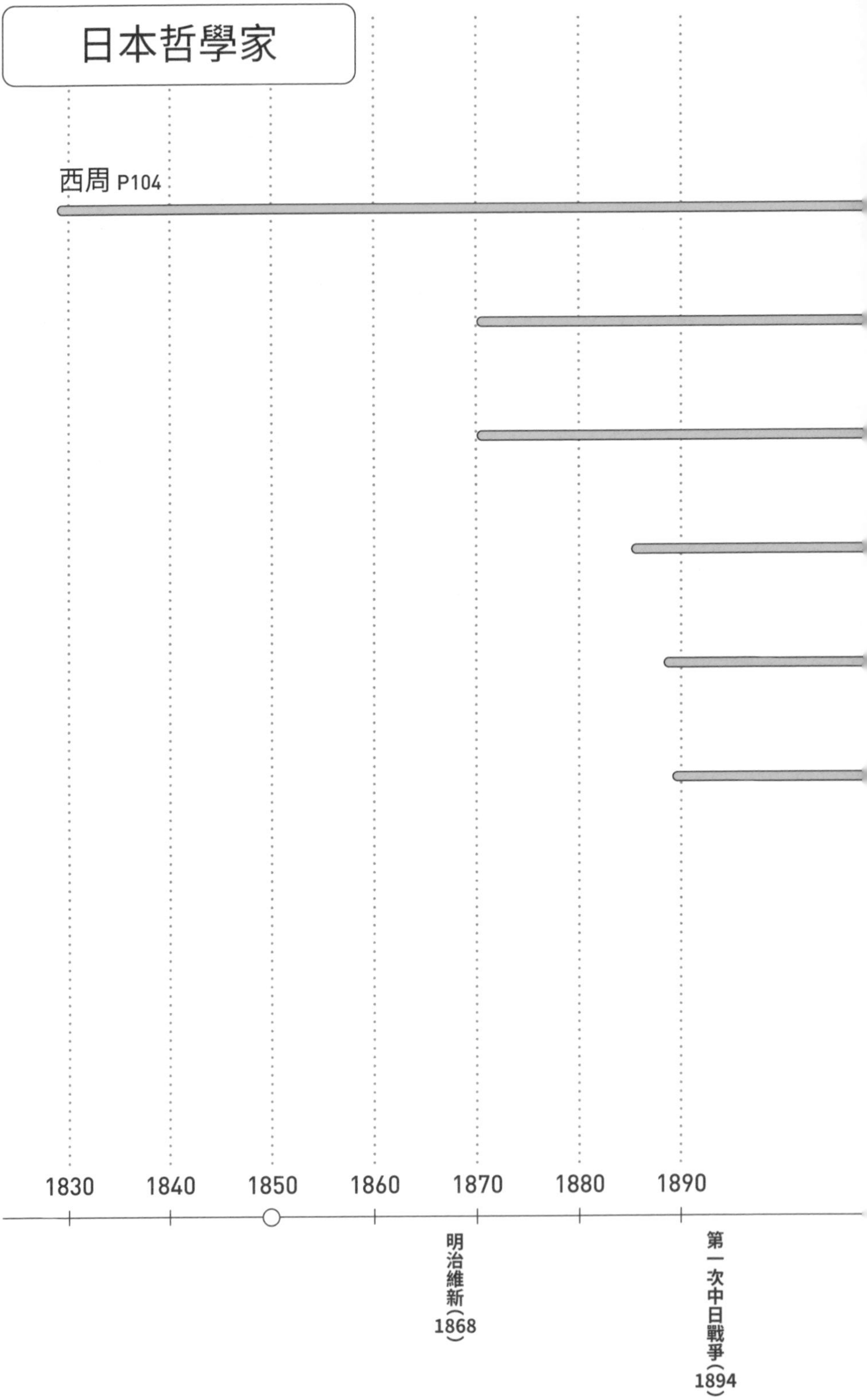

西周 P104

1830　1840　1850　1860　1870　1880　1890

明治維新（1868）

第一次中日戰爭（1894）

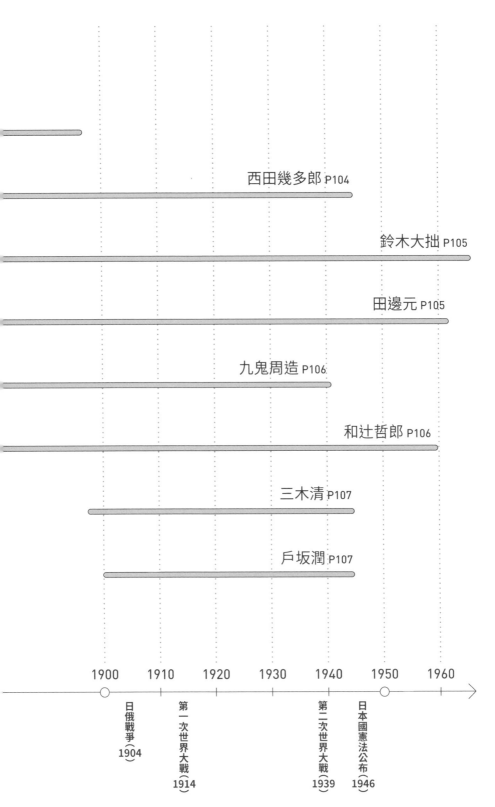

西田幾多郎 P104

鈴木大拙 P105

田邊元 P105

九鬼周造 P106

和辻哲郎 P106

三木清 P107

戶坂潤 P107

1900　1910　1920　1930　1940　1950　1960

日俄戰爭（1904）

第一次世界大戰（1914）

第二次世界大戰（1939）

日本國憲法公布（1946）

除了哲學，還翻譯了理性、悟性、感性、主觀、客觀、分析、綜合、歸納、演繹、概念等許許多多哲學專有名詞。

人世三寶說。

投稿《明六雜誌》的〈人世三寶說〉一文中，提出達到「人生最大福祉」的三大綱領是健康、知識、財富。

西周

NISHI AMANE ▶P108

出生於石見（現島根縣）津和野藩醫師的家庭。學習儒學後，於江戶學習蘭學、英語。一八五七年成為幕府的蕃書調所教授助教。一八六二年留學荷蘭，學習法學、哲學、經濟學等。維新後進入兵部省、其後又在陸軍省、文部省、宮內省等任職。參與起草軍人敕諭。之後加入明六社，致力介紹西洋哲學、邏輯學。

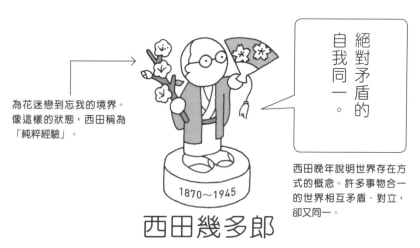

為花迷戀到忘我的境界。像這樣的狀態，西田稱為「純粹經驗」。

絕對矛盾的自我同一。

西田晚年說明世界存在方式的概念。許多事物合一的世界相互矛盾、對立，卻又同一。

西田幾多郎

NISHIDA KITARO ▶P110～122

生於石川縣河北郡宇氣村（現河北市），為京都學派的開創者。一八八六年，就讀石川縣專門學校（隔年改稱第四高等學校），同年級有後來成為他生涯摯友的鈴木大拙。一八九一年進入東京帝國大學文科大學，但無法進入正規課程，只能成為選科生，受到與正規學生截然不同的待遇。畢業後，在金澤第四高等學校擔任講師、學習院教授。一九一〇年就任京都帝國大學副教授，一九四五年去世，享年七十五歲。

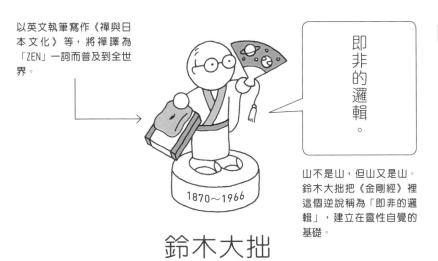

▶P136～138

以英文執筆寫作《禪與日本文化》等，將禪譯為「ZEN」一詞而普及到全世界。

即非的邏輯。

山不是山，但山又是山。鈴木大拙把《金剛經》裡這個逆說稱為「即非的邏輯」，建立在靈性自覺的基礎。

鈴木大拙
SUZUKI DAISETSU

加賀藩醫家的四男。本名貞太郎。從學生時代起便師事於鎌倉圓覺寺的今北洪川、釋宗演。東京帝國大學哲學科選科結業後，一八九七年至美國，進行佛書的英譯及介紹。一九〇九年回國，歷經學習院教授，而後任職大谷大學教授。除了就任萬國宗教史學會東洋部副會長，戰後至歐美的大學演講、授課等，活躍於國際舞臺。一九六六年去世，享年九十五歲。

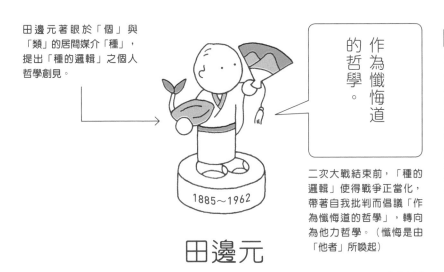

▶P124

田邊元著眼於「個」與「類」的居間媒介「種」，提出「種的邏輯」之個人哲學創見。

作為懺悔道的哲學。

二次大戰結束前，「種的邏輯」使得戰爭正當化，帶著自我批判而倡議「作為懺悔道的哲學」，轉向為他力哲學。（懺悔是由「他者」所喚起）

田邊元
TANABE HAJIME

出生於東京神田猿樂町（現千代田區）。最初就讀東京帝國大學數學系，而後轉攻哲學系。畢業後一面攻讀研究所，一面於母校城北中學執起教鞭。曾任東北帝國大學講師，在西田幾多郎的招聘下，於一九一九年就任京都帝國大學文學院副教授（一九二七年成為教授）。二次大戰結束前退官隱居於北輕井澤。與西田幾多郎建立了京都學派的基礎。一九六二年去世，享年七十七歲。

右側欄：

《著作》《禪與日本文化》《日本的靈性》

日本哲學

《著作》《作為懺悔道的哲學》《哲學入門》

著作　《時間論》　《「粹」的構造》　《偶然性的問題》

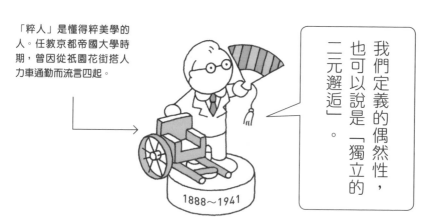

「粹人」是懂得粹美學的人。任教京都帝國大學時期，曾因從祇園花街搭人力車通勤而流言四起。

我們定義的偶然性，也可以說是「獨立的二元邂逅」。

九鬼周造認為所謂偶然性的核心，是兩個（以上）的獨立因果或系列的邂逅。

九鬼周造

Kuki Shuzo

▶P128～130

出生於東京芝（現港區），男爵九鬼隆一家的四男。就讀東京帝國大學哲學系，並攻讀該校研究所。一九二一年開始，至歐洲留學，在德國向李凱爾特、胡塞爾、海德格學習；在法國與柏格森、沙特成為至交。回日本後在京都帝國大學執起教鞭，除了介紹海德格哲學思想，也介紹了當時最先進西方哲學。一九四一年去世，享年五十三歲。

日本哲學

著作　《古寺巡禮》　《倫理學》　《風土》

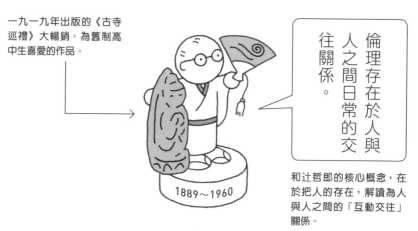

一九一九年出版的《古寺巡禮》大暢銷。為舊制高中生喜愛的作品。

倫理存在於人與人之間日常的交往關係。

和辻哲郎的核心概念，在於把人的存在，解讀為人與人之間的「互動交往」關係。

和辻哲郎

Watsuji Tetsuro

▶P132～134

出生於兵庫縣豐野（現姬路市）醫師家的次男。東京帝國大學哲學系畢業後，先後任職東洋大學講師、法政大學教授。一九二五年在西田幾多郎的邀請下，任職京都帝國大學助理教授，一九三四年就任東京帝國大學教授）。一九五〇年創立倫理學會，擔任第一代會長。研究並出版許多有關日本精神史、日本文化史的作品。一九六〇年去世，享年七十一歲。

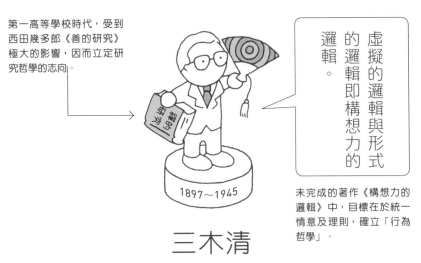

第一高等學校時代，受到西田幾多郎《善的研究》極大的影響，因而立定研究哲學的志向。

虛擬的邏輯與形式的邏輯即構想力的邏輯。

1897～1945

三木清
MIKI KIYOSHI

未完成的著作《構想力的邏輯》中，目標在於統一情意及理則，確立「行為哲學」。

▶P126

出生於兵庫縣。京都帝國大學哲學系畢業後，至德國、法國留學，受到海德格強烈的影響。回國後，於一九二七年就任法政大學教授。發表許多建立在馬克思主義基礎上的哲學論文。一九三〇年因為涉嫌以資金援助日本共產黨遭檢舉、拘留，離開法政大學。一九四五年，因涉嫌藏匿共產主義分子遭檢舉、拘留，二次大戰結束後，病死於獄中。

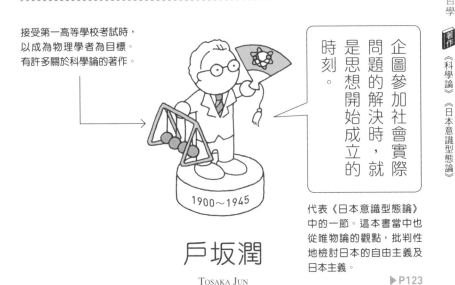

接受第一高等學校考試時，以成為物理學者為目標。有許多關於科學論的著作。

企圖參加社會實際問題的解決時，就是思想開始成立的時刻。

1900～1945

戶坂潤
TOSAKA JUN

代表《日本意識型態論》中的一節。這本書當中也從唯物論的觀點，批判性地檢討日本的自由主義及日本主義。

▶P123

出生於東京神田，第一高等學校畢業後，就讀京都帝國大學哲學系。雖然師事田邊元，卻受三木清影響而進行唯物論哲學的研究。一九三一年就任法政大學講師。一九三二年和三枝博音等共同設立唯物論研究會。創立《唯物論研究》會刊，對於法西斯主義多所批判。受到當局嚴格的壓制，時常遭到檢舉。一九四五年死於長野監獄，享年四十六歲。

日本哲學

日文中原本沒有對應「philosophy」的詞彙，「哲學」一詞，是明治時期由**西周**（P104）翻譯的新詞。在此以前，日本人並不像西方人那樣，把**哲學（邏輯）**和**宗教**壁壘分明地分開來思考。因為日本的哲學思想，等於是習慣、修行、儒學、佛道等的融合體。

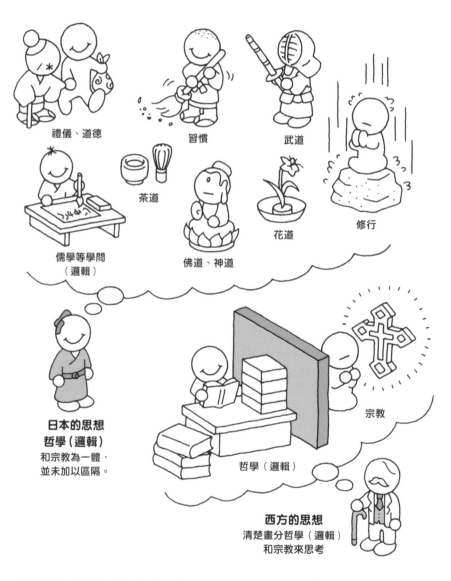

禮儀、道德

習慣

武道

茶道

花道

修行

儒學等學問
（邏輯）

佛道、神道

日本的思想
哲學（邏輯）
和宗教為一體，
並未加以區隔。

哲學（邏輯）

宗教

西方的思想
清楚畫分哲學（邏輯）
和宗教來思考

既然沒有「哲學」這個詞彙，就表示日本過去並不存在「哲學」此一概念。
同理，在明治以前也沒有「宗教」的詞彙及概念。

例如，**親鸞及道元**等人的思想，因為無法在「哲學」或「宗教」上的概念成立，所以很少被稱為**哲學家**。西方社會概念的「哲學」一詞，原本就不必硬套在日本思想上。但是，日本的大學機構，有時會把佛教思想稱為「印度哲學」。

我們並沒有「哲學」或「宗教」的概念。也不知道有這些詞彙。

當然，日本產生「哲學」的概念，是在我把「philosophy」譯成「哲學」一詞以後

空海　　　親鸞　　　道元

哲學　Philosophy

西周（P104）

另外，「東方」一詞的說法也必須注意。因為「東方」是隨著「西方」勢力的擴大而普及的概念。日本在進入明治時期後，「東方」、「東方學」等概念，也從西方隨著進入日本。

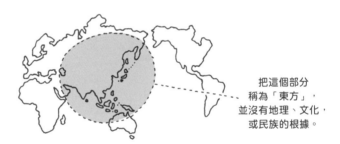

把這個部分稱為「東方」，並沒有地理、文化，或民族的根據。

本書介紹的是日本產生「哲學」概念以後的哲學家。就這個定義而言，**西田幾多郎**（P104）是日本最早的哲學家。而後承續西田思想的哲學家被稱為**京都學派**。

京都學派的哲學家　（雖然鈴木大拙是宗教學者，但因為他是在日本將「宗教」融合於「哲學」的人，所以本書一併介紹）

西田幾多郎（P104）　田邊元（P105）　三木清（P107）　九鬼周造（P106）　和辻哲郎（P106）　鈴木大拙（P105）

純粹經驗

文　獻 -------------------------- 西田幾多郎《善的研究》
關　聯 -------------------------- 主客未分（P112）、善（P114）
備　註 ------ 在《善的研究》中，舉出「心靈被美妙的音樂吸引，
進入物我相忘的境界」瞬間作為純粹經驗的例子。

先有**我（主觀）**和**世界（客觀）**的存在，而後才有**我（主觀）**去經驗所謂的**世界（客觀）**是西方近代哲學的基本思想。然而，**西田幾多郎**的思考則並非如此。他認為有**經驗**在先，然後才分為**我（主觀）**和**世界（客觀）**。

一般的世界觀（西方近代哲學的構圖）

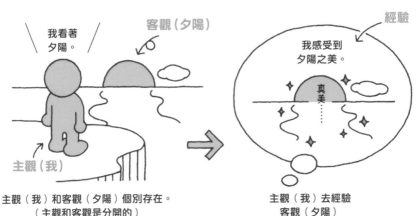

我看著夕陽。　客觀（夕陽）　經驗

我感受到夕陽之美。

真美……

主觀（我）

主觀（我）和客觀（夕陽）個別存在。
（主觀和客觀是分開的）

主觀（我）去經驗客觀（夕陽）

西田幾多郎的世界觀

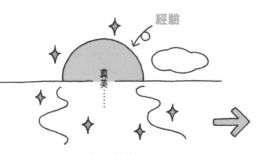

經驗

真美……

先有看了美麗夕陽的經驗。
這時我和夕陽尚未分離。
夕陽是我，我是夕陽。
（主觀和客觀是合一的）

對了，我現在正看著夕陽。　客觀

主觀

因為思考才使得我（主觀）和夕陽（客觀）分離開來。

日本哲學

先有「真美」的**經驗**，冷靜以後想到「對了，因為我正看著夕陽」，然後才分離成**主觀**的「我」，與**客觀**的「夕陽」。

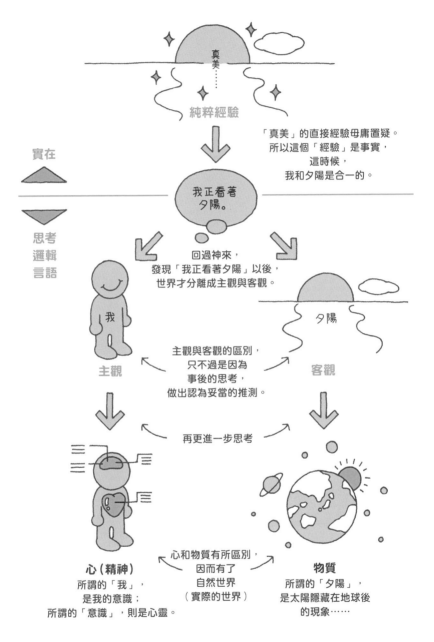

真美……

純粹經驗

實在

「真美」的直接經驗毋庸置疑。
所以這個「經驗」是事實，
這時候，
我和夕陽是合一的。

我正看著
夕陽。

思考
邏輯
言語

回過神來，
發現「我正看著夕陽」以後，
世界才分離成主觀與客觀。

我

主觀

夕陽

客觀

主觀與客觀的區別，
只不過是因為
事後的思考，
做出認為妥當的推測。

再更進一步思考

心和物質有所區別，
因而有了
自然世界
（實際的世界）

心（精神）
所謂的「我」，
是我的意識；
所謂的「意識」，則是心靈。

物質
所謂的「夕陽」，
是太陽隱藏在地球後
的現象……

日本哲學

以夕陽為例，因為「美麗的夕陽」是確實經驗過的，所以毋庸置疑。但是之後出現的**主觀／客觀圖式**，進而衍生的**自然世界**（實際世界），只不過是我們透過**思考**（邏輯）做出認為妥當推測的世界。**西田**把**主觀**與**客觀**分離前的**經驗**，稱為**純粹經驗**，他認為只有這個才是「**實在**」。

▶104

主客未分

意　義 ---------------- 未區分主客觀，兩者合而為一的狀態
備　註 ---------------- 西田針對笛卡兒指出，「『我思故我在』
並不是直接經驗的事實，而是過度的推理」（《善的研究》）

西田幾多郎把觀賞美景入迷到渾然忘我，或是聆聽美妙的音樂至恍惚的
狀態稱為**純粹經驗**（P111）。他認為這種狀態下，我和風景，或我和音樂
是渾然一體。

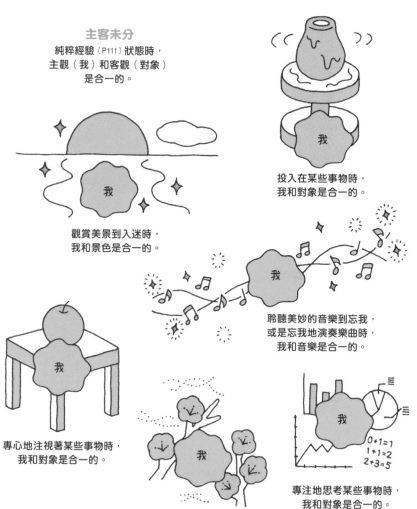

主客未分
純粹經驗（P111）狀態時，
主觀（我）和客觀（對象）
是合一的。

投入在某些事物時，
我和對象是合一的。

觀賞美景到入迷時，
我和景色是合一的。

聆聽美妙的音樂到忘我，
或是忘我地演奏樂曲時，
我和音樂是合一的。

專心地注視著某些事物時，
我和對象是合一的。

專注地思考某些事物時，
我和對象是合一的。

專注地嗅著意外誘人的香氣時，
我和對象是合一的。

日本哲學

經歷**純粹經驗**後，透過思考才有**主觀**與**客觀**之別。**西田**認為透過**思考**（邏輯、言語）之前的**主客未分**狀態才是真實世界。

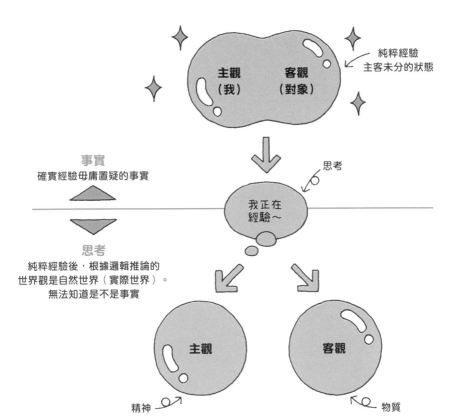

純粹經驗
主客未分的狀態

主觀
（我）

客觀
（對象）

思考

我正在
經驗～

事實
確實經驗毋庸置疑的事實

思考
純粹經驗後，根據邏輯推論的
世界觀是自然世界（實際世界）。
無法知道是不是事實

主觀

客觀

精神

物質

透過禪的體驗，能夠感知自己和世界合而為一。**西田**親自藉由禪的體驗而領悟了**主客未分**。

西田從禪的體驗而體悟到
主客未分思想。

善

西田幾多郎

文 獻	西田幾多郎《善的研究》
關 聯	純粹經驗（P110）
備 註	主客未分的純粹經驗，被視作達到真善美一致的善。

純粹經驗（P110）、**主客未分**（P113）的概念出現於西田《善的研究》一書。
這裡所談的善，究竟是指什麼呢？

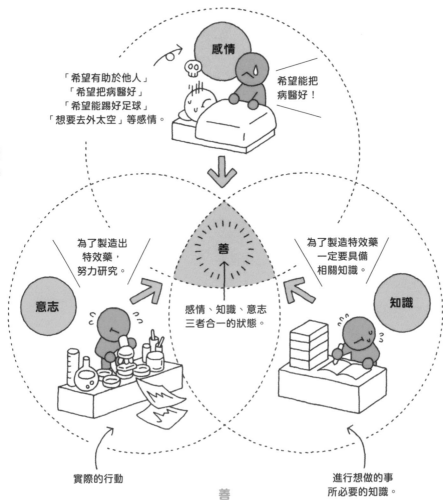

善
感情、知識、意志沒有分界線，
達到三者合一的狀態就是善。
完全投入而渾然忘我時，善就會顯現。

對**西田幾多郎**來說，所謂的**善**，是自身的**感情**、**知識**、**意志**合而為一的狀態。忘我地投入到自己真正想做的事情才符合這個狀態。

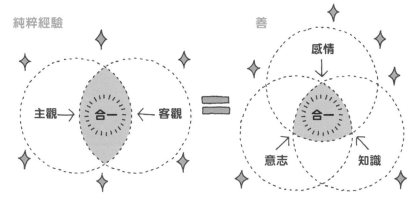

西田把主觀（我）和客觀（對象）合一的狀態稱為純粹經驗；
主觀（我）的感情、意志、知識合而為一的狀態稱為善。

西田說，所謂的**善**就是「人格的實現」。而且，在「人格的實現」同時，人類及宇宙也就實現了善。換句話說，沒有主客的區別，而且感情、意志、知識合而為一的**純粹經驗**，可以說是宇宙整體的善顯現在個人當中。

發揮本真個性
的狀態。

廢寢忘食地投入在真正想做的事情時，不會感受到重力，也忘了時間流逝。
也沒有我（主觀）和世界（客觀）的區別，這個狀態性就是本真個性，也就是善。

西田幾多郎

述詞邏輯

文　獻 ----- 西田幾多郎《從動者到見者》、《全般者的自覺的體系》
關　聯 -------------------- 場所邏輯（P118）、絕對無（P120）
備　註 -------------------- 在《從動者到見者》一書中，提出
「所謂的我，必須去除主詞的統一，而應與述詞統一」。

日語有別於西方的言語，日語即使少了**主詞**，句子也不會不自然。換句話說，日語重視**述詞**勝過**主詞**。**西田幾多郎**代表性邏輯思想的述詞邏輯，**述詞**也占了很重要的角色。

重要的是
「我」很幸福。

I am happy！

西方重要的是主詞
西方語言中的主詞，
也就是主體（人類）很重要，
主體本身成為哲學的課題。

重要的是「幸福」，
而不是誰。

幸福！

日本重要的是述詞
西田認為，主體受到置於什麼「場所」的影響。從這樣的思考，西田論述的邏輯是以述詞而不是以主詞為核心。

句子的**主詞**也可以認為包含在**述詞**的集合當中。例如，**「蘇格拉底是希臘人」**這個句子，蘇格拉底（主詞）就包含在希臘人（述詞）的集合裡。

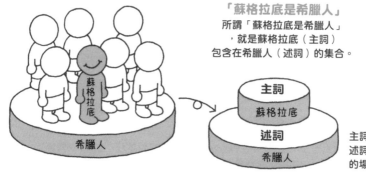

「蘇格拉底是希臘人」
所謂「蘇格拉底是希臘人」
，就是蘇格拉底（主詞）
包含在希臘人（述詞）的集合。

主詞
蘇格拉底

述詞
希臘人

主詞置於
述詞所在
的場所。

日本哲學

把「是希臘人」這個述詞不斷擴展成「希臘人是人類」、「人類是哺乳動物」、「哺乳動物是生物」等，最後包含所有的述詞就到達**無限大的述詞**。**西田**把這個無限大的述詞稱為**絕對無的場所**（P121）。西田認為世上的一切事物，都含括在**絕對無的場所**中，在**絕對無的場所**上成立。

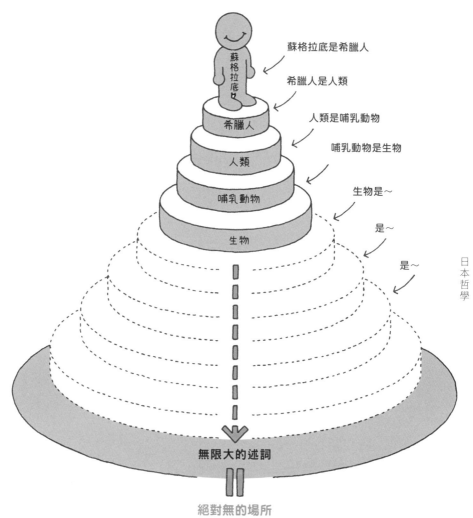

蘇格拉底是希臘人

希臘人是人類

人類是哺乳動物

哺乳動物是生物

生物是～

是～

是～

蘇格拉底

希臘人

人類

哺乳動物

生物

無限大的述詞

絕對無的場所

把述詞不斷擴展後到達無限大述詞所在的絕對無場所。
為什麼會稱為「無」？那是因為如果這個場所是「有」，
那麼，「有」的外側，就需要能夠涵蓋的更大述詞（場所），
這麼一來就不能說是無限大，所以是「無」。
一切事物都成立於這個場所。

日本哲學

西田認為若是能夠體驗**絕對無的場所**，就能捕捉世界的真實樣貌。探尋**絕對無的場所**，是**西田哲學**的一大課題。

▶104

西田幾多郎

場所邏輯

文　獻 ----- 西田幾多郎《從動者到見者》、《全般者的自覺的體系》

備　註 ---------------- 在《從動者到見者》中提到，
「看到無形之形，聽見無聲之聲」這種東方文化根基中，
「期望賦予哲學之根據」。這就是「場所邏輯」。

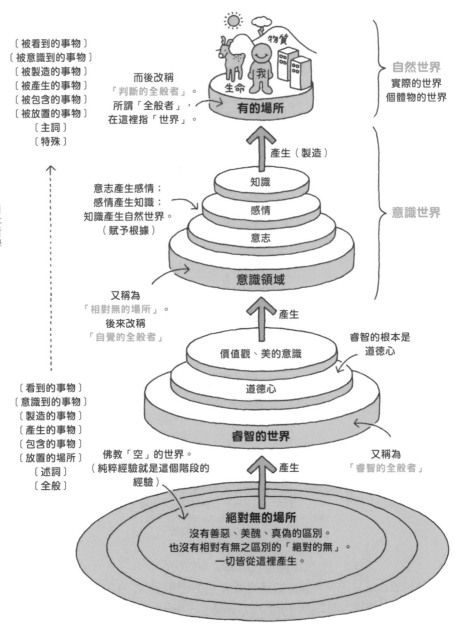

〔被看到的事物〕
〔被意識到的事物〕
〔被製造的事物〕
〔被產生的事物〕
〔被包含的事物〕
〔被放置的事物〕
〔主詞〕
〔特殊〕

而後改稱
「判斷的全般者」。
所謂「全般者」，
在這裡指「世界」。

物質

我

生命

有的場所

自然世界
實際的世界
個體物的世界

產生（製造）

知識

感情

意志

意志產生感情；
感情產生知識；
知識產生自然世界。
（賦予根據）

意識領域

意識世界

又稱為
「相對無的場所」。
後來改稱
「自覺的全般者」

產生

價值觀、美的意識

道德心

睿智的根本是
道德心

日本哲學

〔看到的事物〕
〔意識到的事物〕
〔製造的事物〕
〔產生的事物〕
〔包含的事物〕
〔放置的場所〕
〔述詞〕
〔全般〕

睿智的世界

又稱為
「睿智的全般者」

佛教「空」的世界。
（純粹經驗就是這個階段的
經驗）

產生

絕對無的場所
沒有善惡、美醜、真偽的區別。
也沒有相對有無之區別的「絕對的無」。
一切皆從這裡產生。

118

西田幾多郎最初是從**純粹經驗**(P111)來捕捉世界觀。而後則是以**場所邏輯**的思維來說明世界觀。西田思考的特徵，是他認為自然世界（實際世界）中的「**個體物**」，都是意識的對象，由意識製造、存在於意識中的觀點。西田把自然世界的事物稱為「**有的場所**」；把知識、感情、意志等意識所在的場所稱為「**意識之野**」。「**有的場所**」置於「**意識之野**」上。

西田認為實際世界（自然世界）
是意識的對象，存在於意識中。
也就是說自然世界都存在於意識世界裡。
西田中期以後的思想，把意識世界根本的
「絕對無的場所」視作「實在」。
（前期概念的思維，認為純粹經驗(P111)
是在「絕對無的場所」的經驗）

有的場所
（自然世界）

意識之野
（意識世界）
↓
絕對無的場所

而且，在**意識之野**下，還有自己不容易**自覺**的**價值觀、美的意識、道德心**的**睿智的世界**。比睿智的世界更基礎的，則是含括一切的**絕對無的場所**(P121)。**有的場所**從**意識之野**衍生，意識之野則從**睿智的世界**而生，而成立一切事物的基礎則是**絕對無的場所**。這樣的結構是**西田哲學**中的**場所邏輯**。而這個場所**邏輯**和**述詞邏輯**相互對應。

日本哲學

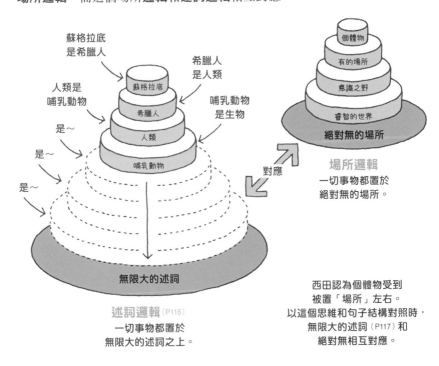

蘇格拉底
是希臘人

希臘人
是人類

人類是
哺乳動物

是～

是～

是～

蘇格拉底

希臘人

人類

哺乳動物

哺乳動物
是生物

無限大的述詞

述詞邏輯(P116)
一切事物都置於
無限大的述詞之上。

對應

個體物

有的場所

意識之野

睿智的世界

絕對無的場所

場所邏輯
一切事物都置於
絕對無的場所。

西田認為個體物受到
被置「場所」左右。
以這個思維和句子結構對照時，
無限大的述詞(P117)和
絕對無相互對應。

西田幾多郎

絕對無

文　獻 ----- 西田幾多郎《全般者的自覺的體系》、《無的自覺限定》

關　聯 ------------------ 述詞邏輯（P116）、場所邏輯（P118）、
絕對矛盾的自我同一（P122）

備　註 ------- 田邊元批評「絕對無」應該是西田個人的宗教體驗，
認為哲學不該像這樣把宗教的自覺體系化。

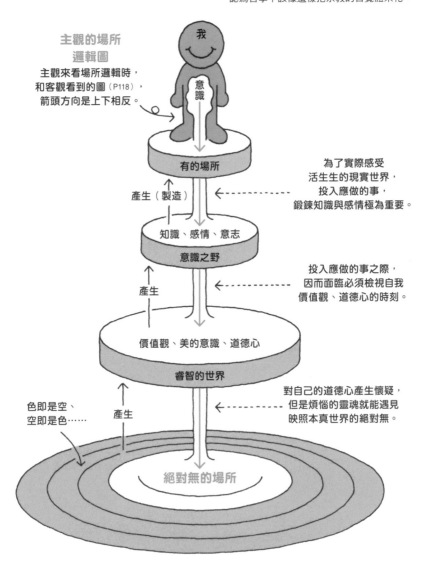

主觀的場所邏輯圖

主觀來看場所邏輯時，和客觀看到的圖（P118），箭頭方向是上下相反。

我

意識

有的場所

產生（製造）

為了實際感受活生生的現實世界，投入應做的事，鍛鍊知識與感情極為重要。

知識、感情、意志
意識之野

產生

投入應做的事之際，因而面臨必須檢視自我價值觀、道德心的時刻。

價值觀、美的意識、道德心
睿智的世界

產生

對自己的道德心產生懷疑，但是煩惱的靈魂就能遇見映照本真世界的絕對無。

色即是空、空即是色……

產生

絕對無的場所

日本哲學

就如同在**場所邏輯**（（P119）所見，現實的世界（有的場所 P119）是由我的**意識**而生（認識）。因此，為了實際體會活生生的現實世界，必須鍛鍊意識。

因此，必須透過自己的**意志**，投入應做的事，鍛鍊**知識**與**感情**。這麼一來，就會面臨到不得不審視自我**美的意識**、**道德心**的時刻。然後，越能對自我的道德心有自覺，越能發現自我內在的惡。然而，**西田幾多郎**認為，這個**迷惘的心靈**有一天將能遇見含括一切的**絕對無場所**。

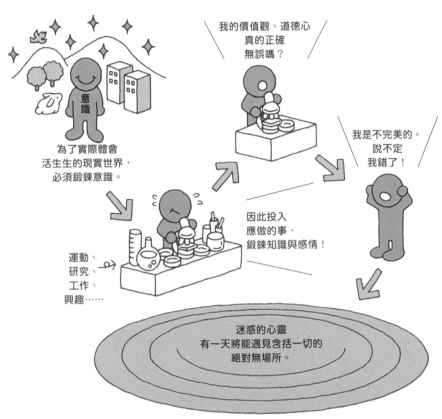

我的價值觀、道德心
真的正確
無誤嗎？

我是不完美的。
說不定
我錯了！

意識

為了實際體會
活生生的現實世界，
必須鍛鍊意識。

因此投入
應做的事，
鍛鍊知識與感情！

運動、
研究、
工作、
興趣……

迷惑的心靈
有一天將能遇見含括一切的
絕對無場所。

日本哲學

個體物是「是～」的**述詞**集合而成。**我**也是「我是日本人」、「我是男人」、「我是膽小鬼」等「是～」的述詞集合。包含**我**的個體物，換句話說**主詞是欠缺實體**的。就如在**述詞邏輯**（P116）看到的，**絕對無的場所**是內含一切述詞的**無限大述詞**的場所。若是能夠體驗到這個場所，就能自覺到本真世界，以及本真的我（**絕對無的自覺**）。

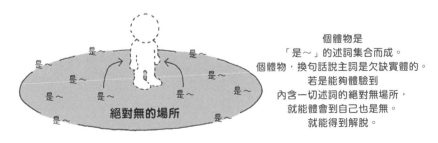

個體物是
「是～」的述詞集合而成。
個體物，換句話說主詞是欠缺實體的。
若是能夠體驗到
內含一切述詞的絕對無場所，
就能體會到自己也是無。
就能得到解脫。

是～

絕對無的場所

西田幾多郎

絕對矛盾的自我同一

文　獻 --------------------- 西田幾多郎《哲學論文集第三》等
備　註 ----------- 在晚年的論文《日本文化的問題》中談到皇室，
「我認為主體的一與個體物的多產生的矛盾自我
同一限定自身在世界的位置」。

自我透過自覺到自己是「無」，然後自覺含括一切的**絕對無**（絕對無的自覺
P121）。**西田幾多郎**認為在自我根底中，有超越自我的東西，透過這樣的
矛盾，能發現真正的自我。同樣的，「一」與「多」；「永恆」與「現在」
等，矛盾的事物相互作用，世界正是因而創造形成。

日本哲學

一切事物都與絕對無的場所相關。
因此，一切矛盾都能在自然世界共存。

像這樣，矛盾事物藉由相互作用，創造形成自身的存在方式，**西田**稱為
絕對矛盾的自我同一。而且，**絕對無的場所**，正是這個產生創造形成的
根源場所。

而且，這個**絕對無**的概念問世後，揭開了日本哲學的序幕。以西田為中心，被稱為京都學派的哲學家，批判或更深入研究**絕對無**，從而發展出自己的哲學。

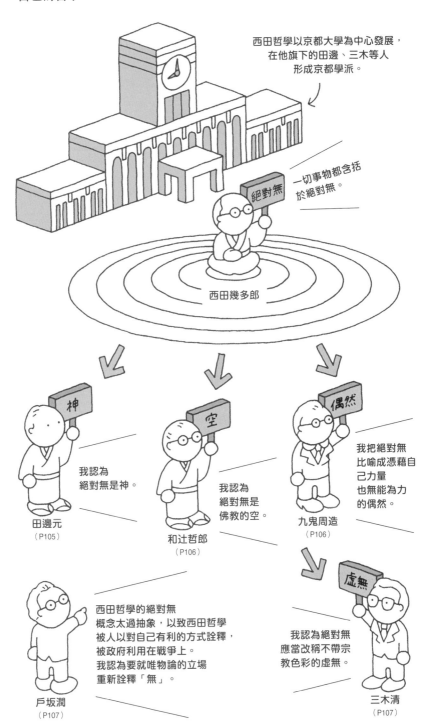

西田哲學以京都大學為中心發展，在他旗下的田邊、三木等人形成京都學派。

一切事物都含括於絕對無。

絕對無

西田幾多郎

神

我認為絕對無是神。

田邊元
（P105）

空

我認為絕對無是佛教的空。

和辻哲郎
（P106）

偶然

我把絕對無比喻成憑藉自己力量也無能為力的偶然。

九鬼周造
（P106）

虛無

我認為絕對無應當改稱不帶宗教色彩的虛無。

三木清
（P107）

西田哲學的絕對無概念太過抽象，以致西田哲學被人以對自己有利的方式詮釋，被政府利用在戰爭上。我認為要就唯物論的立場重新詮釋「無」。

戶坂潤
（P107）

日本哲學

105

懺悔道

田邊元

文　獻 ------- 田邊元《種的邏輯辨證法》、《作為懺悔道的哲學》
備　註 ---- 在《作為懺悔道的哲學》中，對於親鸞思想提出見解，
「西方難以發現能與教行信證的宗教哲學思維匹敵，
如此困難又有深度的思想。」

田邊元倡議**種的邏輯**論點，認為個人的**個**、人類的**類**，必須以民族、國家的**種**為媒介才能成立。這個論點竟然對於戰前把民族、國家視為絕對的**國家至上主義**的正當化有所貢獻，其實違背了田邊元的本意。

日本哲學

個
個人

種
民族、國家

類
人類

種的邏輯
個人、人類的概念，
若沒有「種」的概念，
則不能成立。

國家
第一

「種的邏輯」
把日本的國家至上主義
以哲學論點正當化。

我沒有
研究哲學
的資格。

田邊深
切反省

從隱居生活中
悟出懺悔道。

田邊在戰後深自反省自己的哲學，在深山的隱居生活中，思索出**作為懺悔道的哲學**。

懺悔道始於反省自己的行為。所謂反省是徹頭徹尾地洞澈思考。洞澈思考到極限，到達不可能有更深入思考境界時，人就會達到**無**。但是**田邊**認為這個**無**，是憑藉自己的力量無法達到的靈光乍現。他認為這樣的靈光乍現，也就對於反省的救贖之道、對於思考而得出的答案，是每個人必定會面臨的。

懺悔道

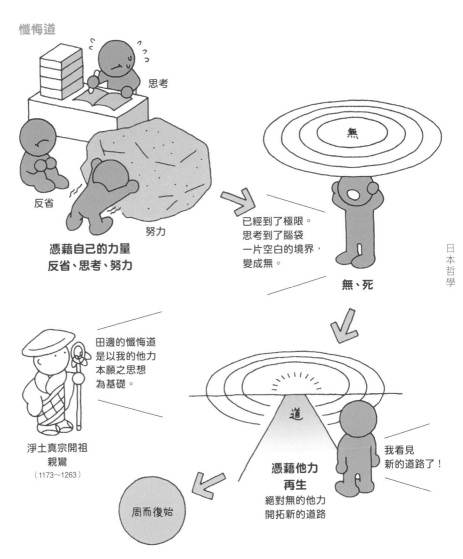

憑藉自己的力量
反省、思考、努力

思考

反省

努力

已經到了極限。
思考到了腦袋
一片空白的境界，
變成無。

無

無、死

田邊的懺悔道
是以我的他力
本願之思想
為基礎。

淨土真宗開祖
親鸞
（1173～1263）

道

**憑藉他力
再生**
絕對無的他力
開拓新的道路

我看見
新的道路了！

周而復始

田邊元認為，自然（神）賦予個人的力量，一定要靠個人的努力發揮展現。用盡全力是個人的義務。但是之後，人會瞭解個人能力的界限。這麼一來，到了最後的最後，絕對**無**（P121）的他力就會為我們開創嶄新的道路。透過自身努力的反省，周而復始地藉由他力的協助，就能發現真正的自我。

三木清

▶107

構想力

文　獻 ------------------------------- 三木清《構想力的邏輯》
備　註 -----《構想力的邏輯》分為「制度」、「技術」、「經驗」各章。
　　　　　最後一章預定論述是「言語」，但並未完成即刊行。

三木清雖然承續**西田幾多郎**（P104）世界的根底是**絕對無**（P121）的思想，但**三木**的**無**，並不像**西田**的**絕對無**般具有宗教性。三木把人類以語言區隔世界以前的世界比喻成無。意思是指還未經由思考被概念化前的世界，稱為虛無。

日本哲學

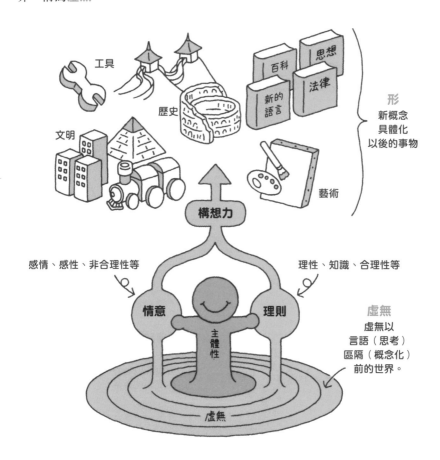

從**虛無**主體性地創造出什麼嶄新的具體事物之能力，稱為**構想力**。**構想力**是積極地作用自身的 Pathos（情意、感性）和 Logos（理則、知識）而產生**形**。三木認為產生**形**的過程就是歷史。

雖然人類會製造歷史，動物並不會製造歷史。換句話説，**三木**認為**構想力**是人類特有的能力。

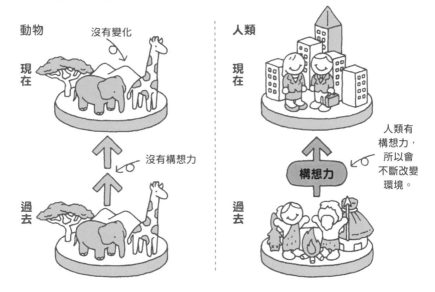

動物

現在
沒有變化

過去
沒有構想力

人類

現在
人類有構想力，所以會不斷改變環境。

構想力

過去

然而，晚年的**三木**，卻認為自然本身也具有**構想力**。自然所具有的**構想力**，指的是生命演化。就如同多數日本人思想家的觀點，**三木**也認為人類也含括在自然的力量之中。

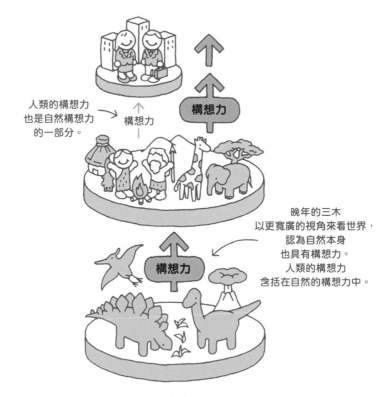

人類的構想力也是自然構想力的一部分。

構想力

構想力

晚年的三木以更寬廣的視角來看世界，認為自然本身也具有構想力。人類的構想力含括在自然的構想力中。

構想力

日本哲學

127

九鬼周造

粹

文　獻 -- 九鬼周造《「粹」的構造》
備　註 -------- 論文《關於日本性格》中舉出三項日本文化的性格代表
「骨氣」、「死心」、「自然」。在《「粹」的構造》中，
仍然維持「骨氣」、「死心」，但以「媚態」取代了「自然」。

九鬼周造以哲學觀點探究日本特有美學意識——從江戶遊廓衍生的「**粹**」。他認為粹的特質有三：吸引異性舉手投足的**媚態**；可以說是武士道精神的**骨氣**；以及近似佛教不斷更迭之無常觀的**死心**。

「粹」是由媚態、骨氣、死心形成的江戶美學

骨氣

❶打腫臉充胖子
花錢大方（不留過夜錢，今朝有酒今朝醉）、生活困苦也要裝闊綽（武士餓肚子也要叼著牙籤伴裝吃飽）等不具生產性的派頭才是「粹」。

❷堅強的心
精神上不倚靠異性才是「粹」。

媚態

❸可能的關係
不是非得要跟某個人結合，而是穿梭在異性間，保持緊張狀態才是「粹」。

❹出浴起身的姿態
西方繪畫中常見全裸的入浴圖，但表現出「粹」的出浴姿態，只出現在浮世繪中。

❺露出後頸
和服衣領（後襟）往下拉，露出後頸的和服穿法才叫「粹」。

❻鬆垮島田髻
稍微鬆垮的島田髻髮型是藝妓偏好用來表現「粹」的方式。

❼直條紋的花樣
橫條紋或曲線都不是「粹」。

死心

❽虛幻
天地萬物變幻莫測（諸行無常）。對方的心不會永遠屬於自己。隨時能瀟瀟地道別、遠離執著才是「粹」。「兩人結合，共創永遠帶著歡笑的家庭」等結局不是「粹」。

咕嚕～

日本哲學

有別於西方注重**合理性**、**生產性**，在精神上合而為一視為結果的一元性，**九鬼**則在粹中發現與西方不同的價值。

▶106

偶然

文　獻 ---------------------------- 九鬼周造《偶然性的問題》
備　註 ------ 九鬼把偶然性分為定言的偶然（能推究原因的偶然）、
　　　　　　　假說的偶然（甲與乙的關聯）、
　　　　　　　離接的偶然（原始偶然）等三階段來論述。

九鬼周造認為自己生為日本的男性，健康地出生，只是單純的**偶然**。然而，人們通常都不想承認，因為擔心因而喪失了自身存在的意義及特別性。

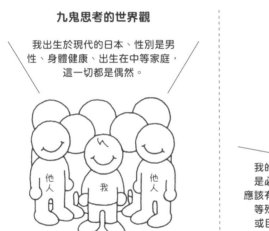

九鬼思考的世界觀

我出生於現代的日本、性別是男性、身體健康、出生在中等家庭，這一切都是偶然。

他人　我　他人

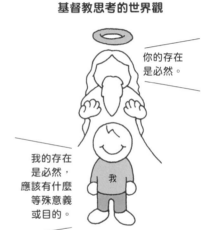

基督教思考的世界觀

你的存在是必然。

我的存在是必然，應該有什麼等殊意義或目的。

我

日本哲學

話雖這麼說，**九鬼**認為無數的可能性中，其中一個降臨在自己身上，感受到這樣的事實，應該能夠熱愛這樣的**命運**。另外，降臨他人身上的命運，或許也有可能降臨在自己身上。這麼一想，對於他人的命運也能如同自己的命運般感同身受。

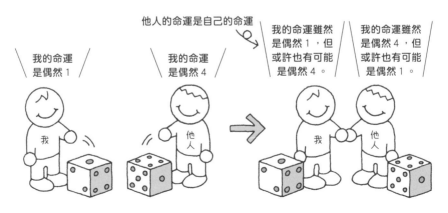

他人的命運是自己的命運

我的命運是偶然1

我的命運是偶然4

我的命運雖然是偶然1，但或許也有可能是偶然4。

我的命運雖然是偶然4，但或許也有可能是偶然1。

我　他人

九鬼周造等

自然

文　獻 ------------------------------ 九鬼周造《關於日本性格》
備　註 ------------------------------ 在《關於日本性格》中，論述西方思想
「自然與自由是時常對立的」，但日本則相反，
「日本的實踐體驗中，自然與自由則有融合相即的傾向」。

日本人即使是出於自己意志決定的事情，也會以「因為天時地利人和，正準備就業」等似乎是順著情勢變成自然狀況的說法。相對於西方人認為自己的意志能夠自行控制的想法，日本人的思維，則是認為自己的意志背後，有著憑自己的力量無可奈何的**自然**所具有的巨大力量。

另外，日本有所謂「順其自然」的表現。日本人對於把決定交給偶然或自然而然的情況視作自由。和西方人把依自己的意志去做稱為自由有很大的差異。

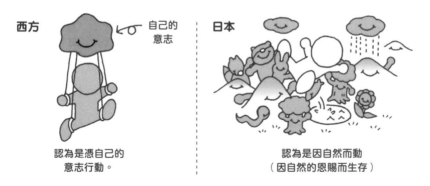

西方　　自己的意志
認為是憑自己的意志行動。

日本
認為是因自然而動（因自然的恩賜而生存）

另外，基督教認為神創造**自然**以便人類利用。但日本佛教則認為人類含括在**自然**當中，個人意志再怎麼強烈，若是和**自然**相違，就只能放棄個人意志。從這個理念可以看出**自然觀**的差異。

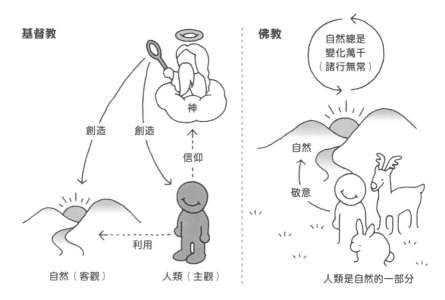

基督教

創造　創造

信仰

神

利用

自然（客觀）　人類（主觀）

佛教

自然總是
變化萬千
（諸行無常）

自然

敬意

人類是自然的一部分

而且，日文中的「**親自**」（mizukara）和「**自然而然**」（onozukara）都寫成「**自ら**」（只是讀音不同），換句話說，對日本人而言，自己的意志和**順其自然**具有同樣的意義。

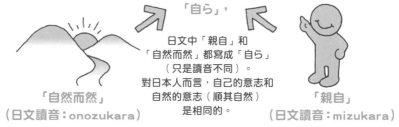

「自ら」，

日文中「親自」和
「自然而然」都寫成「自ら」
（只是讀音不同）。
對日本人而言，自己的意志和
自然的意志（順其自然）
是相同的。

「自然而然」
（日文讀音：onozukara）

「親自」
（日文讀音：mizukara）

和歌、俳句、繪畫、建築、花道、茶道等日本藝術，最終都會以自然做為主題。**九鬼周造**認為其中的原因，是因為日本人認為如果沒有到達自然的境地，就無法成就道德。

日本哲學

131

和辻哲郎

▶106

風土

文　獻 -------------- 和辻哲郎《作為人類學的倫理學》《倫理學》
關　聯 --------------------------------------- 風土（P132）
備　註 --- 在《風土》序文中，提到海德格的《存在與時間》，是他開
　　　　　始思考風土問的契機。可以說把人的存在結構就空間性來
　　　　　詮釋就是「風土」。

和辻哲郎把自然與人的關係稱為**風土**。他把**風土**分為❶**沙漠型**、❷**牧場型**、❸**季風型**來考察研究。

日本哲學

❶沙漠型

〔區域〕西亞　　〔民族性格〕對抗、戰鬥
〔自然〕嚴苛　　〔生活型態〕遊牧

總是與
乾旱戰鬥！
團結
奮戰！

不論是嚴峻的
自然或其他部族，
不對抗就無法
活下去！

和辻認為，永遠必須與嚴苛的自然環境對抗，
人的性格會變得具對抗與戰鬥性。

❷牧場型

〔區域〕歐洲　　〔民族性格〕自動、合理
〔自然〕穩定　　〔生活型態〕畜牧、農耕

按照計畫
合理
行動吧！

氣候穩定，
所以能憑藉人的
力量控制自然。

因為氣候穩定，能憑藉人的力量控制自然。
和辻認為，由於晴天和雨天有規律可循，
所以人類就變得有計畫、合理、自動。

〔區域〕東亞、東南亞、南亞　　〔民族性格〕包容、忍耐
〔自然〕自然資源豐富但氣候多變　〔生活型態〕農耕

自然資源豐富

天候變幻無常，計畫趕不上變化。

颱風！

地震！

旱災！

雖然大自然資源豐沛，但也有劇烈的天災。
自動、合理無助於生存，人類變得包容、忍耐。

和辻認為雖然自然會影響人類性格，但他主張可以透過文化交流來突破地域性的條件。

沙漠型

去體驗不同地域來消除偏見

日本是季風型

牧場型

日本哲學

「間柄」的存在

文　獻 ------------ 和辻哲郎《作為人類學的倫理學》《倫理學》

關　聯 --------------------------------- 風土（P132）

備　註 --- 在《倫理學》中提到，「若不正視人與人之間交往的問題，
　　　　　　就無法真正解釋行為善惡、義務、責任、道德。」

和辻哲郎把**西田幾多郎**（P104）的**絕對無**（P121）概念，以佛教思想的**空**重新解讀。萬物以**因果關係（緣起）**成立，不能單獨存在即謂之**空**的思考。

樹沒有陽光就無法生存。

樹沒有水就無法生存。

樹沒有種子就不存在；種子沒有果實也無法存在。

樹沒有空氣就無法生存。

樹

樹沒有大地就無法生存。

「因為有那個才有這個」的思考是空的思想。

空的思想
萬物無法單獨成立，
永遠都必須依附其他事物，
欠缺實體才是空的思想。

般若心經

色即是空
空即是色

世界萬物是空；
空是世界萬物。
by《般若心經》

日本哲學

和辻對**人類**的詮釋強烈反映出**空**的思想。他認為人類無法單獨成立，只有在人與人之間建立關係時才能成立，就是**間柄的存在**。（日語的「間柄」，發音為 Aidagara，意為人與人之間的關係）

西方思維的人類

我思故我在

我

他人

人類

西方認為這是人類。

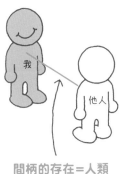

和辻思維的人類

個人沒有社會即無法成立；
社會無個人也無法成立。

我

他人

間柄的存在＝人類
和辻認為這是人類。

所謂**間柄的存在**，雖說人必須發揮自己的個性才行，但社會上有時也必須有否定自我的時刻，**和辻**認為正是因為自我的肯定與否定周而復始，因而形成真正的人性。

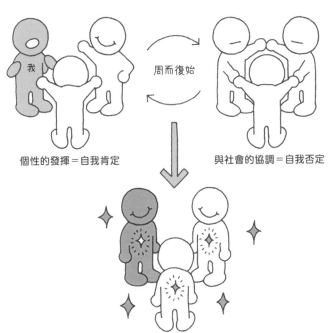

周而復始

個性的發揮＝自我肯定

與社會的協調＝自我否定

自我肯定與否定周而復始循環的結果，
形成真正的人性

無分別智

文　獻 ----------------------------- 鈴木大拙《日本的靈性》等
備　註 ----------------------------- 鈴木大拙在《日本的靈性》中說：
　　　　　　　　　　　　　　　　　「靈性就是無分別智。」他認為是任何民族普遍具有的。

鈴木大拙

人類以主觀與客觀、山與川、動物與植物、左與右、精神與物質、善與惡等概念（言語）來**分別（區分）**世界。

日本哲學

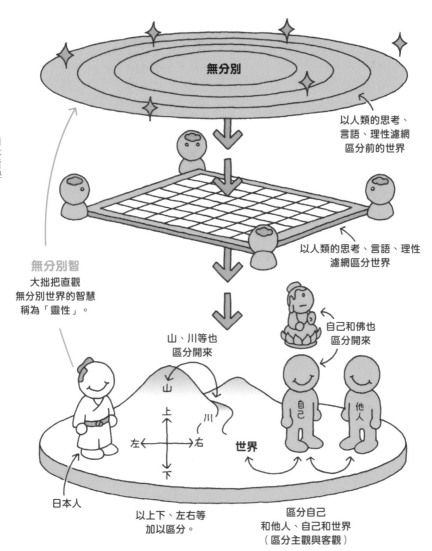

無分別

以人類的思考、言語、理性濾網區分前的世界

以人類的思考、言語、理性濾網區分世界

無分別智
大拙把直觀無分別世界的智慧稱為「靈性」。

山、川等也區分開來

自己和佛也區分開來

山

川

上

左　右

下

世界

自己

他人

日本人

以上下、左右等加以區分。

區分自己和他人、自己和世界（區分主觀與客觀）

鈴木大拙認為，以概念（言語）區分天地萬物以前，能直觀萬物為一體世界的智慧是**無分別智**，並把**無分別智**稱為**靈性**。

民族沒有進展到某個程度的階段，**靈性**就不會覺醒。日本是從鎌倉時代的禪及淨土思想中，**靈性**開始覺醒。大拙認為在日本的禪與淨土思想之中，顯現出**無分別智（＝靈性）**的純粹樣貌。例如在淨土思想中，只要誠心念佛，即使罪人也能成佛。「南無阿彌陀佛」的念佛，超越善惡、自他，以及自己或佛的分別，是**無分別智**的顯現。

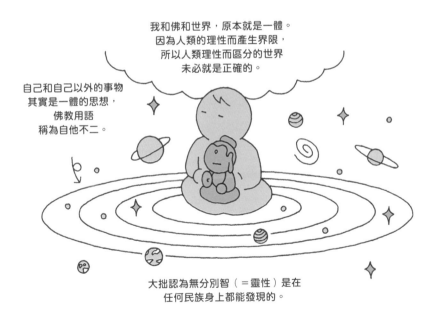

在禪及淨土思想中顯現的**無分別智**，**大拙**稱為日本的靈性。淨土思想特徵的念佛，**大拙**也認為是**日本靈性**的顯現。

鈴木大拙

妙好人

意　義 ------ 指品行端正的信仰者，尤其是淨土真宗的虔誠信徒。

文　獻 ---------------------------- 鈴木大拙《日本的靈性》等

備　註 ----- 在《日本的靈性》中舉出赤尾的道宗、淺原才市兩人，
　　　　　　　　　　　　　　　　是妙好人的代表。

淨土真宗的開山祖師**親鸞**（1173～1263）認為，人類的力量太過薄弱，無法成為完美的善人。而且，**親鸞**認為，人類沒有必要成為善人，只需以自己原原本本的模樣，就能得救**成佛**。反而是自認是聖人的人才大有問題。

日本哲學

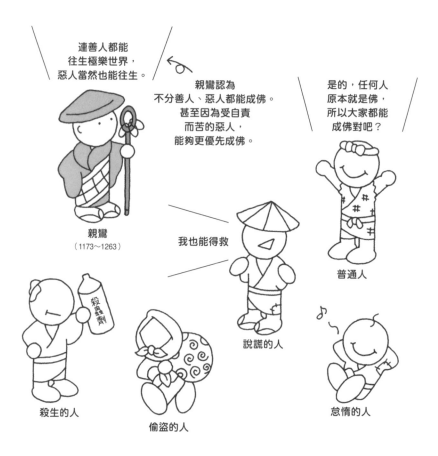

連善人都能
往生極樂世界，
惡人當然也能往生。

親鸞認為
不分善人、惡人都能成佛。
甚至因為受自責
而苦的惡人，
能夠更優先成佛。

是的，任何人
原本就是佛，
所以大家都能
成佛對吧？

親鸞
（1173～1263）

我也能得救

普通人

殺生的人

偷盜的人

說謊的人

怠惰的人

根據**親鸞**的說法，一開始就保證即使大奸大惡的人也能得救。正因為如此，惡人會願意行善、修行。因為不是為了某個目的（例如為了進天國等目的），都不是被強迫，能自願行善或修行。

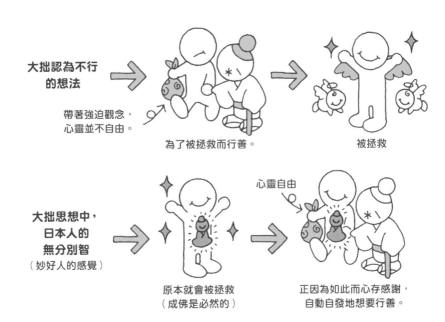

大拙認為不行
的想法

帶著強迫觀念，
心靈並不自由。

為了被拯救而行善。

被拯救

大拙思想中，
日本人的
無分別智
（妙好人的感覺）

心靈自由

原本就會被拯救
（成佛是必然的）

正因為如此而心存感謝，
自動自發地想要行善。

善人和惡人沒有區別，所有人都能**成佛**的教誨，和**日本的靈性**（P137）的
無分別智（P137）重疊。在**無分別智**（佛和我相同）概念的助長下，淨土真
宗把自發性行善的市井小民稱為**妙好人**。**鈴木大拙**則透過**妙好人**考察**日
本的靈性**。

日本哲學

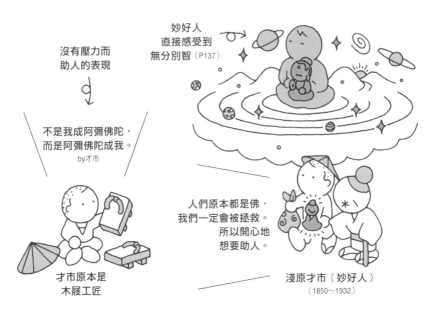

妙好人
直接感受到
無分別智（P137）

沒有壓力而
助人的表現

不是我成阿彌佛陀，
而是阿彌佛陀成我。
by才市

才市原本是
木屐工匠

人們原本都是佛，
我們一定會被拯救。
所以開心地
想要助人。

淺原才市（妙好人）
（1850～1932）

大拙主張無心念佛，他認為自願去消除人們痛苦的**妙好人**才叫自由。所
謂自由並非從什麼事物中逃離，而是一如字面上的自（自己的力量）由
（依靠自己）。大拙認為只有這樣的**妙好人**，才能體現**日本的靈性**。

歐陸哲學

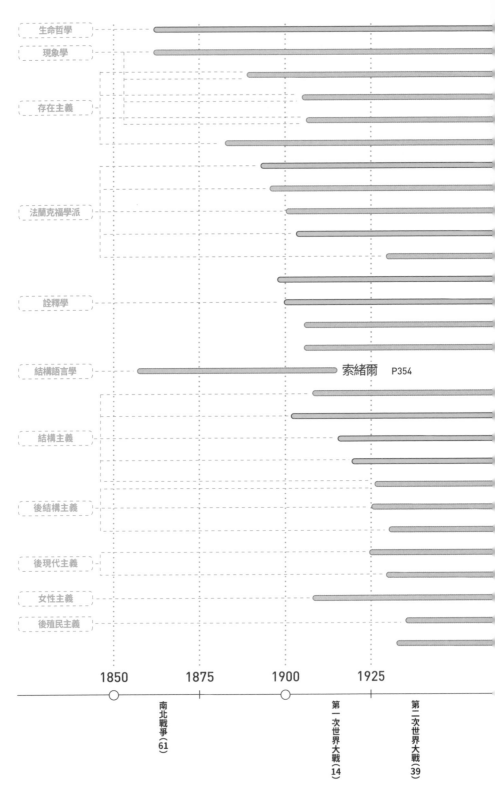

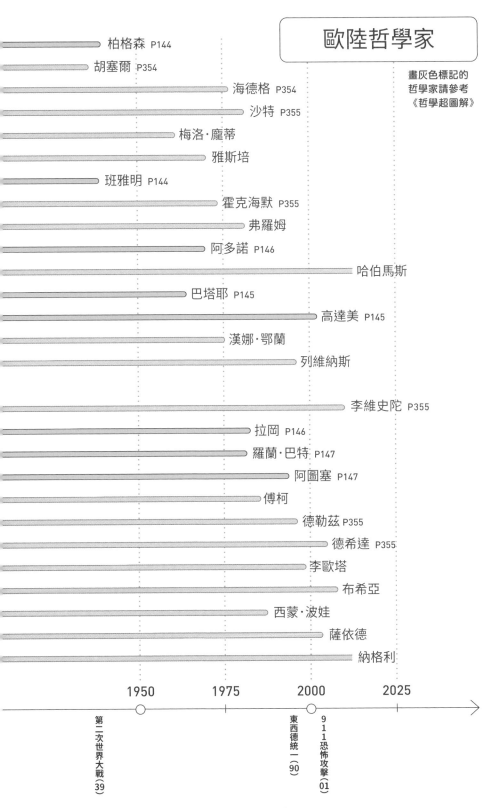

欧陸哲學家

畫灰色標記的
哲學家請參考
《哲學超圖解》

柏格森 P144
胡塞爾 P354
海德格 P354
沙特 P355
梅洛·龐蒂
雅斯培
班雅明 P144
霍克海默 P355
弗羅姆
阿多諾 P146
哈伯馬斯
巴塔耶 P145
高達美 P145
漢娜·鄂蘭
列維納斯

李維史陀 P355
拉岡 P146
羅蘭·巴特 P147
阿圖塞 P147
傅柯
德勒茲 P355
德希達 P355
李歐塔
布希亞
西蒙·波娃
薩依德
納格利

1950　1975　2000　2025

第二次世界大戰（39）

東西德統一（90）

911恐怖攻擊（01）

以哲學來討論透過直觀所得到的内在時間經驗

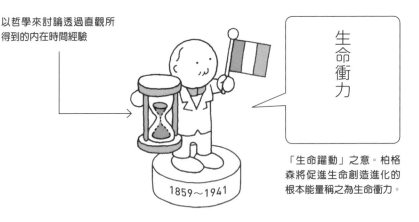

生命衝力

「生命躍動」之意。柏格森將促進生命創造進化的根本能量稱之為生命衝力。

柏格森

Henri-Louis Bergson

▶P150～154

法國哲學家，生於巴黎。國立高等師範學校畢業後，通過國家考試取得教授資格。30 歲時以著作《時間與自由意志》一書獲得博士學位。1900 年於法蘭西學院哲學系就任教授一職。第一次世界大戰時被任命為設立國際聯盟之委員，之後活躍於政壇。1927 年獲得諾貝爾文學獎。1941 年，在被德軍占領的巴黎死去。

以電影媒體為主題書寫了《機械複製時代的藝術作品》一書。

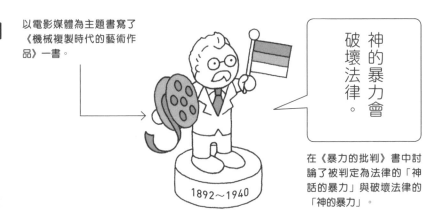

神的暴力會破壞法律。

在《暴力的批判》書中討論了被判定為法律的「神話的暴力」與破壞法律的「神的暴力」。

班雅明

Walter Bendix Schönflies Benjamin

▶P162～164

德國思想家，出生於柏林的猶太籍富裕家庭。於柏林洪堡德大學、弗萊堡大學主修哲學與文學。青年時期受到猶太神秘主義、觀念論辯證法、馬克思主義的歷史哲學等影響。因納粹勢力抬頭而移居至巴黎，與超現實主義藝術家們交情匪淺。1940 年由於納粹入侵而逃亡，卻於逃亡途中自殺身亡，享年 48 歲。

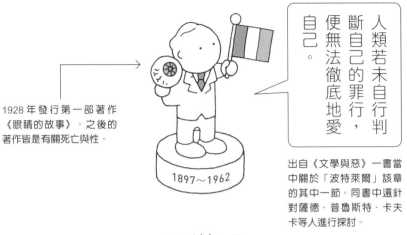

《著作》《內在體驗》、《被詛咒的部分》、《情色論》、《文學與惡》

人類若未自行判斷自己的罪行，便無法徹底地愛自己。

1928 年發行第一部著作《眼睛的故事》。之後的著作皆是有關死亡與性。

出自《文學與惡》一書當中關於「波特萊爾」該章的其中一節。同書中還針對薩德、普魯斯特、卡夫卡等人進行探討。

巴塔耶

GEORGES BATAILLE

▶P156～158

法國的思想家、小說家。生於法國多姆山省比隆。巴黎文獻學院畢業後進入法國國立圖書館擔任管理員。在《紀實》、《社會批評》等雜誌上發表許多評論與隨筆。之後與凱窪、勒西斯等人組織社會學研究學會，對聖行（對穆罕默德言行習性）進行研究討論。二次大戰後創立文學評論雜誌《批判》，持續著旺盛的創作力。

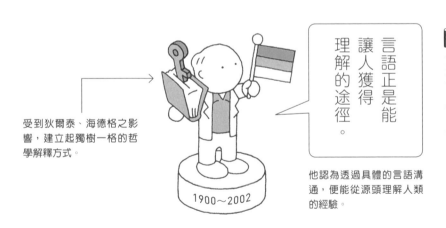

《著作》《真理與方法》、《哲學、藝術、語言》

言語正是能讓人獲得理解的途徑。

受到狄爾泰、海德格之影響，建立起獨樹一格的哲學解釋方式。

他認為透過具體的言語溝通，便能從源頭理解人類的經驗。

高達美

HANS-GEORG GADAMER

▶P166

德國哲學家，哲學解釋學說的代表性人物。生於德國馬爾堡。於馬爾堡大學主修哲學。之後，高達美深受海德格之影響，並直接受教於他。先後於馬爾堡大學、萊比錫大學、法蘭克福大學擔任教授，1949 年成為雅斯貝爾斯的繼任者，開始於海德堡大學任教。1960 年發表最重要的作品《真理與方法》。

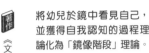
將幼兒於鏡中看見自己，並獲得自我認知的過程理論化為「鏡像階段」理論。

潛意識就如語言一般具有其構造。

拉岡思想的基本綱領。拉岡將潛意識與結構主義結合為一。

拉岡

JACQUES LACAN ▶P168～172

法國知名的精神分析學家，結構主義的代表人物之一。出生於巴黎的天主教中產階級家庭。於高等師範學校主修哲學，並於巴黎大學主修精神醫學。1963 年，被國際精神分析學會除名。以「回歸佛洛伊德」為口號，於 1964 年在巴黎組成佛洛伊德派，但 1980 年由於內部意見分歧而解散。1981 年逝世。

著作 《啟蒙辯證法》、《否定辯證法》、《最小道德學》

擁有美學家、音樂評論家、作曲家等不同身分，留下許多音樂與美學評論。

奧斯威辛集中營之後，寫詩變成了野蠻之事。

對於產生出奧斯威辛集中營這般野蠻文化的現代文明、文化提出了尖銳的批判。

阿多諾

THEODOR ADORNO ▶P160

屬於法蘭克福學派的德國哲學家，社會學家。出生於法蘭克福。曾與霍克海默同為法蘭克福大學社會研究所的領導人物。之後因納粹剝奪猶太人就任公職的權利而流亡至英國與美國。戰爭中與霍克海默共同執筆創作《啟蒙辯證法》。戰後回到法國參與重建社會研究所之工作，並同時開始針對社會與文化進行批判。

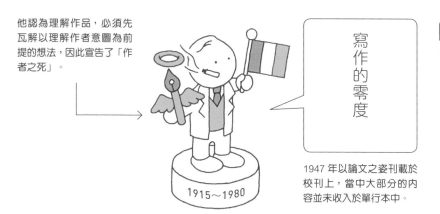

他認為理解作品，必須先瓦解以理解作者意圖為前提的想法，因此宣告了「作者之死」。

寫作的零度

1947 年以論文之姿刊載於校刊上，當中大部分的內容並未收入於單行本中。

1915～1980

羅蘭・巴特

ROLAND BARTHES

▶P174～178

▶P174～178

法國的評論家，出生於瑟堡。於巴黎大學就讀時主修古典希臘文學，同時熱衷於古典戲劇。因結核病長期休養後於圖書館任職，並擔任過法語教師等工作。1954 年發表《寫作的零度》，一夕成名。之後於社會科學高等學院任職教授，1977 年起轉而任教於法蘭西學院。1980 年因交通事故身亡。

認為與學校、宗教、文化相關之組織或設施皆為「意識形態的各項裝置」。

認識論的斷裂

主張馬克思的《經濟學和哲學手稿》與之後的《德意志意識形態》之間存在著裂縫。

1918～1990

阿圖塞

LOUIS ALTHUSSER

▶P180～184

▶P180～184

法國哲學家，結構主義的馬克思主義者。出生於阿爾及利亞，於馬賽度過了青少年時期。二戰中成為德國的戰俘。戰後，於 1948 年至高等師範學校執教，同年成為共產黨黨員。年輕時即飽受躁鬱症所苦，1980 年企圖與妻子同歸於盡，勒死妻子後被送至精神病院。出院後持續寫作，於 1990 年身故。

歐陸哲學

20 世紀以後的**現代思想**，主要可分為法國與德國之**歐陸哲學**，以及**英美**（英美哲學 P211）之**分析哲學**（P230）兩大類。當中的**歐陸哲學**，是來自於德國的**胡塞爾**（P354）之所以能誕生出**現象學**（P381）的一個重要起點。胡塞爾的現象學與尼采（P354）的哲學融合後，經過海德格（P354），產生了**高達美**（P145）的**詮釋學**（P166）與**沙特**（P355）的**存在主義**（P383）。

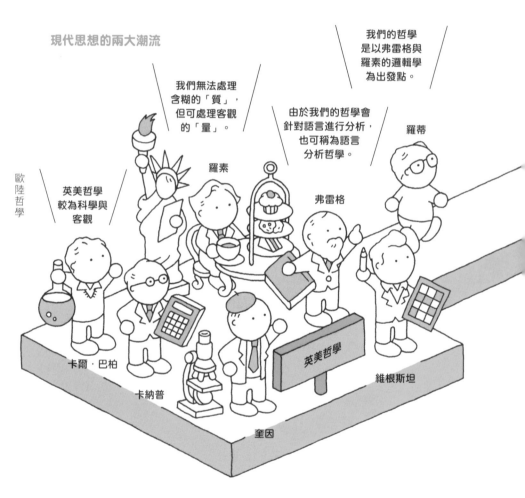

現代思想的兩大潮流

我們的哲學是以弗雷格與羅素的邏輯學為出發點。

我們無法處理含糊的「質」，但可處理客觀的「量」。

由於我們的哲學會針對語言進行分析，也可稱為語言分析哲學。

羅蒂

羅素

弗雷格

英美哲學較為科學與客觀

歐陸哲學

卡爾·巴柏

卡納普

英美哲學

維根斯坦

奎因

但提倡**結構主義**（P387）的**李維史陀**（P355）卻批評**存在主義**只是人類的自我中心主義。**結構主義**之後則變化為**後結構主義**（P185）。此外，以猶太人為中心的**法蘭克福學派**（P160），則以**馬克思主義**（P354）為基礎，邁向反法西斯之路。

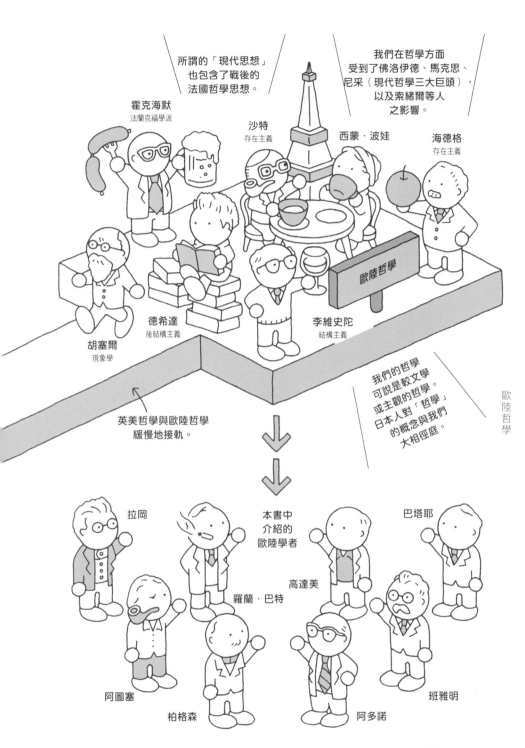

在此將介紹幾位很重要但並未刊載於《哲學超圖解》中的**歐陸哲學家**，包括柏格森、高達美、阿多諾、班雅明、巴塔耶、巴特、拉岡、阿圖塞等八人。

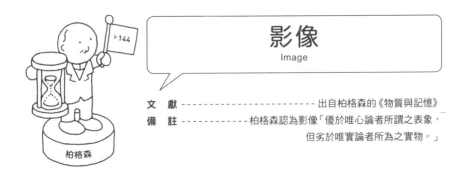

▶144

影像
Image

文　獻	-------------	出自柏格森的《物質與記憶》
備　註	-------------	柏格森認為影像「優於唯心論者所謂之表象， 但劣於唯實論者所為之實物。」

柏格森

笛卡兒（P352）認為心與物質為分立之存在。此說又稱為**「心物二元論」**
（P361）。

心物二元論
笛卡兒認為
心與物質為分立之
存在。

物質

物質

心

KEEP OUT

但**柏格森**並不這麼認為。我們見到喜歡的食物便會出現「似乎很好吃」的
想法，觸摸到兒時的玩具也會出現「好懷念啊」的念頭。因此**物質（物身
體）**與**心感情**或**記憶**間是相互聯繫著的。

影像 我所看到的（察覺到的）物質，與對它所產生的動作兩者合一稱為一組影像。

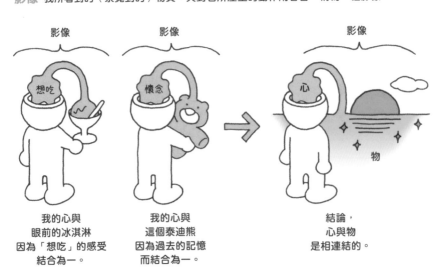

影像　　　　　影像　　　　　　　　影像

想吃　　　　懷念　　　　　　心

物

我的心與
眼前的冰淇淋
因為「想吃」的感受
結合為一。

我的心與
這個泰迪熊
因為過去的記憶
而結合為一。

結論，
心與物
是相連結的。

柏格森認為，我們見到（察覺到）的**物**與我們對它所產生的**意識**兩者合一稱之為**一組影像**。因此這個世界是由我們與他人的影像所共同組織而成。

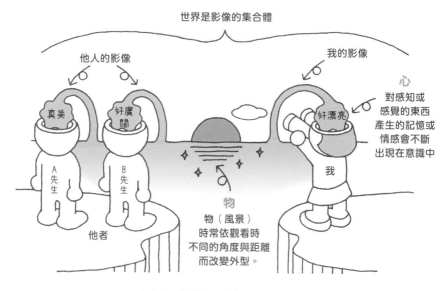

世界是影像的集合體

他人的影像

我的影像

真美

好廣闊

好漂亮

心
對感知或感覺的東西產生的記憶或情感會不斷出現在意識中

A先生

B先生

我

他者

物
物（風景）時常依觀看時不同的角度與距離而改變外型。

柏格森認為世界單純由影像組織而成。

對**柏格森**來說，世界並非單純的物質，但也不僅存於內心之中。對他來說，世界是**影像**的總和。他認為單以物質與精神之**二元論**並無法瞭解世界。

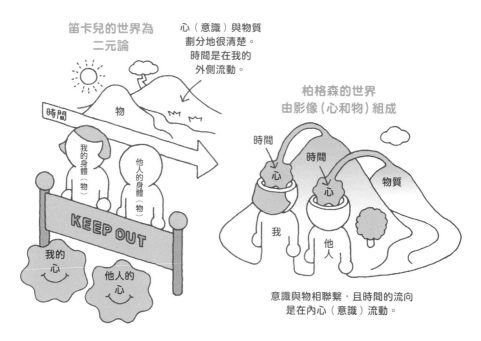

笛卡兒的世界為二元論

心（意識）與物質劃分地很清楚。時間是在我的外側流動。

時間

物

我的身體（物）

他人的身體（物）

KEEP OUT

我的心

他人的心

柏格森的世界由影像（心和物）組成

時間

時間

心

心

物質

我

他人

意識與物相聯繫，且時間的流向是在內心（意識）流動。

柏格森

▶144

綿延
Durée

備　註 --------- 柏格森認為「綿延不應存在於物質的變化以外，
物質之變化應相互融合、相互滲透，並沒有所謂正確的輪廓，
相互間不存在外在化的任何傾向，
在數量上亦無任何相似性。」(《時間與自由》)

一般認為，**時間**可以下列的方式呈現。

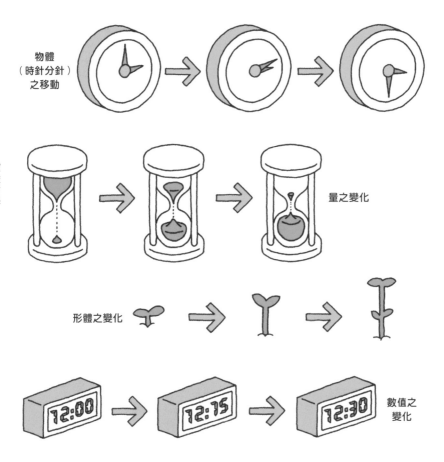

物體
（時針分針）
之移動

量之變化

形體之變化

數值之
變化

柏格森認為，以上無法被視為時間。這些皆無法稱之為時間，而只是空
間中物質之移動或數量之變化而已。時間並不是如這般的物質移動或變
化，而是如「看到冰淇淋」→「想吃」→「很甜」→「懷念」→「覺得幸
福！」一般，感情或記憶在意識中不斷出現，產生了質的變化。柏格森
把這樣的時間性質稱之為綿延。

歐陸哲學

將音韻中的「Do」分開來獨自分析的話，並無法看出任何端倪。時間（綿延）也無法切割成一塊一塊。

綿延
時間是由在意識中不斷持續出現的感情與記憶構成。

時間無法如物質一般觀察，也無法由外向內看。與將世界僅以物質、數量來看待的物理看法不同，柏格森認為應以**綿延**的觀念來看待時間。

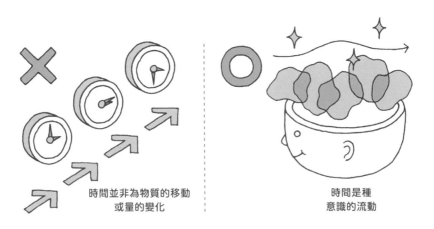

時間並非為物質的移動或量的變化

時間是種意識的流動

▶144

生命衝力
Élan vital

文　獻 ------------------------------ 柏格森《創造進化論》
備　註 ------------------ 生命正如同發射出去的砲彈一般。
砲彈破裂四散成碎片後，碎片又重新被製成砲彈
一樣不斷進化。這般爆炸的能量便稱之為「生命衝力」。

根據**達爾文**的進化論來說，適者生存，不適者淘汰。但根據柏格森的說法，生命的進化並不適用於這樣的**自然淘汰**。

歐陸哲學

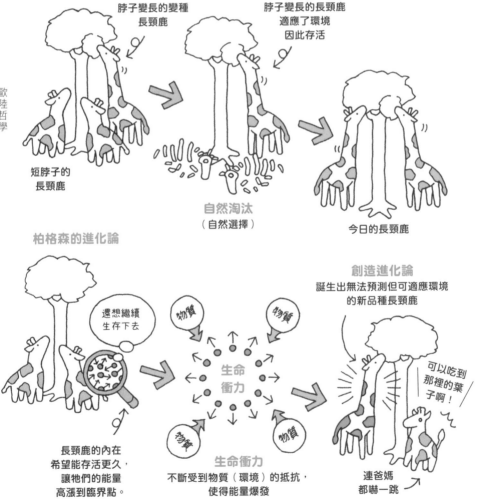

達爾文的進化論

脖子變長的變種
長頸鹿

脖子變長的長頸鹿
適應了環境
因此存活

短脖子的
長頸鹿

自然淘汰
（自然選擇）

今日的長頸鹿

柏格森的進化論

還想繼續
生存下去

物質

物質

生命
衝力

物質

物質

長頸鹿的內在
希望能存活更久，
讓牠們的能量
高漲到臨界點。

生命衝力
不斷受到物質（環境）的抵抗，
使得能量爆發

創造進化論
誕生出無法預測但可適應環境
的新品種長頸鹿

可以吃到
那裡的葉
子啊！

連爸媽
都嚇一跳

柏格森認為進化並非來自外在而是來自內在。存在於生命內在的「想活得更好」的能量，當用盡一切方法都無法適應環境時，便會爆發所謂的「**生命衝力**」，並產生無法預測的新品種（《**創造進化論**》）。能將內在的能量帶入現實中時，生命便會產生進化。

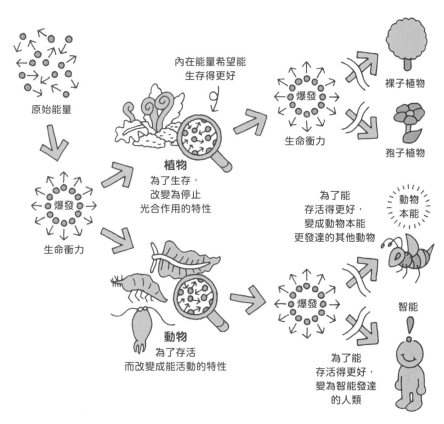

內在能量希望能生存得更好

原始能量

爆發

生命衝力

植物
為了生存，改變為停止光合作用的特性

動物
為了存活而改變成能活動的特性

爆發

生命衝力

裸子植物

孢子植物

為了能存活得更好，變成動物本能更發達的其他動物

爆發

為了能存活得更好，變為智能發達的人類

動物本能

智能

歐陸哲學

根據**柏格森**的說法，存在於原始中的能量不斷化為**生命衝力**，一路持續至今。為了活得更好而進化出智能的便成為人類，而進化出更敏銳的動物**本能**的則成為其他的動物。利用人類的**智能**將動物的本能意識化後所得的便稱之為**直覺**。柏格森並主張，若將使用這樣的直覺，便可掌握住康德所無法達到的**物自體**（P367）。

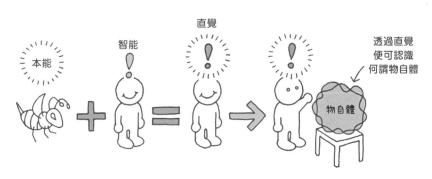

本能

智能

直覺

透過直覺便可認識何謂物自體

物自體

▶145

消盡
Consumption

意　義 --------------- 超越有用性之非生產性消費，又稱「蕩盡」。

文　獻 ------------- 巴塔耶的《內在體驗》、《被詛咒的部分》。

備　註 --------- 巴塔耶指出，現在的生產優先順序終將消費是為
「被詛咒的部分」因此漠然以對。
而當中衍生出的剩餘部分則以戰爭的方式進行消費。

巴塔耶

對近代社會而言，所謂的價值便是「能生產出什麼」。理性、進步、勞動、創造、誕生等具有價值，便是因為它們具有**生產性**。

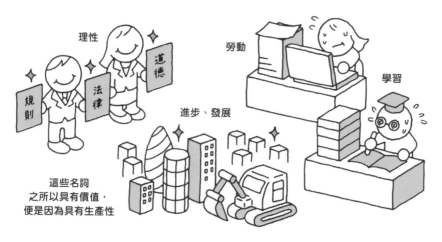

理性

道德

法律

規則

勞動

學習

進步、發展

這些名詞
之所以具有價值，
便是因為具有生產性

歐陸哲學

但人類有時卻會從破壞**生產**的物品中尋找快樂。例如刻意破壞好不容易完成的作品，或胡亂花錢等行為。而對於過度奢華物品的消費、純粹只為愉悅的性行為，或遊戲、藝術、玩賞物當中則皆不具有**生產性**。

情色
（P159）

比起生產，
人類的確更喜歡
無謂的消費

破壞

亂花錢

遊戲

印地安社會為了歡迎對方，會舉行破壞自己資產的「誇富宴（Potlatch）」。此外，世界各地都有如忘我瘋狂跳舞等，無法以**生產性**為觀點說明的祭典。

這些祭典皆無法以「生產性」的觀點來說明

如誇富宴一般，將自己擁有的力氣、資源使用殆盡的行為便被巴塔耶稱為消盡。巴塔耶表示，人類生存的基礎並非**生產**，而是為了追求那一剎那與生產無關的**消費**而生存。對人類而言，**生產**只是為了達到**消費**這個目的的手段而已。但近代社會卻將**生產**置入價值，強迫人人進行**生產**。因此，巴塔耶認為近代社會的人都面臨著持續的壓抑。

情色
Érotism

文　獻 --- 巴塔耶《情色論》
備　註 --- 巴塔耶對情色本質的定義為
「來自性的愉悅與禁止間錯綜複雜的結合中」。

巴塔耶
歐陸哲學

巴塔耶認為人類是**不連續**的存在。因為每個人與他人都是分割獨立的存在，且無法永遠存活。但人類卻能經由死亡與他人和世界結合為一，成為永遠不滅的物質，如此才能獲得連續性。為了感受到這樣的連續性，人類在潛意識中便對死亡帶著憧憬。

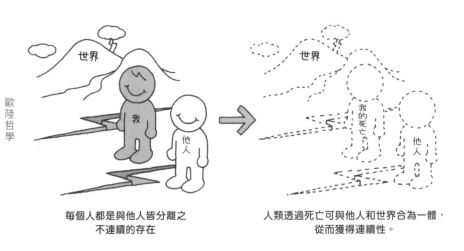

每個人都是與他人皆分離之　　　　　人類透過死亡可與他人和世界合為一體，
不連續的存在　　　　　　　　　　　　　　從而獲得連續性。

巴塔耶認為，透過**死亡**所得到的連續性，可在達到性高潮時感受到。

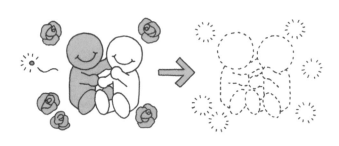

情色
人類透過性高潮可與他人和世界合而為一，
進而獲得連續性。在獲得這般的連續性之前，
情色便是對生命的歌頌與肯定。

藉由性愛而與他人獲得性高潮時，思考會跟著停止。如同個人的**死亡**一般。透過這樣的**擬死體驗**，人類可以來到一個與他人和世界結合為一的場所，進而獲得連續性。為了達到這個境界而歌頌生命，對巴塔耶來說便是情色。

與動物不同，人類的性當中存在許多禁忌。

兄　妹

禁止不倫

禁止近親相姦

LOVE

禁止偷窺

禁止公然猥褻

禁止在公眾場所發生性行為

禁止在教會發生性行為

真想嚐嚐禁果！

歐陸哲學

與動物不同，人類的性行為中存在許多**禁忌**。巴塔耶認為，觸犯這些禁忌正是**情色**的本質。就像我們會為了**消盡**（P157）而產出過剩的物品一樣，巴塔耶認為，人類為了享受脫去華服當下的愉悅而穿戴華服，為了享受觸犯的快樂，便會讓自己平時遵守種種秩序或道德。

平時的規則或道德都是為了享受違反時的快樂而存在

平時是紳士與淑女

想活得悖德些

想擾亂秩序

想把衣服脫下來丟掉

想和動物一樣

159

否定辯證法
Negative Dialektik

文　獻 ------------------------------ 阿多諾的《否定的辯證法》
備　註 ---------------- 在黑格爾的辯證法中，差異來自於
透過優勢概念來理解全體性。這一點被阿多諾完全避開，
而這樣的理論便稱之為「否定辯證法」。

究竟為什麼會發生猶太人大屠殺呢？對**法蘭克福學派**的思想家如**霍克海默**、**弗羅姆**、**班雅明**與**阿多諾**等人而言，這是個窮盡一生欲尋求答案的大哉問。

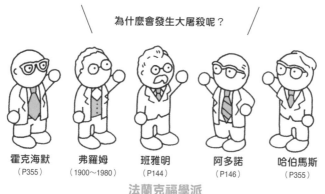

為什麼會發生大屠殺呢？

霍克海默	弗羅姆	班雅明	阿多諾	哈伯馬斯
（P355）	（1900～1980）	（P144）	（P146）	（P355）

法蘭克福學派
1923年設立的社會研究所成員。
眾人窮盡一生研究整體主義與納粹思想。

阿多諾認為會導致大屠殺，可歸咎於當初支配著德意志思想的**黑格爾之辯證法**（P370）。**辯證法**可將兩個不同的想法統合為一，進而產生出更有高度的想法。

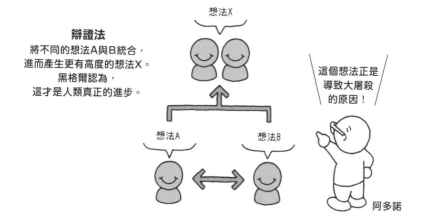

辯證法
將不同的想法A與B統合，
進而產生更有高度的想法X。
黑格爾認為，
這才是人類真正的進步。

想法X

這個想法正是
導致大屠殺
的原因！

想法A　　　想法B

阿多諾

歐陸哲學

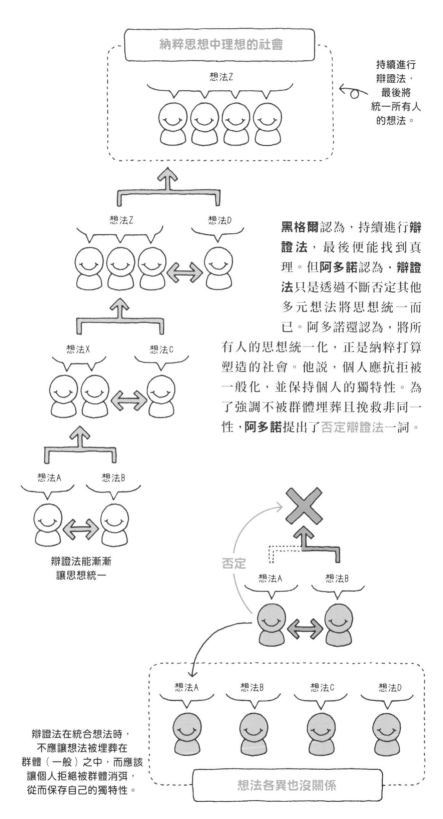

納粹思想中理想的社會

想法Z

持續進行
辯證法，
最後將
統一所有人
的想法。

想法Z　　　想法D

想法X　　　想法C

想法A　　　想法B

辯證法能漸漸
讓思想統一

黑格爾認為，持續進行**辯證法**，最後便能找到真理。但**阿多諾**認為，**辯證法**只是透過不斷否定其他多元想法將思想統一而已。阿多諾還認為，將所有人的思想統一化，正是納粹打算塑造的社會。他說，個人應抗拒被一般化，並保持個人的獨特性。為了強調不被群體埋葬且挽救非同一性，**阿多諾**提出了否定辯證法一詞。

歐陸哲學

否定

想法A　　　想法B

想法A　　　想法B　　　想法C　　　想法D

辯證法在統合想法時，
不應讓想法被埋葬在
群體（一般）之中，而應該
讓個人拒絕被群體消弭，
從而保存自己的獨特性。

想法各異也沒關係

靈光
Aura

文　獻 ---------------------- 班雅明《機械複製時代的藝術作品》
備　註 ------- 班雅明認為，雖然透過複製化會折損藝術的靈光，
　　　　　　　但在促進藝術平等化的層面上確有貢獻。

替藝術品拍照或透過印刷所製成的**複製品**，無論做工多麼精巧，都不是獨一無二的真品。「當下」、「此刻」，只有真品才具備的、肉眼無法看見的那股力量，**班雅明**稱之為靈光（AURA）。

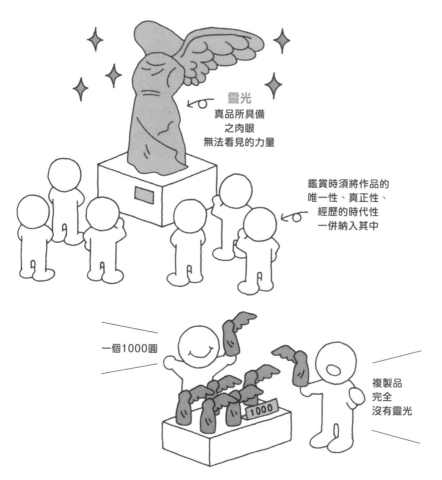

靈光
真品所具備
之肉眼
無法看見的力量

鑑賞時須將作品的
唯一性、真正性、
經歷的時代性
一併納入其中

一個1000圓

複製品
完全
沒有靈光

近年在技術上，藝術品越來越容易被複製。但，真品所具備的唯一性、歷史性等都是複製品所欠缺的。

歐陸哲學

班雅明

電影、照片等複製藝術的出現，讓藝術的概念從「崇高」、「貴重」，演變為「親近」、「輕鬆」。對於**複製技術**導致**靈光**消逝，班雅明相當感嘆。但另一方面班雅明也認為，無論權力方如何規範或管理藝術、表演或訊息，複製技術的進步都將藝術或表演擺脫權力的掌控。

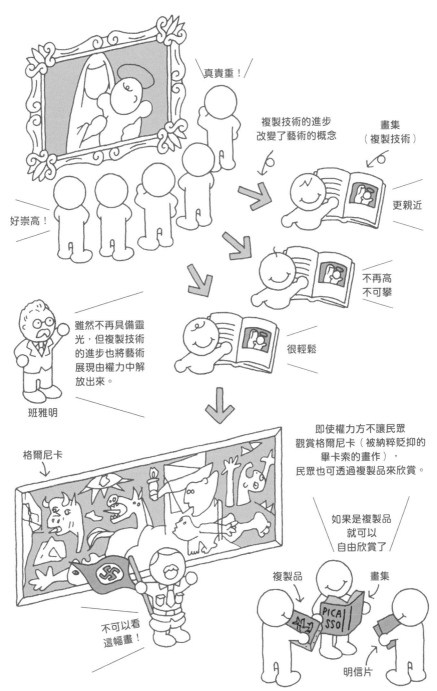

真貴重！

複製技術的進步
改變了藝術的概念

畫集
（複製技術）

更親近

好崇高！

不再高
不可攀

雖然不再具備靈光，但複製技術的進步也將藝術展現由權力中解放出來。

很輕鬆

班雅明

格爾尼卡

即使權力方不讓民眾觀賞格爾尼卡（被納粹貶抑的畢卡索的畫作），民眾也可透過複製品來欣賞。

如果是複製品
就可以
自由欣賞了

複製品

畫集

PICA
SSO

不可以看
這幅畫！

明信片

班雅明

拱廊街計畫
Arcade Project

▶144

文　獻 ------------------------------ 班雅明《拱廊街計畫》
備　註 -------------- 班雅明認為，在法國光彩奪目的拱廊中，
　　　　　　　　　　隱約可見回歸太古時代烏托邦的願望。

出生於德國的猶太人**班雅明**，因納粹的緣故逃亡至巴黎。他在巴黎漫步
於拱廊街後，開始片段地執筆書寫《**拱廊街計畫**》。拱廊街是巴黎於十九
世紀時所建，以玻璃為屋頂的拱廊型商店街。在透過玻璃照下的燈光中，
陳列著各式古董品。

歐陸哲學

漫步於拱廊街的班雅明，
一面看著被透過玻璃的光線包圍的古董品，
一面考察著資本主義

班雅明追憶著十九世紀的人對這些商品所懷抱的夢想。希望透過這樣的
方式，能考察人們對資本主義所抱持的想法。

班雅明表示，「拱廊街就像外側沒有房子的走廊似的，如夢一般。」但事實上，納粹的腳步聲正步步逼近拱廊街之外。在拱廊街昏黃的光線包圍下，他或許讓自己逃到了納粹尚未出現的十九世紀回憶中。

納粹的腳步聲
離巴黎越來越近

1940 年，納粹入侵巴黎。**班雅明**將他尚未完成的**《拱廊街計畫》**原稿託付給當時在圖書館工作的**巴塔耶**（P145）後逃離巴黎。班雅明原本打算徒步翻越庇里牛斯山，卻在國境附近停下後服毒自殺，時年 48 歲。

1940年的
巴黎圖書館

＼ 再會 ／

離開巴黎的
班雅明

在巴黎圖書館
工作的巴塔耶，
當時43歲。

戰爭結束前，
我一定會保護
這些原稿。再會了。

班雅明將未完成的《拱廊街計畫》
託付給巴塔耶後嘗試著逃亡，
卻在庇里牛斯山將跨越國境的附近
放棄了計畫。當時《拱廊街計畫》
最後的原稿究竟是否在他的行李中，
如今已不可考。享年48歲。

視野
Horizon

文　獻 --------------------------------- 高達美《真理與方法》
備　註 ----- 近代的啟蒙思想常將傳統與成見貶抑為非合理的觀念，
　　　　　這樣的看法本身也是一種先入為主。
　　　　　高達美認為，與傳統和成見對話是不可或缺的。

以作者的角度來解讀超越文本中所載的內容之學問稱之為**詮釋學**。**高達美**認為**詮釋學**是門理解他人的學問。

詮釋學
除了實際寫出來的內容以外，將作者真正的意圖解釋出來的學說。源自於古希臘。

作者想傳達的真正含義

原本**詮釋學**的目的是由過去寫下的文本中解讀出作者主張。但**高達美**認為，僅僅如此的話便毫無意義。**詮釋學**最重要的意義是讓**「現在」的我**（從事解釋的一方）和「過去」的文本（被解釋的一方）間的「對話」，好讓現在的我來活用過去的文本。

不是那樣

不是這樣

作者的文章

我

僅是跟著作者的心緒來解釋並沒有什麼意義。最重要的是透過與文章的對話，好讓現在的我來活用該文章。

高達美將為了「對話」而準備的前提的**「成見」**稱之為**視野**。一般認為應該先捨去成見，但**高達美**卻認為，若捨去**成見**便無法與他人進行**真正的對話**。嘗試去理解與自己成長環境或文化都不一樣的他人的**視野**（成見），才能算得上真正的對話。

神是真的
存在的啊

他人的視野
（他人的成見）

神是
不存在的

我的視野
（我的成見）

真正的對話必須嘗試去理解和自己
有著不同的成長環境與文化的他人之成見。

高達美認為透過真正的對話去理解他人的**視野**，便能產生**視野融合**，也能進而拓展自己的**視野**。**真正的問題**並非如「日本的首都在哪？」等問題，而是沒有確切答案的問題。但若無法慢慢拓展自己的**視野**，那麼**視野**便只是單純的**偏見**了。

作者的視野

我的視野

視野融合
並非是去統一他人的想法，
而是去理解

視野融合

2

作者的視野

我的視野

我

理解

歐陸哲學

他人的視野

我的新視野

我

視野融合

3

我

理解

若未重複進行
視野融合，
那麼視野便僅是
單純的偏見

重複進行

他人

167

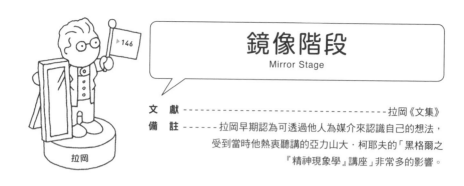

▶146

鏡像階段
Mirror Stage

文　獻 --- 拉岡《文集》
備　註 ----- 拉岡早期認為可透過他人為媒介來認識自己的想法，
受到當時他熱衷聽講的亞力山大．柯耶夫的「黑格爾之
『精神現象學』講座」非常多的影響。

拉岡將**佛洛伊德**（P354）的**精神分析**（P379）重新以**結構主義**（P387）來進行解釋。根據他的說法，嬰兒的肚子餓、尿液或心情好壞等情緒都是各自分散的，「我」尚未有能力統一這些感官。這階段可稱之為「**碎裂的身體**」。

歐陸哲學

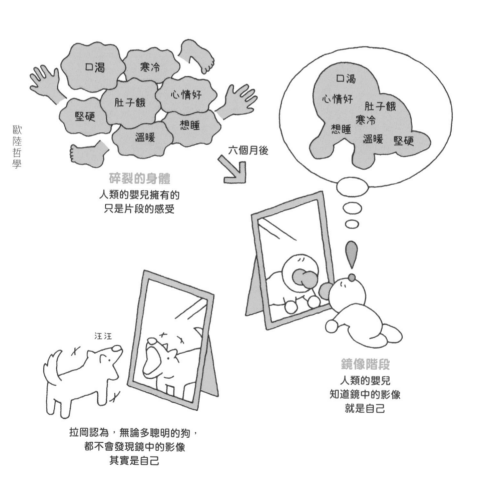

口渴　寒冷　肚子餓　心情好　堅硬　溫暖　想睡

六個月後

碎裂的身體
人類的嬰兒擁有的
只是片段的感受

口渴　心情好　肚子餓　想睡　寒冷　溫暖　堅硬

汪汪

鏡像階段
人類的嬰兒
知道鏡中的影像
就是自己

拉岡認為，無論多聰明的狗，
都不會發現鏡中的影像
其實是自己

六個月大的嬰兒在照鏡子時，已經可以分辨鏡中的影像就是自己。至此，人類才開始有能力統一自己的形象。此階段稱為**鏡像階段**。

但鏡中所映照出的是我們的身體，而身體僅存在於**外部**而非**內在**。因此，人類對自己的認識並非來自內在，而是透過原本就存在於世界上的鏡子之類的外部媒介才有辦法獲得。

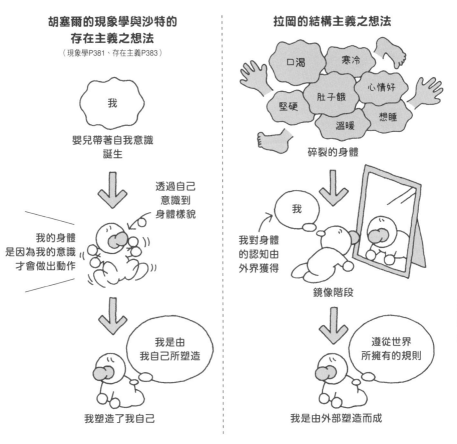

胡塞爾的現象學與沙特的存在主義之想法
（現象學P381、存在主義P383）

我

嬰兒帶著自我意識誕生

透過自己意識到身體樣貌

我的身體是因為我的意識才會做出動作

我是由我自己所塑造

我塑造了我自己

拉岡的結構主義之想法

口渴　寒冷　心情好　堅硬　肚子餓　溫暖　想睡

碎裂的身體

我

我對身體的認知由外界獲得

鏡像階段

遵從世界所擁有的規則

我是由外部塑造而成

原本「我」這個觀念便是來自於外界，當然之後關於個人的塑造也非來自內在，而是受到外部世界的影響。

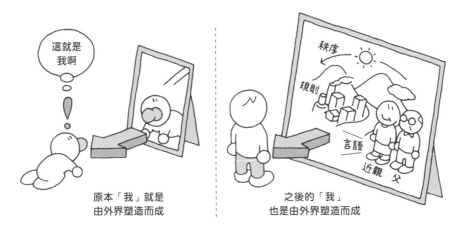

這就是我啊

原本「我」就是由外界塑造而成

秩序　規則　言語　近親

之後的「我」也是由外界塑造而成

拉岡

想像界 ｜ 象徵界
Imaginary Order ｜ Symboliu Order

▶146

文　　獻 ------- 拉岡《精神分析中談話和語言的功能與場域》等書
相關概念 ---------------------- 鏡像階段（P168）、現實（P172）
備　　註 ------拉岡的「象徵界｜想像界｜現實界」等三種區分源自
　　　　　　　　佛洛伊德的「超我｜自我｜本我」之思想。

拉岡認為，出生後六個月處在「**鏡像階段**」（P168）的嬰兒，看到鏡子中的自己後，方才第一次擁有「我」這個統一的概念。對這時期的嬰兒來說，自己內在所擁有的自我印象與現實中的自己是相同的。此外，**拉岡**也認為，嬰兒內在對母親的印象與現實中的母親也是相同的。

對鏡像階段的嬰兒來說，自己內在對母親的印象
與現實中的母親是相同的。

代表社會象徵的父親此時並不存在，不需要語言與秩序，嬰兒單純以感覺來感知的世界被拉岡稱之為「**想像界**」。

想像界
如自己想像或以為的世界，
拉岡稱之為想像界。

但當幼兒年齡約達兩歲後，開始察覺母親所在意的不僅有自己，還包括父親與其他事物。

歐陸哲學

象徵界

象徵界
存在著父親與其他
不得不遵守的規則的世界，
拉岡稱之為象徵界。

原來媽媽不是只
關注我一個人而已啊！

開始意識到代表社會象徵的父親之存在後，幼兒首次發現世界上原來有著因應社會所製造出的語言、秩序與必須遵守的規則（大他者）。至此，幼兒開始理解這個世界並不同於自己原本的認知。

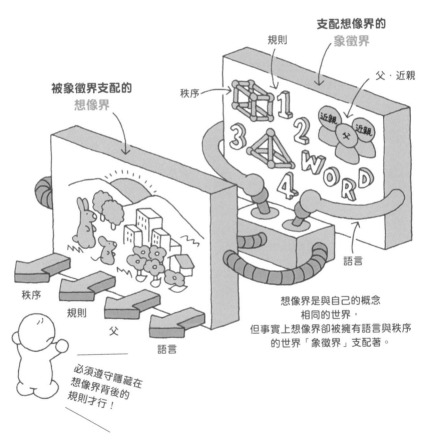

支配想像界的
象徵界

規則

秩序

父・近親

被象徵界支配的
想像界

近親　父　近親

3 4 1 2 WORD

秩序

規則

父

語言

語言

想像界是與自己的概念
相同的世界，
但事實上想像界卻被擁有語言與秩序
的世界「象徵界」支配著。

必須遵守隱藏在
想像界背後的
規則才行！

歐陸哲學

之後，幼兒的自我形成便開始受到透過言語所學到的秩序之影響。這個受到言語秩序支配的世界，拉岡稱之為「象徵界」。出生六個月後的嬰兒所擁有的**想像界**，事實上也受到其背後隱藏的**象徵界**的支配。

拉岡

▶146

現實界
The Real

文　　獻 ------- 拉岡《精神分析中談話和語言的功能與場域》等書
相關概念 -------------------------- 想像界｜象徵界（P170）
備　　註 ------- 現實界是無法以語言化或概念化的真實混沌領域

在**鏡像階段**（P168）的嬰兒所理解的世界，**拉岡**稱之為**想像界**（P170）。之後，幼兒開始察覺到想像界其實受到擁有語言與規則的**象徵界**（P171）之支配。透過接受**象徵界**所擁有的規則，幼兒開始形塑出自我。

歐陸哲學

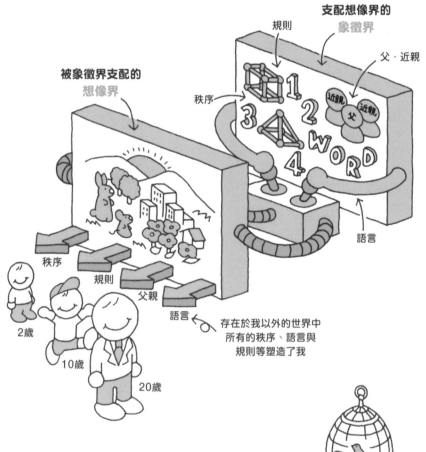

被象徵界支配的
想像界

支配想像界的
象徵界

規則

父·近親

秩序

近親　父　近親

語言

秩序

規則

父親

語言

2歲

10歲

20歲

存在於我以外的世界中
所有的秩序、語言與
規則等塑造了我

拉岡認為，我的自我並非以我為主體塑造而成，而是由世界所存在的一切他者、語言等**結構**組成。這樣的想法，與認為自我是由自身塑造而成的**沙特**等人所主張的**存在主義**（P383）大相逕庭。

人們說到底就是籠中鳥

172

拉岡認為，除了**想像界**、**象徵界**以外，還存在著一個**現實界**。**現實界**指的並不是我們所居住的現實社會。而是去除言語與影像過濾器之後的領域。一般而言，人類並無法達現實界，但**拉岡**認為**現實界**可出現於**幻覺**與**藝術**之中。

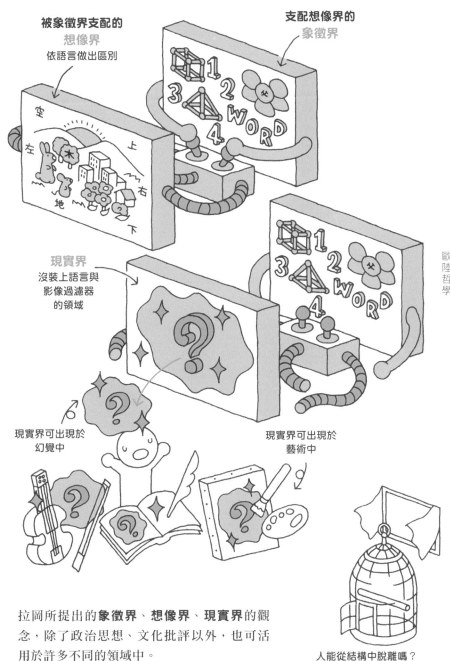

被象徵界支配的
想像界
依語言做出區別

支配想像界的
象徵界

現實界
沒裝上語言與
影像過濾器
的領域

現實界可出現於
幻覺中

現實界可出現於
藝術中

歐陸哲學

人能從結構中脫離嗎？

拉岡所提出的**象徵界**、**想像界**、**現實界**的觀念，除了政治思想、文化批評以外，也可活用於許多不同的領域中。

群體語言
le Langue

文　獻 -------------------- 羅蘭·巴特的《寫作的零度》等書。
備　註 -------------------- 據研究法國文學的石川美子表示，
羅蘭·巴特認為「『群體語言』的含義可有無限的變化」。
（《寫作的零度》解說）

羅蘭·巴特

某個群體所使用且具有特徵的詞語，**沙特**稱之為 群體語言。例如「祝您安好。」這樣的招呼語，便是上流階級的**群體語言**（遣辭用語）。雖然我們並無法選擇自己的母語是日語或英語，但我們卻可以根據自己的意志選擇所屬集團的**群體語言**。

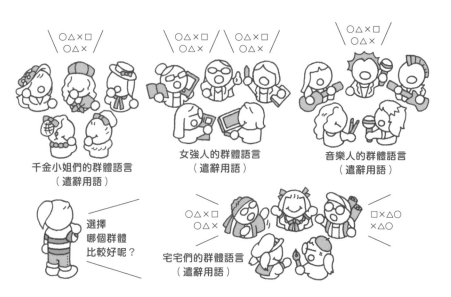

歐陸哲學

千金小姐們的群體語言
（遣辭用語）

女強人的群體語言
（遣辭用語）

音樂人的群體語言
（遣辭用語）

選擇
哪個群體
比較好呢？

宅宅們的群體語言
（遣辭用語）

一旦在打招呼時使用了「貴安」，便代表選擇了上流階級的**群體語言**，她的遣辭用語都會變得「高級」。不久便會逐漸影響到她的打扮與生活型態。

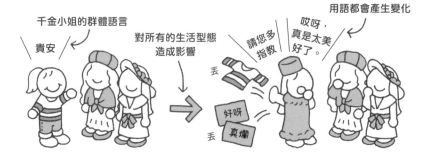

沒多久全部的遣辭
用語都會產生變化

千金小姐的群體語言

貴安

對所有的生活型態
造成影響

丟

請您多
指教

哎呀，
真是太美
好了。

好呀

丟

真爛

選擇了特定的**群體語言**，代表願意接受該群體的思考模式。羅蘭‧巴特認為，若在不留意中使用了特定群體的**群體語言**，是件相當危險的事。例如「端正」的遣辭用語，事實上多使用於男性群體的**群體語言**中。

羅蘭‧巴特將完全不帶有群體語言的表現方式稱之為**零度寫作**，且對之非常嚮往。例如，能夠冷靜陳述事件的新聞報導。

歐陸哲學

但無論多麼中立的新聞報導，多半還是會加入個人的想法。「樹木傾倒了」這樣的敘述，很容易成為用來描寫「戰爭壯烈感」的特定記號。追求**零度寫作**的羅蘭‧巴特，是從日本的俳句中發現到這一點。俳句當中並沒有特定群體的思想，僅是單純表現出事實。

羅蘭·巴特

神話作用
Myth

文 獻 -- 羅蘭·巴特《現在社會的神話》、《神話學》、《形象的修辭》

備 註 ----- 羅蘭·巴特以索緒爾的語言學為基礎構思出了符號學，
但與將語言當作符號學一部分的索緒爾不同，
羅蘭·巴特認為符號學才是語言學的一部分。

根據**羅蘭·巴特**的說法，無論是遠古或現在的人類，都是神話世界中的居民。他以一張 PANZANI 公司的義大利麵廣告照片為例來提出說明。

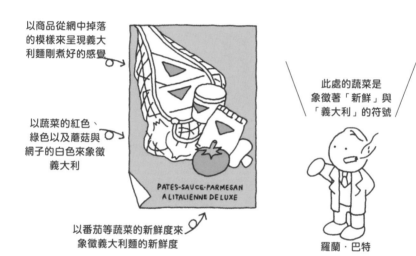

以商品從網中掉落的模樣來呈現義大利麵剛好煮好的感覺 →

以蔬菜的紅色、綠色以及蘑菇與網子的白色來象徵義大利

此處的蔬菜是象徵著「新鮮」與「義大利」的符號

以番茄等蔬菜的新鮮度來象徵義大利麵的新鮮度 ↗

羅蘭·巴特

歐陸哲學

PANZANI 公司的廣告照片中呈現著，番茄等蔬菜從義大利麵編成的網中反出來的模樣。照片中的蔬菜並不僅僅只代表著蔬菜，而是象徵著「新鮮」以及紅、綠、白「義大利特色」的符號。我們無論看著任何東西，絕不單純只是看著該物（**明示義**）而是會去捕捉它們在**符號**上所**象徵**的**含義**（**隱含義**）。

PANZANI公司廣告中的番茄
有兩個含義

明示義（denotation）
番茄本身

隱含義（connotation）
義大利、新鮮感等
符號式象徵

神話作用

〔明示義〕
鴿子
〔隱含義〕
和平、自由

〔明示義〕
太陽
〔隱含義〕
希望、能量

〔明示義〕
自然
〔隱含義〕
重要資源

〔明示義〕
摩天大樓
〔隱含義〕
文明與人類的狀況

〔明示義〕
森林
〔隱含義〕
休閒、環保

無法單純
看待事物

〔明示義〕
七三分髮型
〔隱含義〕
認真

〔明示義〕
長髮
〔隱含義〕
女性化

〔明示義〕
西裝
〔隱含義〕
社會人士

〔明示義〕
名牌
〔隱含義〕
貴婦、時髦

歐陸哲學

以前的人將太陽視為神明，活在神話的世界中。相同的，現代人將太陽視為一種能量，生活在將太陽看作另一種意涵的世界中。羅蘭‧巴特將以符號所建構成的社會稱之為社會化的神話世界。他這種將所有事物皆賦予神話作用的想法，對於解讀大眾文化中隱藏的符號的大眾文化文本（**大眾文化研究**）有莫大的影響。

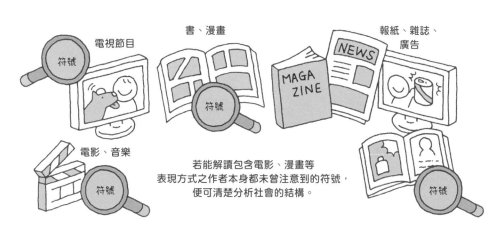

電視節目

書、漫畫

報紙、雜誌、廣告

符號

符號

NEWS

MAGAZINE

電影、音樂

符號

若能解讀包含電影、漫畫等
表現方式之作者本身都未曾注意到的符號，
便可清楚分析社會的結構。

符號

羅蘭・巴特

▶147

作者之死
The Veath of Author

文　獻 -------------------- 羅蘭・巴特《敘事作品結構分析》
備　註 -------------------- 收錄於《敘事作品結構分析》中的論文
　　　　　　　　　　　　〈作者之死〉中指出，「讀者之誕生，
　　　　　　　　　　　　必奠基於『作者之死亡』」。

結構主義（P387）認為，主體是由社會結構制定而出。雖然近代認為個人為自律行動之主體，**但結構主義**認為個人對事物的看法與思考方式，都受到了時代、地區、文化等因素的深切制約。

即使將個人（主體）
聚集在一起
也無法稱之為全體，
而應該將社會這個結
構定為主體。
（結構主義P387）

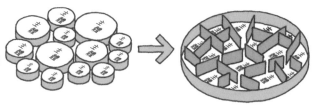

文學作品也可以同樣的方式解釋。**羅蘭・巴特**否定了作者擁有瞭解「作品真正意涵」的特權。

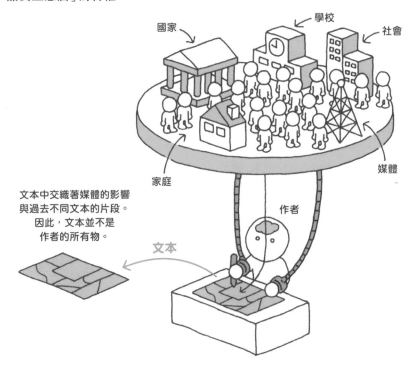

國家　　　學校　　　社會

文本中交織著媒體的影響
與過去不同文本的片段。
因此，文本並不是
作者的所有物。

家庭　　　作者　　　媒體

文本

羅蘭‧巴特將作品稱之為文本。文本（text）原本指的是紡織品（textile）。文本上交織著許多不同**群體語言**（P174）的拼接，而非作者本人的原創。因此，根據羅蘭‧巴特的說法，作者並非是最接近**文本**的人。在他的研究中，作者與**文本**是被分開檢視的。

羅蘭‧巴特將作品稱之為文本，並只對文本本身有興趣

羅蘭‧巴特將作者與文本分開來研究

想知道作者的思想並無法靠「閱讀」

對**羅蘭‧巴特**來說，作者等於已經死亡（**作者之死**）。還活著的是我們這些讀者（**讀者之誕生**）。閱讀**文本**時，讀者完全不必思考作者想傳達的事情。因 事實上，**文本**已經脫離了作者的支配。

作者

作者並未存在於文本之後

應自由、開心地閱讀。不需要去解讀作者的意圖。

讀者

閱讀文本這個行為本身，並不是對於作者提出的問題一一回應的被動行為。而應該是更自由且具創造性動能的行為。

認識論的斷裂
Epistemalogical Break

備　註 -------------------- 收錄於《保衛馬克思》一書中之論文
〈馬克思主義與人道主義〉中提到「1845 年後，馬克思將以人類
本質為基礎的一切歷史－政治理論根本地分離開來。」

阿圖塞在解讀了**馬克思**（P354）思想後，認為人類的思考並非連續不斷地深入，而是在某個時間點上突然地展開進化。

歐陸哲學

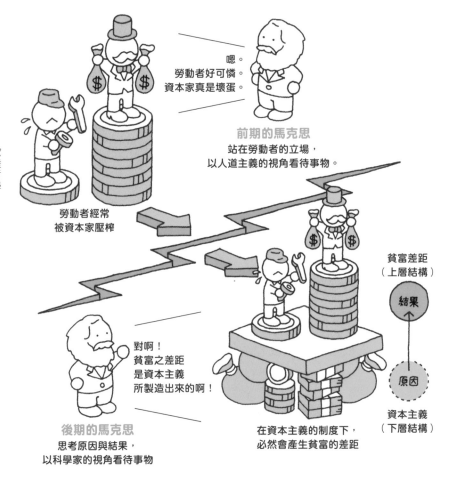

嗯。
勞動者好可憐。
資本家真是壞蛋。

前期的馬克思
站在勞動者的立場，
以人道主義的視角看待事物。

勞動者經常
被資本家壓榨

對啊！
貧富之差距
是資本主義
所製造出來的啊！

後期的馬克思
思考原因與結果，
以科學家的視角看待事物

在資本主義的制度下，
必然會產生貧富的差距

貧富差距
（上層結構）

結果

原因

資本主義
（下層結構）

根據**阿圖塞**的說法，前期的**馬克思**是以人道主義的角度來看待勞動者被資本家壓榨這個異化的問題〔（勞動的）異化 P376〕。但在某個時期後，他開始以科學的角度來審視，認為導致貧富差距的問題導因於資本主義的原理（上層構造｜下層構造 P377）。

追究勞動者個人的問題後發現，**馬克思**腦中開始意識到資本主義本身的結構問題。因某個問題而誕生出更高層次的問題，此過程被阿圖塞稱之為認識論的斷裂。

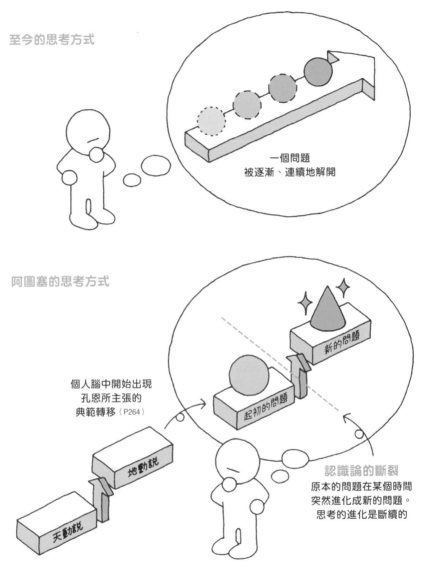

至今的思考方式

一個問題
被逐漸、連續地解開

阿圖塞的思考方式

個人腦中開始出現
孔恩所主張的
典範轉移（P264）

新的問題

起初的問題

地動說

天動說

認識論的斷裂
原本的問題在某個時間
突然進化成新的問題。
思考的進化是斷續的

歐陸哲學

身為相對主義學者的孔恩，雖然認為典範轉移之前後思考並無優劣的問題，阿圖塞卻認為比起前者，後者是更高次元的想法。

孔恩認為由於典範轉移，使得科學史的變化是斷續的。阿圖塞則認為，在個人腦中也有著一樣變化。高層次的構思是會突然出現的。因此，持續思考一個問題的毅力相當重要。

多元決定
Over-Determination

文　獻 ------------------------------ 阿圖塞《保衛馬克思》
備　註 ------------------------ 阿圖塞認為圍繞在馬克思主義的
上層結構（法律、政治、社會意識）與下層結構（經濟結構）
之間的議論，可以「多元決定」來解決。

阿圖塞

黑格爾（P353）認為，歷史會產生變化導因於人類追求自由的精神。而**馬克思**（P354）則認為，歷史會產生變化是由於經濟構造的矛盾。他們都認為，社會或歷史的變化都可以科學原理的**單一因果關係**來解釋。

歐陸哲學

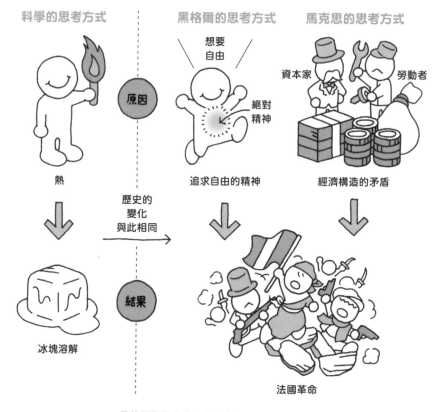

科學的思考方式　黑格爾的思考方式　馬克思的思考方式

想要自由

資本家　勞動者

原因

熱　　追求自由的精神　　經濟構造的矛盾

歷史的
變化
與此相同

結果

冰塊溶解

法國革命

黑格爾與馬克思認為歷史的變化與科學一般
都是導因於單一的因果關係

阿圖塞認為，歷史的變化，並非單一原因產生的。而是由政府、技術、文化等各種複雜原因產生。

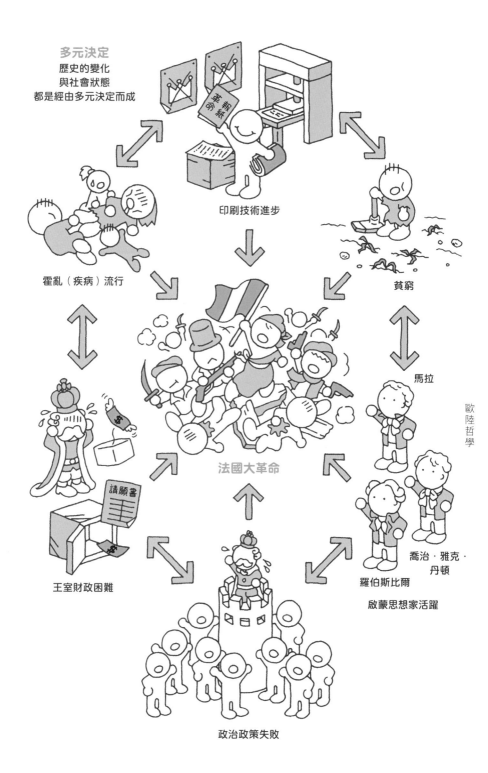

造成歷史變化與社會現狀的原因無法假定只有單一因素，而是在複雜的
結構中經由多元決定所導致。可稱之為**多元決定**。

▶147

意識形態國家機器
Ideological State apparatuses

文　獻 ---------------------------------- 阿圖塞《論再生產》

備　註 ---------- 國家機器是由「壓制機器」（軍隊、警察等）與
意識機器（學校、宗教、媒體等）組織而成

阿圖塞

沙特（P355）認為，自我的本質是依自我的意志形塑而成。而自我的本質
須透過主體化的社會參與來實現。

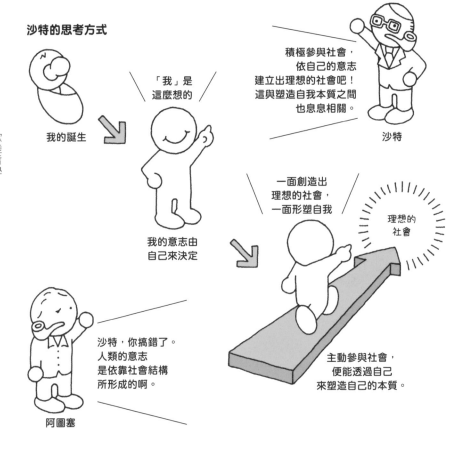

沙特的思考方式

我的誕生

「我」是
這麼想的

我的意志由
自己來決定

積極參與社會，
依自己的意志
建立出理想的社會吧！
這與塑造自我本質之間
也息息相關。

沙特

一面創造出
理想的社會，
一面形塑自我

理想的
社會

主動參與社會，
便能透過自己
來塑造自己的本質。

沙特，你搞錯了。
人類的意志
是依靠社會結構
所形成的啊。

阿圖塞

但**阿圖塞**認為，個人的思想與**信念（意識型態）**，是透過學校、媒體與企
業等體系來塑造而出，目的是為了配合國家。而國家中的這個體系則被
他稱之為意識形態國家機器。**意識形態國家機器**所製造出來的主體會無
意識地持續服從國家，接著靠向意識形態的製造方。

歐陸哲學

意識形態國家機器

媒體

學校、團體

出口

企業、公司

入口

宗教

歐陸哲學

意識形態

為了配合社會的
個人意識型態，
由學校或媒體等體系
塑造而成

無意識地服從社會，
靠向意識型態的
製造方

李維史陀、拉岡、羅蘭·巴特與**阿圖塞**等人所主張的思想稱之為**結構主義**。他們認為人類本身並未具備主體性，人類只是無意識的遵從社會結構所制定的規則。之後不久出現的**德希達、德勒茲**等主張後結構主義的的思想家們，開始摸索解構結構的方式與從結構中脫離的方法。

實用主義
語言哲學與科學哲學
心靈哲學
倫理學
形上學

英美 分析
哲學

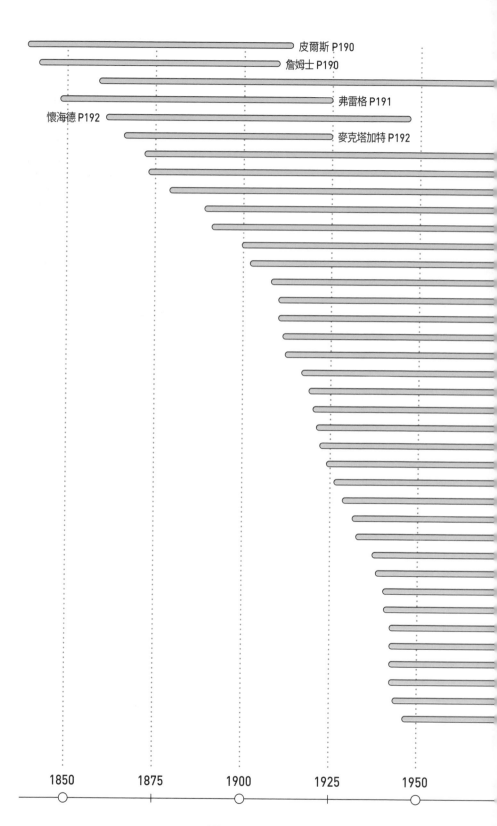

皮爾斯 P190
詹姆士 P190
弗雷格 P191
懷海德 P192
麥克塔加特 P192

1850   1875   1900   1925   1950

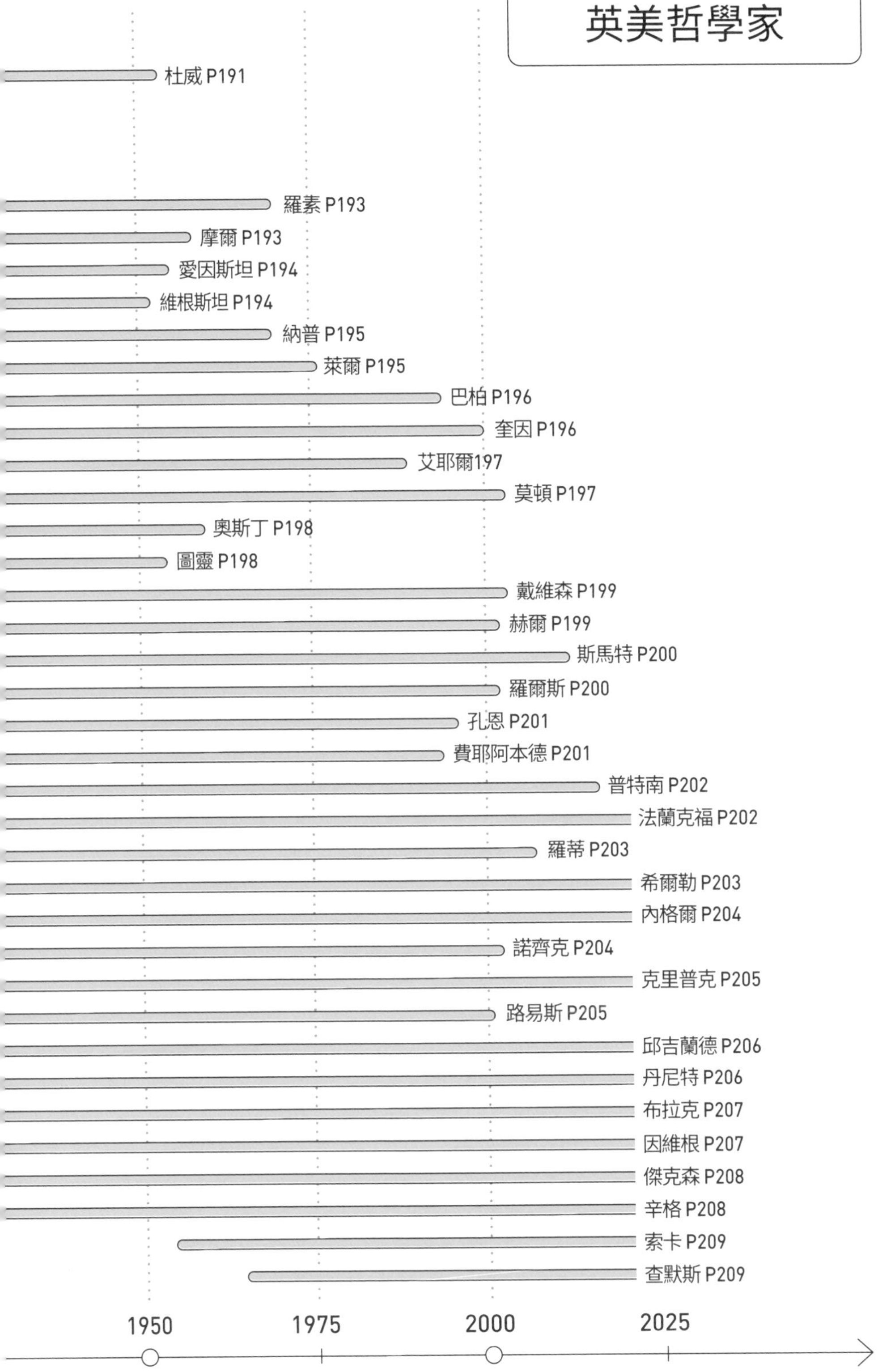

杜威 P191

羅素 P193

摩爾 P193

愛因斯坦 P194

維根斯坦 P194

納普 P195

萊爾 P195

巴柏 P196

奎因 P196

艾耶爾197

莫頓 P197

奧斯丁 P198

圖靈 P198

戴維森 P199

赫爾 P199

斯馬特 P200

羅爾斯 P200

孔恩 P201

費耶阿本德 P201

普特南 P202

法蘭克福 P202

羅蒂 P203

希爾勒 P203

內格爾 P204

諾齊克 P204

克里普克 P205

路易斯 P205

邱吉蘭德 P206

丹尼特 P206

布拉克 P207

因維根 P207

傑克森 P208

辛格 P208

索卡 P209

查默斯 P209

1950　1975　2000　2025

可驗證的概念對學問研究
有其意義。例如「堅硬的」
這個概念，便可透過用礦
物來刮磨是否會產生傷痕
來檢驗。

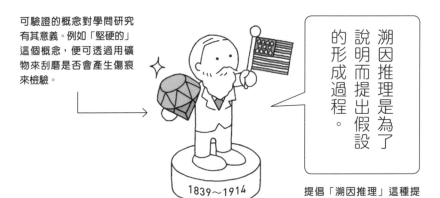

溯因推理是為了
說明而提出假設
的形成過程。

提倡「溯因推理」這種提
出假設的推論方式。

皮爾斯

CHARLES SANDERS PEIRCE ▶P214～218

創立實用主義的美國哲學家。出生於美國麻省坎布里市，父親為大學教授。曾於哈
佛大學就讀數學系與物理系。畢業後，一面於哈佛大學天文臺與聯合國沿岸測量所
工作，一面創立「形而上學社團」，發表關於數學與哲學之論文。因發生與離婚有
關之醜聞，未被應徵就職之大學錄取。中年以後過著窮困拮据的人生。

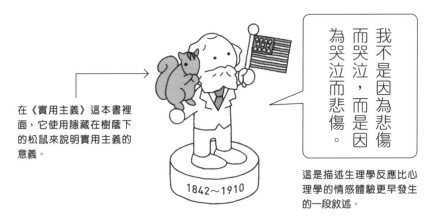

在《實用主義》這本書裡
面，它使用隱藏在樹蔭下
的松鼠來說明實用主義的
意義。

我不是因為悲傷
而哭泣，而是因
為哭泣而悲傷。

這是描述生理學反應比心
理學的情感體驗更早發生
的一段敘述。

詹姆士

WILLIAM JAMES ▶P220

促進實用主義發展的美國哲學家、心理學家。於哈佛大學主修醫學，並取得醫學博
士學位。之後在美國成立心理學實驗所，同時負責心理學與哲學的研究。與皮爾斯
一同活躍於「形而上學社團」，並繼承皮爾斯之思想，確立了實用主義學說。日本
的哲學家西田幾多郎亦深受其影響。

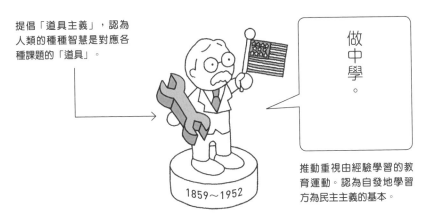

提倡「道具主義」，認為人類的種種智慧是對應各種課題的「道具」。

做中學。

推動重視由經驗學習的教育運動。認為自發地學習方為民主主義的基本。

杜威

JOHN DEWEY ▶P222～226

提倡實用主義的美國哲學家、教育學者，生於美國佛蒙特州。佛蒙特大學畢業後，先後擔任高中及國小教師，爾後申請進入約翰霍普金斯大學的研究所就讀，並取得學位。之後曾擔任芝加哥大學與哥倫比亞大學之哲學系教授。對設立「實驗學校」與實踐解決問題之學習法等教育思想的領域上，為後世帶來巨大之影響。

羅素所寫的書信中對以集合論為基礎的弗雷格思想體系提出批評，指出其中的矛盾重挫邏輯學。

算數為邏輯學之一部分。

提倡將數學視為邏輯學基礎的「邏輯主義」。

弗雷格

FRIEDRICH LUDWIG GOTTLOB FREGE ▶P232～236

德國之數學家、邏輯學家與哲學家。出生於波羅的海沿岸的維斯馬。先就讀於耶拿大學，後至轉至哥廷根大學，並取得數學博士學位。1874 年受雇成為耶拿大學講師，爾後 44 年間於該大學教授數學（96 年改任為教授）。其主張以邏輯推導算數的邏輯主義雖受到挫折，但卻與羅素一同為 20 世紀開拓了符號邏輯學與分析哲學。1925年去世。

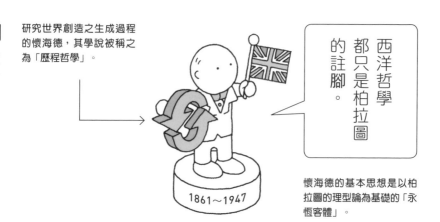

著作《過程即實在》、《科學與近代世界》、《觀念的冒險》

研究世界創造之生成過程的懷海德，其學說被稱之為「歷程哲學」。

西洋哲學都只是柏拉圖的註腳。

懷海德的基本思想是以柏拉圖的理型論為基礎的「永恆客體」。

1861～1947

懷海德

ALFRED NORTH WHITEHEAD ▶210

英國的哲學家、數學家，出生於英國肯特州塞尼特島的拉姆斯蓋特鎮。學生時代熱愛詩與歷史。先後於劍橋大學、倫敦大學求學，1924 年後至美國的哈佛大學擔任教授。與羅素共同著有《數學原理》一書，可說是讓邏輯學攀上頂端的經典著作。之後深入研究自然哲學、形而上學，獨自建立了「有機體哲學」之學說。

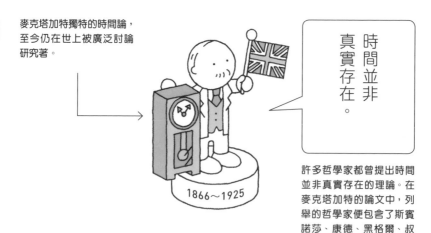

著作《時間之非真實性》、《存在之本質》

麥克塔加特獨特的時間論，至今仍在世上被廣泛討論研究著。

時間並非真實存在。

許多哲學家都曾提出時間並非真實存在的理論。在麥克塔加特的論文中，列舉的哲學家便包含了斯賓諾莎、康德、黑格爾、叔本華等人。

1866～1925

麥克塔加特

JOHN MCTAGGART ▶P338

英國之哲學家，出生於倫敦。年少時就讀於寄宿學校，因多次公開於學校發表無神論之言論而遭學校開除。1885 年進入劍橋大學的三一學院，開始哲學研究。他以英國觀念論者之身分研究黑格爾，並獲得不少好評。1908 年於哲學雜誌《MIND》上發表的論文〈時間之非真實性〉可說為現代時間論之濫觴。

著作 《社會改造原理》、《西洋哲學史》、《人類有將來嗎？》

二次世界大戰後參與推動和平運動，並與愛因斯坦共同發表禁止使用核武之宣言。

廣義來說，得到愛情的人，其實正是給予愛情的人。

同時也是知名的文學家，著有《幸福論》、《結婚論》等書。

羅素

BERTRAND ARTHUR WILLIAM RUSSELL

▶ P238

英國的數學家、哲學家。出生於英國威爾斯地區的崔雷克。於劍橋大學學習數學與哲學，爾後並於同一所大學執教。與懷海德一起著有《數學原理》一書，對現代符號邏輯學貢獻甚深。第一次世界大戰推動反戰運動，遭大學開除。活躍於教育、宗教、社會等範圍差異甚大之領域，1950 年獲得諾貝爾文學獎。

著作 《倫理學原理》

主張道德的基本真理可依直覺理解。

善即是善。

嘗試以愉快等自然特質定義「善」，是種「自然主義的謬誤」。

摩爾

GEORGE EDWARD MOORE

▶ P320

英國的哲學家、倫理學家。出生於倫敦郊外的上諾伍德。原本於劍橋大學學習古典學，後在羅素的建議下改學習哲學。畢業後於同間大學任講師、教授。此外，也活躍於哲學雜誌《MIND》的編輯群中，與羅素一起建構了英美分析哲學的基礎。摩爾所主張的倫理學，對現代的倫理學有著決定性的影響。

對於以概率論來解釋量子的量子力學抱持著懷疑的態度。

宗教沒有科學是乏力的，科學沒有宗教是盲目的。

雖談不上是有神論者，但愛因斯坦對於宇宙的構造依舊抱持著宗教般的情懷。

愛因斯坦

ALBERT EINSTEIN ▶P252 ▶P347

1879～1955

代表 20 世紀的理論物理學家，出生於德國。蘇黎世聯邦理工學院畢業後於專利局工作，期間發表了光量子理論、布朗運動、狹義相對論等論文。1910 年代，發表了以重力為理論的廣義相對論。1921 年獲得諾貝爾物理學獎。身為猶太人的愛因斯坦，因納粹勢力高漲而逃往美國，並於普林斯頓高等研究院從事研究工作。二次世界大戰後鼓吹廢止核武。

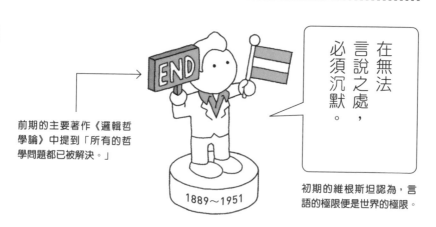

前期的主要著作《邏輯哲學論》中提到「所有的哲學問題都已被解決。」

在無法言說之處，必須沉默。

初期的維根斯坦認為，言語的極限便是世界的極限。

1889～1951

維根斯坦

LUDWIG WITTGENSTEIN ▶P230 ▶P240～244

出生於奧地利的哲學家。對於分析哲學與語言哲學的形成與發展有著巨大的影響。其父為奧匈帝國的鋼鐵大王。雖於柏林的工科大學學習航空工程，但對數學與邏輯學更感興趣，後至劍橋大學受教於羅素。兄弟四人中三人自殺身亡，維根斯坦本人也曾志願從軍，爾後並曾為小學教師，一生命運多舛。

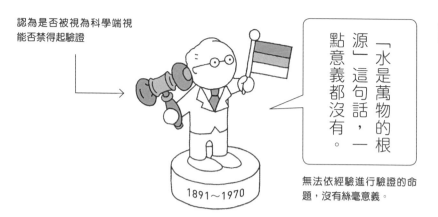

認為是否被視為科學端視能否禁得起驗證

「水是萬物的根源」這句話，一點意義都沒有。

《哲學與邏輯句法》、《意義和必然性》

無法依經驗進行驗證的命題，沒有絲毫意義。

卡納普

RUDOLF CARNAP

▶P246～248

出生自德國的哲學家，邏輯實證主義的代表人物之一。先後於弗萊堡大學、耶拿大學學習哲學、數學與物理學。1926 年至 1931 年於維也納大學任教，並加入主張邏輯實證主義的維也納學派。之後，因受到納粹迫害逃亡至美國，後至芝加哥大學、加州大學執教。

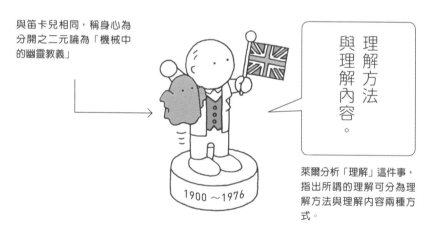

與笛卡兒相同，稱身心為分開之二元論為「機械中的幽靈教義」

理解方法與理解內容。

《心之概念》、《兩難論——日常語言哲學》

萊爾分析「理解」這件事，指出所謂的理解可分為理解方法與理解內容兩種方式。

萊爾

GILBERT RYLE

▶P276 ▶P280～284

英國的哲學家，出生於布萊頓。於布萊頓公學校畢業後進入牛津大學學習哲學與倫理學。1924 年開始於牛津大學基督堂學院擔任講師。之後於牛津大學溫夫力特紀念講座任哲學教授，持續任教至 1968 年。1947 年開始擔任哲學雜誌《MIND》的總編輯，並成為日常語言哲學學派的掌旗手。

《科學發現的邏輯》、《開放社會及其敵人》、《歷史決定論的貧困》

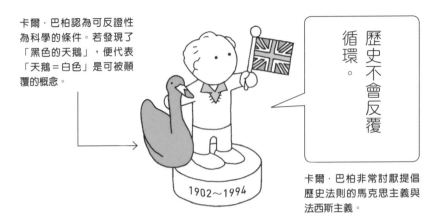

卡爾‧巴柏認為可反證性為科學的條件。若發現了「黑色的天鵝」，便代表「天鵝＝白色」是可被顛覆的概念。

歷史不會反覆循環。

卡爾‧巴柏非常討厭提倡歷史法則的馬克思主義與法西斯主義。

卡爾‧巴柏

KARL RAIMUND POPPER ▶ P250

出生於奧地利的英國籍哲學家。對於科學哲學與政治哲學等領域，至今依舊有著巨大的影響。出生於維也納的猶太人家庭，並於維也納大學取得哲學博士學位。爾後，因納粹入侵奧地利而逃亡，移居至紐西蘭。戰後來到英國，並於倫敦政治經濟學院任教。

《從邏輯的觀點看來》、《詞語與對象》

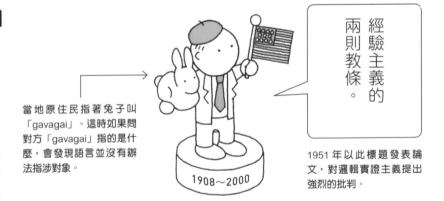

當地原住民指著兔子叫「gavagai」。這時如果問對方「gavagai」指的是什麼，會發現語言並沒有辦法指涉對象。

經驗主義的兩則教條。

1951 年以此標題發表論文，對邏輯實證主義提出強烈的批判。

奎因

WILLARD VAN ORMAN QUINE ▶ P252～260

美國的哲學家、邏輯學家。出生於俄亥俄州阿克隆市。受到羅素啟發後進入歐柏林大學主修數學，之後並於哈佛大學取得哲學博士學位。之後於哈佛大學任教，並於1948 年成為哈佛哲學系教授。奎因透過批評邏輯實證主義所形成的意義論與存在論，對於 20 世紀後半的語言哲學、科學哲學與認識論產生莫大的影響。

《語言、真理、邏輯》

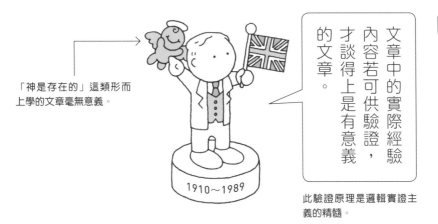

文章中的實際經驗內容若可供驗證，才談得上是有意義的文章。

「神是存在的」這類形而上學的文章毫無意義。

1910～1989

此驗證原理是邏輯實證主義的精髓。

艾耶爾

ALFRED JULES AYER ▶P322

英國的哲學家，出生於倫敦。牛津大學基督堂學院畢業後，至維也納大學留學。受到羅素與維根斯坦的影響，以「語言、真理、邏輯」為原則，在英國提倡邏輯實證主義。二次世界大戰期間從軍，戰後先於倫敦大學擔任教授一職，1958 年則轉至牛津大學擔任教授。

《社會理論與社會結構》、《科學社會學》、《社會學的兩義性》

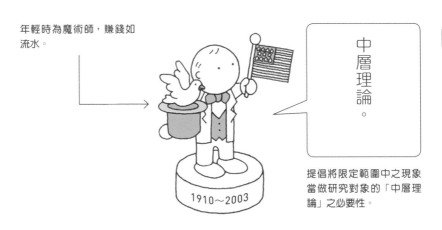

年輕時為魔術師，賺錢如流水。

中層理論。

提倡將限定範圍中之現象當做研究對象的「中層理論」之必要性。

1910～2003

莫頓

ROBERT KING MERTON ▶P269

美國的社會學家，出生於費城。天普大學畢業後，1936 年於哈佛大學取得博士學位。先後於天普大學擔任講師、杜蘭大學擔任助理教授、教授，後轉至哥倫比亞大學，1947 年成為哥倫比亞大學的社會學系教授，一路執教至 1979 年退休為止。1956 年擔任美國社會學會會長，在指導美國社會學的發展上貢獻一己之力。1994 年獲得美國國家科學獎。

奧斯丁的言語行為理論為人文、社會科學等諸多領域都帶來了很大的影響。

發言有敘言與做言兩種。

奧斯丁認為發言有事實確認（敘言）和履行（做言）兩種功能。

奧斯丁

JOHN LANGSHAW AUSTIN ▶P272

英國學者，為對日常言語做出嚴謹分析為課題的日常語言學派的代表性人物之一。出生於蘭開斯特，於牛津大學主修古典學。先於牛津大學萬靈學院擔任研究員，1952 年成為牛津大學懷海德紀念道德哲學系之教授。二次大戰時在陸軍擔任情報官，成功引導聯軍進行諾曼地登陸。1960 年罹患癌症，得年 48 歲。

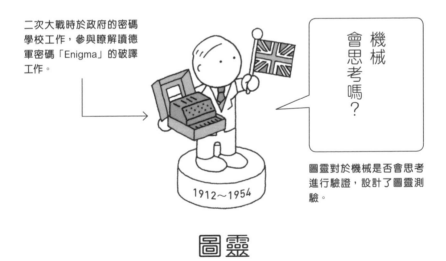

二次大戰時於政府的密碼學校工作，參與瞭解讀德軍密碼「Enigma」的破譯工作。

機械會思考嗎？

圖靈對於機械是否會思考進行驗證，設計了圖靈測驗。

圖靈

ALAN MATHISON TURING ▶P294

英國的數學家，是將人類進行的計算過程模式化的圖靈機器的發明者。出生於倫敦，劍橋大學畢業後，於普林斯頓大學進行研究。該時期所發表的〈論可計算數及其在判定問題上的應用〉一文，為數理邏輯學與計算機理論帶來劃時代的成就。二次大戰後於英國國立物理學研究所與曼徹斯特大學針對計算機設計與數值計算法進行研究。

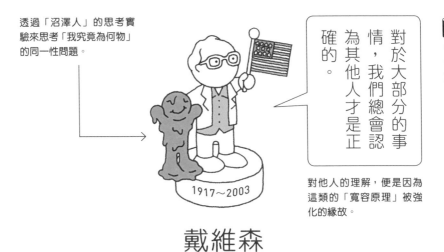

透過「沼澤人」的思考實驗來思考「我究竟為何物」的同一性問題。

對於大部分的事情，我們總會認為其他人才是正確的。

對他人的理解，便是因為這類的「寬容原理」被強化的緣故。

▶P288 ▶P344

《自由與行為的哲學》、《行為與事件》、《真理與解釋》

戴維森

DONALD HERBERT DAVIDSON

美國的哲學家，現代語言哲學家中最重要的代表性人物。出生於美國麻省春田市。高中時代便對哲學展現出興趣，開始閱讀尼采、柏拉圖、康德等人的著作。於哈佛大學學習英國文學、比較文學、古典學，二次大戰期間加入海軍。戰後回到哈佛大學，1949年取得博士學位。1951年、就任史丹佛大學助理教授，之後轉至加州大學柏克萊分校擔任教授長達20餘年。

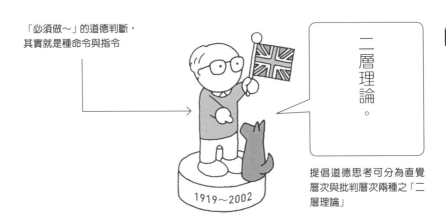

「必須做～」的道德判斷，其實就是種命令與指令

二層理論。

提倡道德思考可分為直覺層次與批判層次兩種之「二層理論」

▶P324

《道德的思考方式》、《道德的語言》、《自由與理性》

赫爾

RICHARD MERVYN HARE

英國的倫理學者、效益主義者。出生於索馬賽特郡巴格偉爾市。在牛津大學的貝利奧爾學院學習古典學。二次大戰期間被日軍俘虜。戰後回到牛津大學擔任學生指導員及研究員，1966年於牛津大學基督聖體學院擔任道德哲學教授。1983年後轉至佛羅里達大學哲學研究所擔任教授。

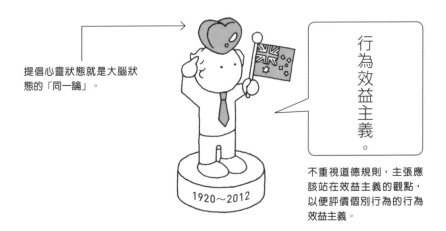

提倡心靈狀態就是大腦狀態的「同一論」。

行為效益主義。

不重視道德規則，主張應該站在效益主義的觀點，以便評價個別行為的行為效益主義。

1920～2012

斯馬特

JOHN JAMIESON CARSWELL SMART ▶ 286

澳洲哲學家、倫理學家。出生於英國劍橋。曾就讀英國蘇格蘭的格拉斯哥大學與牛津大學。1950 年為赴墨爾本阿得雷德大學任教而移居。之後曾在拉籌伯大學與澳洲國立大學等校執教鞭，蒙納許大學榮譽教授。除了活躍於形上學、哲學科學與心靈哲學等領域，同時也是行為效益主義方面深受矚目的重要評論家。

在自己與他人之間，基於對彼此情況一概不知的「無知之幕」這個假設之下來進行思想實驗。

正義比善優先。

「正義」在「善」這個因人而異的價值觀當中必須中立。

1921～2002

《正義論》、《作為公平的正義：正義新論》

羅爾斯

JOHN BORDLEY RAWLS ▶ P326

美國政治哲學家。出生於馬里蘭州。普林斯頓大學畢業之後加入陸軍，以占領軍成員身分行軍至幾內亞與菲律賓，亦曾來到日本。戰後取得普林斯頓大學博士學位，1953 年任康乃爾大學助理教授等職之後，就任哈佛大學教授。1917 年發表的《正義論》在當時不僅引起極大迴響，而且還翻譯成世界多國語言。

典範轉移意指對事物的看法完全劇烈改變，這個詞在孔恩提出議論之下才流傳開來的。

科學革命！

理論結構與觀念規則整體改革煥新，這就是科學革命。

孔恩

THOMAS SAMUEL KUHN ▶P264〜266

出生於美國俄亥俄州、德裔猶太人土木技師之子。在哈佛大學專攻物理學，並且取得博士學位。曾任教於哈佛大學、加州大學與普林斯頓大學，1979 年轉至麻省理工學院（MIT）就任科學史與科學哲學教授。孔恩提倡的典範概念，亦廣泛應用在科學史以外的領域之中。

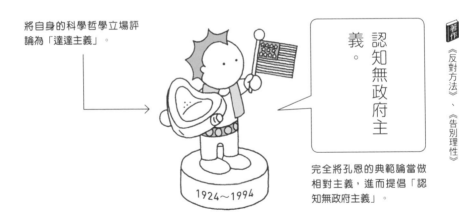

將自身的科學哲學立場評論為「達達主義」。

認知無政府主義。

完全將孔恩的典範論當做相對主義，進而提倡「認知無政府主義」。

費耶阿本德

PAUL KARL FEYERABEND ▶P268

在美國大為活躍的科學哲學家，以激進的相對主義者身分聞名。出生於奧地利維也納。年輕時曾在維也納音樂與表演藝術大學、維也納大學與威瑪藝術學院等就讀。1952 年赴英國倫敦政治經濟學院就讀，並在卡爾‧巴柏的指導之下鑽研哲學。1958 年赴加州大學柏克萊分校任教，並兼任蘇黎世聯邦理工學院教授一職。

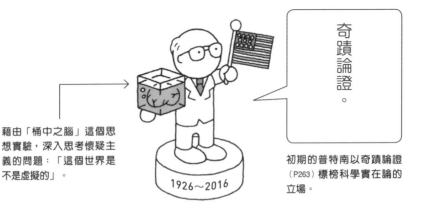

藉由「桶中之腦」這個思想實驗，深入思考懷疑主義的問題：「這個世界是不是虛擬的」。

奇蹟論證。

初期的普特南以奇蹟論證（P263）標榜科學實在論的立場。

普特南

HILARY WHITEHALL PUTNAM

▶ P262～263
▶ P290～292
▶ P334～336

美國哲學家，出生於芝加哥。在賓州大學專攻哲學與數學，之後於加州大學洛杉磯分校取得博士學位。先後任教於普林斯頓大學、麻省理工學院、西北大學與哈佛大學。1976 年被選為美國哲學會會長。活躍領域十分廣泛，橫跨分析哲學、心靈哲學、語言哲學，以及科學哲學。

基於「二階欲望/二階欲求」這個理論，認為決定論和自由意志是可以共存的。

論吹牛。

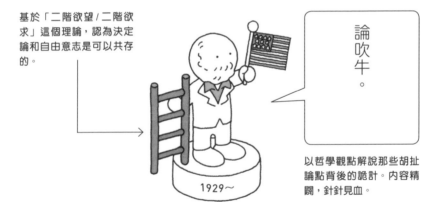

以哲學觀點解說那些胡扯論點背後的詭計。內容精闢，針針見血。

法蘭克福

HARRY GORDON FRANKFURT

▶ P347

美國哲學家。出生於賓夕法尼亞州。約翰霍普金斯大學博士。曾在耶魯大學、洛克菲勒大學與俄亥俄大學任教，普林斯頓大學榮譽教授。主要擅長道德哲學、心靈哲學與行動哲學等領域。1986 年出版的短篇論文「論吹牛（On Bullshit）」在 2005 年以單行本的形式再版，繼而躍升為美國一大暢銷書。

▶P270

抨擊把人心當作一面能反映自然的鏡子以奠定知識基礎,亦即基礎主義所倡導的哲學。

自由反諷者。

在公領域是自由主義,但在私領域卻是反諷主義的生活方式。

1931～2007

《哲學和自然之鏡》、《偶然、反諷與團結:一個實用主義者的政治想像》、《築就我們的國家:20世紀美國左派思想》 著作

羅蒂

RICHARD RORTY

美國哲學家。出生於紐約。芝加哥大學畢業,耶魯大學博士。退伍後曾在衛斯理學院、普林斯頓大學及維吉尼亞大學擔任助理教授與教授等職,接著就任史丹佛大學比較文學教授一職。對於近代的知識論猛烈抨擊,以標榜貫徹實用主義的新實用主義為立場。除了歐美圈,對國際間亦影響深遠。

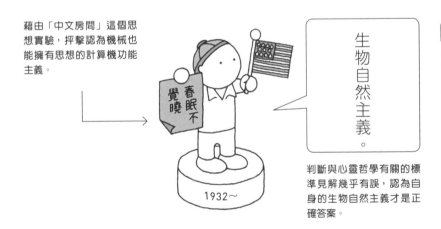

▶P311～312

藉由「中文房間」這個思想實驗,抨擊認為機械也能擁有思想的計算機功能主義。

生物自然主義。

春眠不覺曉

判斷與心靈哲學有關的標準見解幾乎有誤,認為自身的生物自然主義才是正確答案。

1932～

《語言行為》、《心靈哲學》 著作

希爾勒

JOHN ROGERS SEARLE

美國哲學家。出生於科羅拉多州丹佛。曾經就讀威斯康辛大學,之後赴牛津大學留學,取得文學與哲學雙碩士學位。1959年返美,任教於加州大學柏克萊分校,1967年就任教授。擅長領域為心靈哲學與語言哲學。語言哲學方面,則是繼承奧斯丁的語言行為理論並且延續發展。

▶P314

以哲學為立場，談論「對蝙蝠而言，當蝙蝠是什麼滋味」。

人生說不定只是不合邏輯，而非單純毫無意義。

擷取自《哲學入門九堂課》。該書堪稱哲學入門書，並且還翻譯成各國語言。

1937～

內格爾

THOMAS NAGEL

美國哲學家。出生於塞爾維亞首都貝爾格勒市，1939 年赴美，並在紐約長大成人。曾經就讀康乃爾大學、牛津大學與哈佛大學，1963 年取得博士學位。曾經任教於加州大學柏克萊分校與普林斯頓大學，之後就任紐約大學哲學教授。研究領域非常廣泛，包括他者論、認識論、倫理論以及社會哲學。

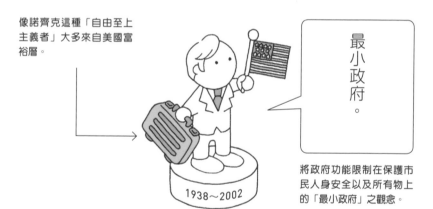

像諾齊克這種「自由至上主義者」大多來自美國富裕層。

最小政府。

將政府功能限制在保護市民人身安全以及所有物上的「最小政府」之觀念。

1938～2002

諾齊克

ROBERT NOZICK

▶P337

美國哲學家，出生於紐約布魯克林區，俄裔猶太移民之子。哥倫比亞學士，普林斯頓大學博士。1969 年就任哈佛大學哲學教授。以自由至上主義者的觀點抨擊羅爾斯的《無政府、國家與烏托邦》這部出道之作不僅受到世人矚目，分析哲學方面的論文與著作更是豐富。

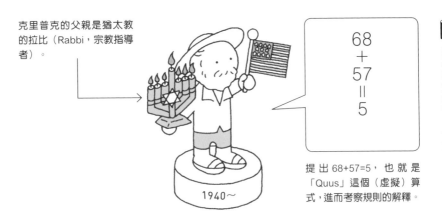

克里普克的父親是猶太教的拉比（Rabbi，宗教指導者）。

$$68 + 57 = 5$$

提出 68+57=5，也就是「Quus」這個（虛擬）算式，進而考察規則的解釋。

《命名與必然性》、《維根斯坦關於規則與私有語言》

克里普克

SAUL AARON KRIPKE ▶ P340

美國哲學家、邏輯學家。出生於紐約。18 歲因在美國數學會上發表模態邏輯學完整性之相關論文而一躍成名。進入哈佛大學之後在奎因的指導之下取得博士學位。歷任哈佛大學講師、洛克菲勒大學助理教授與教授、普林斯頓大學教授，以及紐約市立大學教授等教職。普林斯頓大學榮譽教授。

可能世界這個議題可以分為兩個立場，一個是可能世界實際存在的「可能主義」，一個是實際存在的只有現實世界的「現實主義」。而路易斯當然是主張前者。

可能世界是實在的。

主張除了現實世界，還有無數個可能性存在。

《論多元社會》、《違反事實條件句》

路易斯

DAVID KELLOGG LEWIS ▶ P342

美國哲學家。英美分析哲學重要人物之一。出生於俄亥俄州歐柏林。就讀斯沃斯莫爾學院，之後到牛津大學留學一年。曾至萊爾、斯特勞森、奧斯丁等人課堂上聽講，接著就讀哈佛大學，師從奎因，於 1967 年取得博士學位。1970 年開始在普林斯頓大學執教鞭。2000 年因糖尿病惡化，享壽 60 歲。

「取消主義」標榜表達心靈（意識）狀態的「信念」「感情」「感覺」與「欲望」等哲學說明，終究會完全被科學語言所替換。

取消主義認為，解釋人們受心情影響而採取行動的「常識心理學」終究會消失。

邱吉蘭德

PAUL CHURCHLAND ▶P296

加拿大哲學家。出生於溫哥華。曾在英屬哥倫比亞大學就讀哲學、數學與物理學，1969 年於匹茲堡大學取得博士學位。先後任教於多倫多大學、曼尼托巴大學以及普林斯頓高等研究院，1984 年就任加州聖地牙哥分校教授。主要關心領域為心靈哲學與神經哲學，並從腦科學的立場來探討心靈哲學。

認為就算是宗教，也能站在進化論的立場以自然科學的方式來說明。

「卡提修斯」指的是「笛卡兒」。這句話批評笛卡兒的腦子就像是一個有小精靈居住的劇場。

丹尼特

DANIEL CLEMENT DENNETT ▶P298 ▶P346

美國哲學家。出生於波士頓。就讀哈佛大學時專攻哲學，並接受奎因的指導。1965 年取得牛津大學博士學位，在該大學的吉爾伯特・萊爾門下從事研究。現為塔夫斯大學哲學教授、該校認知研究中心共同主任。以哲學與演化生物學及認知科學為橋樑的研究深受世界矚目。

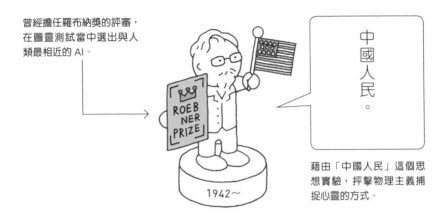

曾經擔任羅布納獎的評審，在圖靈測試當中選出與人類最相近的 AI。

中國人民。

藉由「中國人民」這個思想實驗，抨擊物理主義捕捉心靈的方式。

1942～

布拉克

NED BLOCK ▶P310

美國哲學家。出生於芝加哥。1971 年就讀哈佛大學時，在希拉里・普特南的指導之下取得博士學位。之後任教於麻省理工學院，96 年就任紐約大學教授。擅長領域為心靈哲學。設計出以「Blockhead」為理論基礎的計算機系統，進而抨擊圖靈測試。

主張不管決定論是否為真，自由意志是不存在的「嚴格不相容論」。

為何宇宙存在就是有？

在〈為何宇宙存在就是有〉這篇論文當中談論到無的可能性。

1942～

因維根

PETER VAN INWAGEN ▶P348

美國哲學家。出生於紐約。曾經就讀壬色列理工學院，1969 年取得羅徹斯特大學博士學位。曾任教於雪城大學，1995 年就任聖母大學哲學教授。主要研究領域為形上學、宗教哲學與行為哲學。另外，在自由意志主義方面，是提倡自由意志與決定論無法並存之不相容論的知名論者。

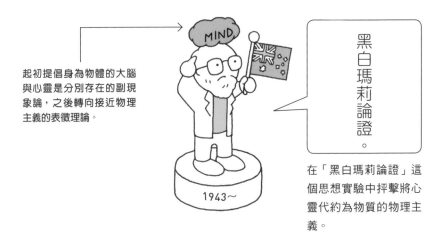

起初提倡身為物體的大腦與心靈是分別存在的副現象論，之後轉向接近物理主義的表徵理論。

黑白瑪莉論證。

在「黑白瑪莉論證」這個思想實驗中抨擊將心靈代約為物質的物理主義。

傑克森

FRANK CAMERON JACKSON ▶P304～306

澳洲哲學家，父親也是哲學家。在墨爾本大學專攻數學與哲學，並於拉籌伯大學取得博士學位。曾任教於阿德萊德大學與蒙納許大學，1986 年就任澳洲國立大學教授。主要擅長領域為心靈哲學、知識論、形上學與後設倫理學。在心靈哲學這個領域當中，因為抨擊物理主義，標榜副現象論而聞名。

著作《動物解放》、《實務倫理》

以效益主義為立場，主張動物權利並且倡導素食主義。

抨擊物種中心主義。

辛格的基本觀念，包含了以自己所屬的物種為中心思想之物種中心主義。

辛格

PETER SINGER ▶P328

澳洲倫理學家，效益主義者。出生於墨爾本，曾經就讀墨爾本大學與牛津大學。歷任牛津大學講師、紐約大學哲學系客座助理教授，1977 年在墨爾本的蒙納許大學哲學系任教授一職，1999 年為普林斯頓大學生命倫理學教授。國際生命倫理學會首任會長，是世界上最為知名的倫理學者。

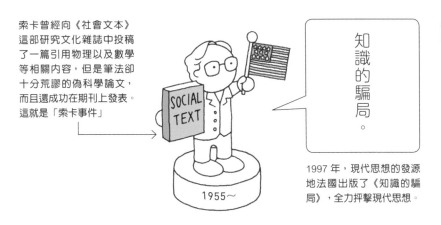

索卡曾經向《社會文本》這部研究文化雜誌中投稿了一篇引用物理以及數學等相關內容，但是筆法卻十分荒謬的偽科學論文，而且還成功在期刊上發表。這就是「索卡事件」

知識的騙局。

1997 年，現代思想的發源地法國出版了《知識的騙局》，全力抨擊現代思想。

著作《知識的騙局》

索卡

ALAN DAVID SOKAL　　　　▶P269

美國物理學家、數學家。出生於波士頓。在哈佛大學取得學士學位，1981 年在普林斯頓大學取得博士學位。現為倫敦大學學院數學教授，兼任紐約大學物理學教授。擅長領域為物理學、數學與科學哲學。1995 年因為引起批評後現代主義的「索卡事件」而聞名。

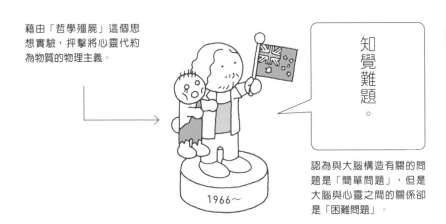

藉由「哲學殭屍」這個思想實驗，抨擊將心靈代約為物質的物理主義。

知覺難題。

認為與大腦構造有關的問題是「簡單問題」，但是大腦與心靈之間的關係卻是「困難問題」。

著作《意識腦》、《意識眾相》

查默斯

DAVID JOHN CHALMERS　　　▶P300～302 ▶P308～309

澳洲哲學家。出生於雪梨。高中時期曾經在國際奧林匹克數學競賽上奪下銅牌。在阿德萊德大學與牛津大學就讀數學，之後專攻哲學，並在印第安納大學取得哲學與認知科學博士學位。曾任教於加州大學聖塔克魯茲分校、亞利桑那大學，2004 年就任澳洲國立大學教授。心靈哲學中心人物。

英美哲學（分析哲學）

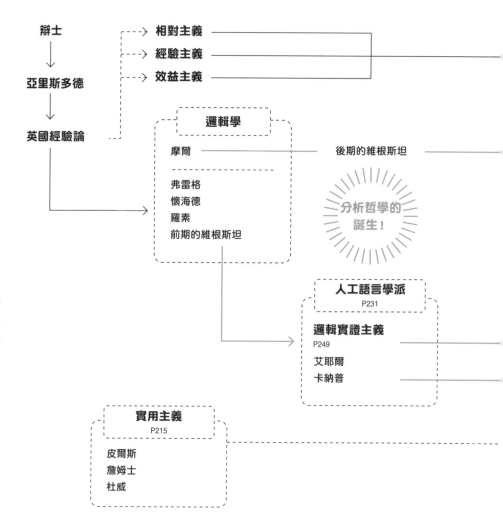

辯士
↓
亞里斯多德
↓
英國經驗論

相對主義
經驗主義
效益主義

邏輯學

摩爾 ────────── 後期的維根斯坦

弗雷格
懷海德
羅素
前期的維根斯坦

分析哲學的
誕生！

人工語言學派
P231

邏輯實證主義
P249

艾耶爾
卡納普

實用主義
P215

皮爾斯
詹姆士
杜威

分析哲學

二十世紀初葉，**弗雷格**（P191）、**羅素**（P193）、**維根斯坦**（P194）以及**摩爾**（P193）等人所提倡的**邏輯學**促使調查語言**指涉**（P232）的**分析哲學**誕生。而分析哲學又可分為受到**弗雷格**與前期**維根斯坦**影響的德國**人工語言學派**（P231），以及受到**摩爾**與後期**維根斯坦**影響的英國**日常語言學派**（P231）。

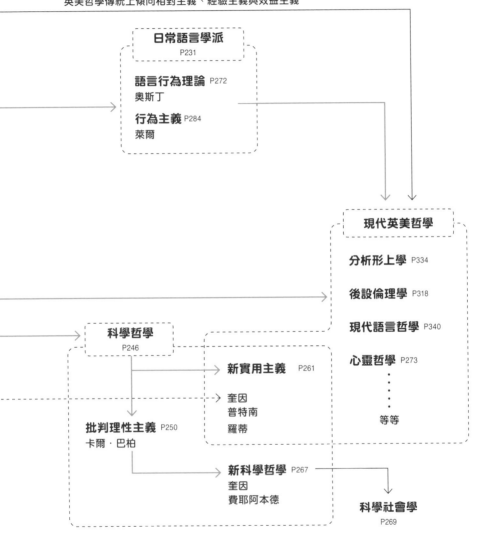

英美哲學傳統上傾向相對主義、經驗主義與效益主義

日常語言學派
P231

語言行為理論 P272
奧斯丁

行為主義 P284
萊爾

現代英美哲學

分析形上學 P334

後設倫理學 P318

現代語言哲學 P340

心靈哲學 P273
・
・
・
等等

分析哲學

科學哲學
P246

新實用主義 P261

奎因
普特南
羅蒂

批判理性主義 P250
卡爾・巴柏

新科學哲學 P267
奎因
費耶阿本德

科學社會學
P269

之後**日常語言學派**主要在英國發展，德國的**人工語言學派**則是逃離納粹黨的魔掌，遠赴美國，與**效益主義**（P372）以及原本就在美國發展的**實用主義**（P215）相結合，進而在當地發展。儘管**分析哲學**的守備範圍因為過於廣泛而變得相當模糊，但只要一提到英美哲學，通常所指的都是**分析哲學**。

實用主義

▶190

實用主義
Pragmatism

意　　義------------------------------事物是否具備真理，
　　　　　　　　　　　　　　　　　　　必須從經驗結果來判斷的哲學態度
具體範例------------------------------皮爾斯、詹姆士、杜威
備　　註------------------------------現在發展成新實用主義

皮爾斯等人

對**皮爾斯**而言，何謂「關於某事物的知識（概念）」，就是「關於某事物會促成什麼樣的**行動（行為）**，並且帶來何種結果的知識」。例如我們「知道冰塊」，所指的並不是「知道冰塊本身」，而是「知道冰塊碰了會覺得冰冷」、「知道冰塊遇熱會融化」。就算形狀與質地像「冰塊」，但是碰了之後若不覺得冰冷，那就不是「冰塊」。

所謂知識，指的是預測結果

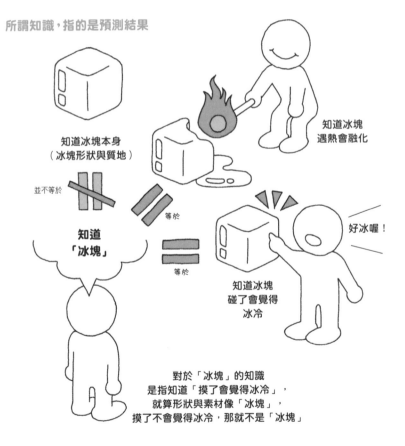

知道冰塊本身
（冰塊形狀與質地）

並不等於

等於

**知道
「冰塊」**

等於

知道冰塊
遇熱會融化

好冰喔！

知道冰塊
碰了會覺得
冰冷

對於「冰塊」的知識
是指知道「摸了會覺得冰冷」，
就算形狀與素材像「冰塊」，
摸了不會覺得冰冷，那就不是「冰塊」

我們可以說，對某事物的知識，就是對其採取**行動**時的**預測結果**。這樣看來，知識（概念）便是可以**檢驗**的。

皮爾斯提出將知識與**行動（行為）**所產生的結果串連在一起。而將這個觀念延續發展的人是**詹姆士**（P190）。**詹姆士**認為，某個知識付諸行動之後，產生的結果倘若是有用，那麼這個知識就是**真理**。如此理念，稱為**實用主義**（P221）。另外，**杜威**（P191）提倡**工具主義**（P223），亦即知識本身並沒有價值，對人類而言必須是一項**有用的工具**才行。

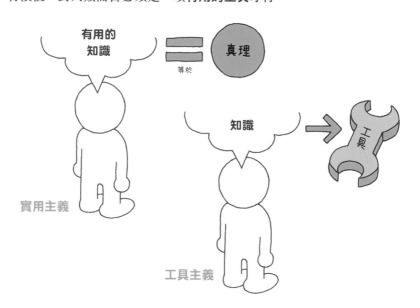

認為知識是行為的預測結果，而且該知識對人類而言是有用的話，那就是真理。如此立場，稱為**實用主義**。

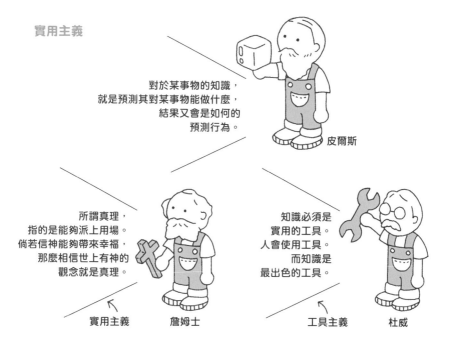

可錯論
Fallibilism

意　　義 ------------- 認為人類的知識日後會不時地發現錯誤，
　　　　　　　　　　　並且有可能修正的觀念
文　　獻 ------------------ 皮爾斯「可錯論、連續性、進化」
相關概念 ----------- 實用主義（P214）、有保證的可斷言性（P224）

皮爾斯

傳統哲學會先追究看似毫無疑慮、絕對確實的真理，以從中開始展開理論為理想。這就是所謂的「太初有真理」。

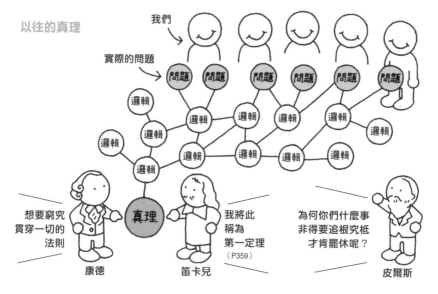

以往的真理

我們

實際的問題

問題　問題　　問題　問題　　問題　問題

邏輯　　邏輯　邏輯　邏輯　　邏輯
邏輯　　　　　　　　　　邏輯
邏輯　　　邏輯　邏輯　邏輯　邏輯
邏輯

想要窮究
貫穿一切的
法則

真理

我將此
稱為
第一定理
（P359）

為何你們什麼事
非得要追根究柢
才肯罷休呢？

康德　　　　笛卡兒　　　　　　　　　皮爾斯

然而在皮爾斯心裡，所謂**真理**，是科學家在日常生活當中面對問題時，經由實驗與觀察所得到的可以説服他人的**知識**。在這種情況之下得到的真理（知識）必須再三驗證，千萬不可一開頭就將其設定為絕對確實的真理。

皮爾斯的真理

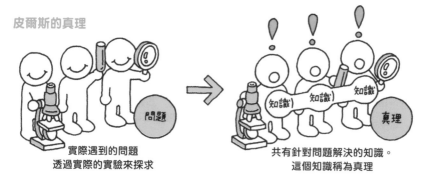

實際遇到的問題
透過實際的實驗來探求

問題

知識　知識　知識

真理

共有針對問題解決的知識。
這個知識稱為真理

分析哲學―實用主義

實驗結果告訴我們
將原子想像成這種形狀
就會合乎邏輯

透過顯微鏡可以看見分子。
由此我們可以推測出
原子的形狀喔

共同的知識（概念）

以原子為例，雖然無法在顯微鏡底下觀測，但是只要觀察並且調查分子，科學家還是可以共有原子知識（概念）。就算我們在新的實驗與觀測當中，發現該知識可能有誤，不過**皮爾斯**主張，那個時間點的原子知識對我們來說，其實就是**真理**。

新真理

實驗結果
完成了
新的學說

舊真理 舊真理 舊真理

新真理

可錯論
真理（知識或概念）
會不時地出現錯誤。
真理會因為實驗或觀測等
經驗而不時更新

真理不時地在改變

好，
更改學說！

新真理 新真理 新真理 新真理

聚斂點

皮爾斯認為，
真理（知識或概念）
總有一天會朝向某個
聚斂點

我們無法窮究絕對確實的真理，因為只要新的說明能夠讓人信服，**真理**就會不斷更新。真理並非早已存在，而是在實驗與觀測等行為之下誕生的。如此看待**真理**的方式，稱為可錯論。

▶190

誘導法
Abduction

文　　獻-------------米盛裕二《逆推法：假說與發現的邏輯》
相關概念------------------------------實用主義（P214）
備　　註---------------日本譯成「假說形成的推論」

皮爾斯

除了抽象問題，**實用主義**（P215）也可應用在現實生活中所發生的問題。此時依靠的是逆推法。所謂誘導法，是指成立**假說**，解釋「為何會如此」的**推論方法**。

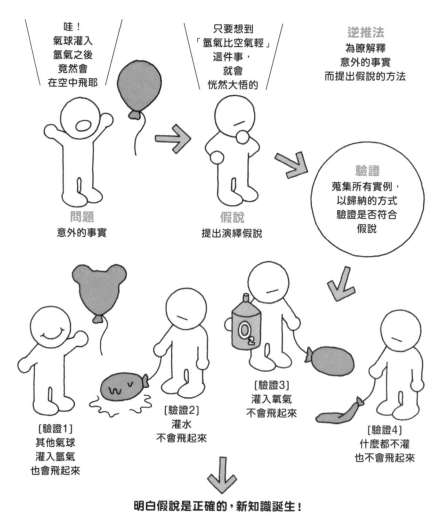

推論方法其他還有演繹法與歸納法，然而光靠**演繹法**或**歸納法**卻無法得到新知。但是只要運用**逆推法**，就能夠獲得新知。

演繹法	歸納法	逆推法
從一般性的原理為個別的人事物找出真理的方法	從眾多事實當中推導出一般理論的方法	從說明意外事實的假設來推論的方法

演繹法
從一般性的原理
為個別的人事物
找出真理的方法

大前提

兔子愛吃紅蘿蔔

↓

小前提

這隻動物是兔子

↓

結論

因此這隻動物
愛吃紅蘿蔔

結論已經包含在
前提裡，
因此無法增加知識

歸納法
從眾多事實當中
推導出
一般理論的方法

前提

這隻兔子愛吃紅蘿蔔

那隻兔子也愛吃紅蘿蔔

那隻兔子也同樣愛吃紅蘿蔔

↓

結論

因此
兔子愛吃紅蘿蔔

只是確認
以往的知識，
稱不上是新知

逆推法
從說明意外事實的
假設來推論的方法

實際的
↘ **問題**

明明是老鼠，
卻愛吃紅蘿蔔，
為什麼？

鼠兔

↓

假說

兔子
愛吃
紅蘿蔔

那我們假設
這隻動物
是兔子吧

↓

驗證

驗證這隻動物
的特徵是否與
兔子一致吧

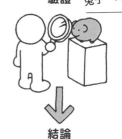

↓

結論

這隻動物
果然是兔子的近緣種

可以獲得
新知

分析哲學―實用主義

▶190

有用即是真理

True beliefs as those that prore useful to the believer

文　　獻	詹姆士《實用主義》
相關概念	實用主義（P214）、工具主義（P222）
備　　註	詹姆士認為除了科學，實用主義的概念也適用於宗教、人生與道德

詹姆士

對**皮爾斯**而言，**真理**是能夠說服大家的**知識**，是學者與專家創造之物，而且會不時更新（可錯論 P217）。

分析哲學｜實用主義

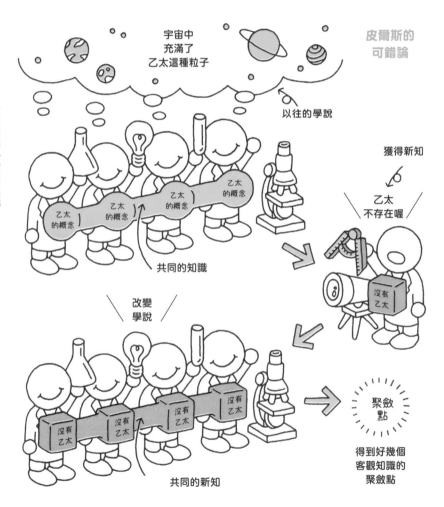

皮爾斯的可錯論

宇宙中充滿了乙太這種粒子

以往的學說

獲得新知

乙太不存在喔

乙太的概念

乙太的概念

乙太的概念

乙太的概念

共同的知識

沒有乙太

改變學說

沒有乙太

沒有乙太

沒有乙太

沒有乙太

共同的新知

聚斂點

得到好幾個客觀知識的聚斂點

不僅如此，**皮爾斯**還認為，只要不斷觀察與實驗，總有一天真理會成為人類共同的客觀聚斂點。

220

而對**詹姆士**來說，不管真理是客觀知識還是事實，這些都不是問題。在他心目中最重要的是，這對**我**來說究竟是否**有用**。如果**有用**，那就是真理（有用即是真理）。

真理並非單獨存在於距離我們遙遠的某處。**詹姆士**提到，就算是宗教信念，只要有人相信其正確無誤，而且能夠派上用場，對這個人來說，如此信念就是真理。這就是實用主義。

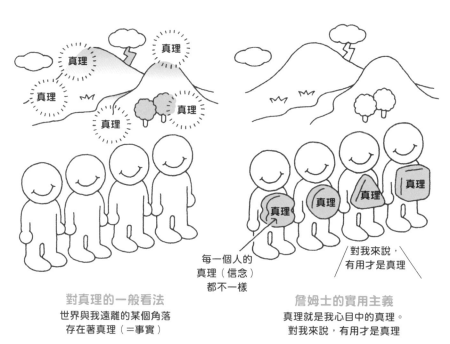

工具主義
Instrumentalism

意　　義	------------------ 認為當人類在採取行動時，學問與知識是能夠派上用場的工具
文　　獻	------------------------- 杜威《哲學的改造》
相關概念	-------------- 實用主義（P214）、有用即是真理（P220）

杜威

騎馬方式
與照顧方式
已經萬事俱全

玉米
是要這麼種
的喔！

龍捲風
快要來了！

只是想著
自我與理型的原理
什麼都不做的話，
這樣真的會
死在荒野裡

所謂真理
照理說應該是
人類心中的真理。
然而以往的哲學
在荒野之中
並非真理

對於在攸關生死、生活嚴苛的環境之中開拓荒野的美國人而言，**笛卡兒**及**柏拉圖**提出的哲學與每日的生活根本就毫無關聯，更稱不上是**真理**。而**實用主義**就是以這個傳統的美國**開拓精神**為基礎。

試著追究其因，**杜威**認為，人類的**行動**都是針對所處狀況所做的適應反應。即使是人類，也與其他生物一樣，懂得迴避困難，不時地營造一個更好的環境。

人類與動物的
行動原理是一樣的

好冷。
蓋棟房子
到裡面去吧

好冷。
挖個洞
躲到裡面去吧

不管是動物還是人類
其所採取的行為
都是針對所處狀況
而做出的適應反應

不過人類會利用**工具**來迴避困難。他提到，當中最出色的工具就是**知識**。知識這項工具與其他工具一樣，本身並沒有價值，但是使用過後卻會產生**有用性**。**實用主義**當中針對知識的如此概念，稱為<u>工具主義</u>。

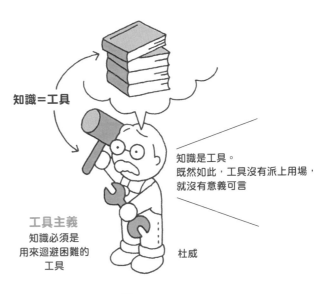

知識＝工具

知識是工具。
既然如此，工具沒有派上用場，
就沒有意義可言

工具主義
知識必須是
用來迴避困難的
工具

杜威

杜威

有保證的可斷言性
Warranted Assertability

文　　獻 ----------------------------- 杜威《邏輯：探究理論》
相關概念 ----------------------------- 可錯論（P216）
備　　註 -------- 杜威提出的實用主義，特徵就是除了近代哲學，
對於柏拉圖之後的哲學亦嚴加抨擊

杜威心目中的**真理**沒有詹姆士那麼**主觀**（有用即是真理 P221），但是他也不認為會如**皮爾斯**所說的，總有一天會成為客觀知識的聚斂點（可錯論 P217）。

真理是科學家
一起創造的共同知識。
只要不斷探究，
就能夠到達知識的聚斂點

聚斂點

皮爾斯

嗯～
問題應該不是
能不能聚斂

杜威

真理往往因人而異。
所以有多少人，
就有多少真理

詹姆士

嗯～
好像說的
有點誇張

杜威

對**杜威**來說，**真理**是「專家利用大家能夠信服的方法，成功證明假說的知識」。這個知識具有客觀性，不僅符合**事實**，達到知識的聚斂點更是不成問題。

現在我們要證明
這個假設是正確的。
大家若能理解，那就是真理

假說

嗯
嗯

我懂！

這是客觀
的證明

只要成功
證明假說，
就是真理

杜威將如此循序漸進引導而出的**真理**，稱為有保證的可斷性。

皮爾斯認為的真理

知識的
聚斂點

總有一天會到達

概念

所謂真理，指的是眾人共有的知識（概念）。
真理會不斷更新，同時邁向一個聚斂點

詹姆斯認為的真理

信念
信念
信念
信念

不一致

事實
（客觀世界）

真理因人而異。
至於是不是客觀世界裡的「事實」
並不是問題

杜威認為的真理

可以向大家
證明喔

知識

不一致

事實
（客觀世界）

有保證的可斷言性
所謂真理，是利用讓人信服的方式證明的客觀事物。
但是並不需要和那些
與人類毫無關聯的「事實」一致

杜威

▶191

創造性智能
Creative Intelligence

文　　獻 --------------- 杜威《人性與行為》、《民主主義與教育》
相關概念 --------------------- 實用主義（P214）、可錯論（P216）
備　　註 --------------------- 又稱為「實用智能」。杜威認為，
　　　　　　　　　　　　　　透過教育培養創造智能，是民主主義的基礎

杜威認為，發生問題之後，在觀察狀況、預料解決方案、慢慢接近理想
結果的這段過程當中，會漸漸得到**真理**。此時最重要的，就是**不斷採取
行動（實踐）**。**杜威**提到，如果沒有親身實踐，不斷摸索的話，是絕對不
會得到真理的，因為真理並不是在腦海中憑空想像而來的。

分析哲學—實用主義

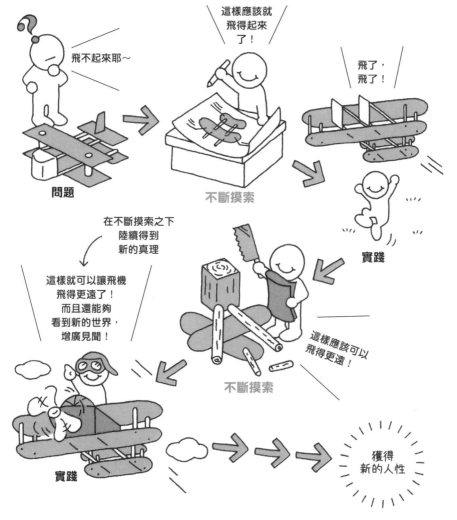

分析哲學—實用主義

杜威提到，透過**行為**得到的知識可以擴展我們的視野，引導我們邁向新的人性。不僅如此，他還將透過這種方式得到的知性取名為創造性智能。

創造性智能與認為知識應該要不時質疑的**可錯論**（P217），其實就是「**做中學**」，而且是英美學校教育者共有的**問題解決**基本方法。

創造性智能與可錯論
是英美學校教育的基礎

END ▶194

維根斯坦等人

▶194

語言分析哲學
Language Analytical PhilosoPhy

具體範例----------------------- 摩爾、羅素、維根斯坦、萊爾
相關概念--- 圖像理論(P240)、語言遊戲(P242)、邏輯實證主義(P248)
備　　註----------- 分析哲學是從數理邏輯研究發展而來的。
　　　　　　　　　而且現代英美哲學通常以分析哲學為主流

哲學自古以來，一直將問題放在「真理」、「善惡」與「神」這些方面上，
然而這些卻是人類創造而出的**詞彙**。

可以稱
你為神嗎？

不可以亂畫！
神明在看喔！

神並不是對他說要把他取名為神而來的，
是透過日常的言行舉止而誕生的

也就是說，我們並不是要思考什麼是「神」，而是要分析「神」這個詞是
要表達什麼樣的含義。如此一來，「神」的問題就可以迎刃而解。哲學的
功能，並不是思考「～是什麼」，而是要分析語言（語句）的意涵，這就
是（**語言**）**分析哲學**。

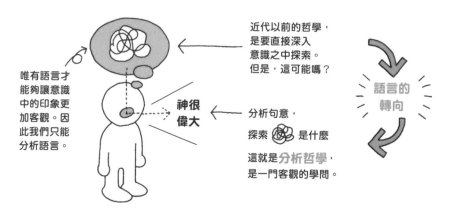

近代以前的哲學，
是要直接深入
意識之中探索。
但是，這可能嗎？

唯有語言才
能夠讓意識
中的印象更
加客觀。因
此我們只能
分析語言。

神很
偉大

分析句意，
探索　是什麼

這就是**分析哲學**，
是一門客觀的學問。

語言的
轉向

分析哲學將原本獨斷又主觀的哲學轉成客觀的語言問題。這就是**語言的
轉向**。

分析哲學｜語言哲學與科學哲學

分析哲學源自**弗雷格**（P191）、**羅素**（P193）、**摩爾**（P193）所提倡的哲學，再經由**維根斯坦**，成為現代英美哲學的主流。

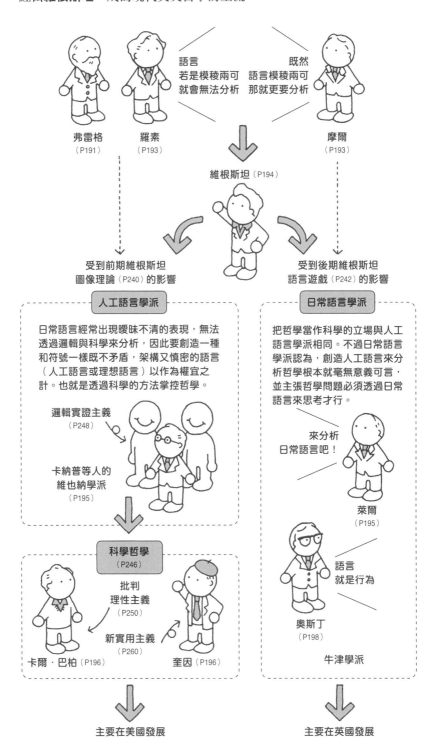

弗雷格
（P191）

羅素
（P193）

語言
若是模稜兩可
就會無法分析

既然
語言模稜兩可
那就更要分析

摩爾
（P193）

維根斯坦（P194）

受到前期維根斯坦
圖像理論（P240）的影響

受到後期維根斯坦
語言遊戲（P242）的影響

人工語言學派

日常語言經常出現曖昧不清的表現，無法透過邏輯與科學來分析，因此要創造一種和符號一樣既不矛盾，架構又慎密的語言（人工語言或理想語言）以作為權宜之計。也就是透過科學的方法掌控哲學。

邏輯實證主義
（P248）

卡納普等人的
維也納學派
（P195）

日常語言學派

把哲學當作科學的立場與人工語言學派相同。不過日常語言學派認為，創造人工語言來分析哲學根本就毫無意義可言，並主張哲學問題必須透過日常語言來思考才行。

來分析
日常語言吧！

萊爾
（P195）

科學哲學
（P246）

批判
理性主義
（P250）

新實用主義
（P260）

卡爾・巴柏（P196）

奎因（P196）

語言
就是行為

奧斯丁
（P198）

牛津學派

主要在美國發展

主要在英國發展

231

指涉／指稱
Meaning／Reference

文　　獻	--------------------	弗雷格《算術基礎》、《哲學論集》
相關概念	--------------------	語句（命題）(P234)、意涵(P236)
備　　註	--------------------	弗雷格抨擊將意涵視為心中印象的想法是一種「心理主義」

弗雷格

弗雷格提到，存於我們心中的是**影像**與感情，而不是**指涉**，並且認為**指涉**僅存於**語句**之中。

分析哲學──語言哲學與科學哲學

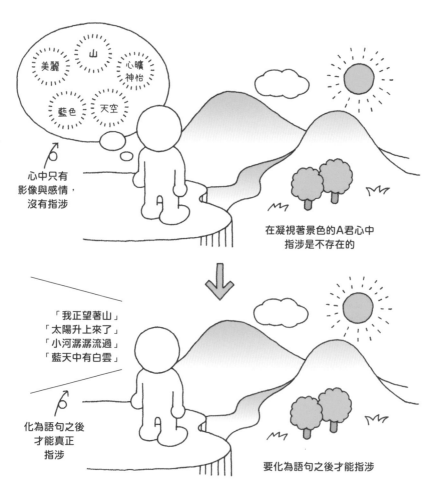

美麗　山　心曠神怡　藍色　天空

心中只有影像與感情，沒有指涉

在凝視著景色的A君心中指涉是不存在的

「我正望著山」
「太陽升上來了」
「小河潺潺流過」
「藍天中有白雲」

化為語句之後才能真正指涉

要化為語句之後才能指涉

相反地，**影像**並不存於**語句**之中。過去人們一直認為，**語句（語言）**扮演著將自己腦海裡的**影像**傳遞至他人心中這個角色。不過**弗雷格**卻認為，**語句**傳遞的並不是**影像**，而是**指涉**。

弗雷格所説的**指涉**，意思是「**一定能夠判斷出真（正確）與假（錯誤）其中一方的（語句）內容**」，這叫做真假值。其意並不是要求人們必須判斷出**真假**，而是讓**真假**判斷化為可能。**弗雷格**提到，**語句**文法正確就能**指涉**，也就是擁有可以判斷出真假其中一方的**真假值**。

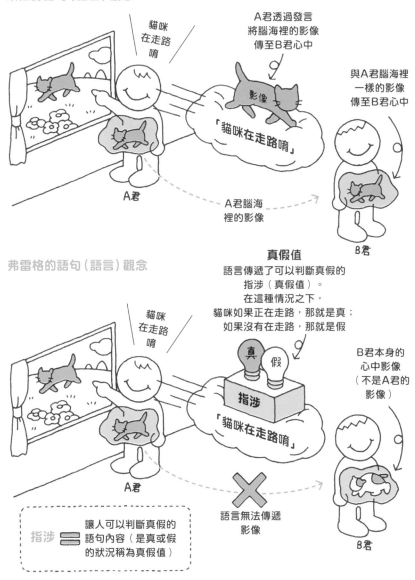

以往的語句（語言）觀念

貓咪
在走路
唷

A君透過發言
將腦海裡的影像
傳至B君心中

影像
「貓咪在走路唷」

與A君腦海裡
一樣的影像
傳至B君心中

A君

A君腦海
裡的影像

B君

弗雷格的語句（語言）觀念

真假值
語言傳遞了可以判斷真假的
指涉（真假值）。
在這種情況之下，
貓咪如果正在走路，那就是真；
如果沒有在走路，那就是假

貓咪
在走路
唷

真 假

指涉
「貓咪在走路唷」

B君本身的
心中影像
（不是A君的
影像）

A君

指涉 ═ 讓人可以判斷真假的
語句內容（是真或假
的狀況稱為真假值）

語言無法傳遞
影像

B君

分析哲學—語言哲學與科學哲學

倘若**指涉**不存於心，而是展現在**語句**之中的話，那麼人類的**想法**也會存於**語句**之中。這種情況，促使可以**指涉**（描述事物真假狀況的真假值）的**語句**，也就是分析**命題**（P234）**真偽**的**分析哲學**誕生。

弗雷格

語句（命題）
Sentence（ProPosition）

文　　獻 --------------------- 弗雷格《算術基礎》、《哲學論集》
相關概念 ------------------- 指涉／指稱（P232）、意涵（P236）
備　　註 ------------------- 擁有指涉（真假值）的語句稱為命題

弗雷格認為，文法正確的**語句**一定可以**指涉**。對弗雷格來說，「可以**指涉**（P232）」意指可以**判斷語句內容**的**真假**，也就是「**擁有真假值**（P233）」。

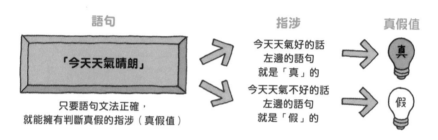

語句

「**今天天氣晴朗**」

只要語句文法正確，
就能擁有判斷真假的指涉（真假值）

指涉

今天天氣好的話
左邊的語句
就是「真」的

今天天氣不好的話
左邊的語句
就是「假」的

真假值

真

假

在哲學的世界裡，擁有**指涉（真假值）**的**語句**稱為**命題**。哲學處理的**語句**必須是**命題**。無法**判斷真假**的詩句不是**命題**，因此不在**弗雷格**所探討的哲學之內。

分析哲學─語言哲學與科學哲學

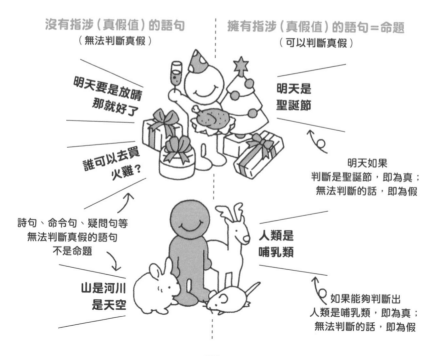

沒有指涉（真假值）的語句
（無法判斷真假）

擁有指涉（真假值）的語句＝命題
（可以判斷真假）

明天要是放晴那就好了

**明天是
聖誕節**

明天如果
判斷是聖誕節，即為真；
無法判斷的話，即為假

**誰可以去買
火雞？**

詩句、命令句、疑問句等
無法判斷真假的語句
不是命題

**人類是
哺乳類**

**山是河川
是天空**

如果能夠判斷出
人類是哺乳類，即為真；
無法判斷的話，即為假

弗雷格主張，**語句**只能**指涉（真假值）**，無法傳遞語句發信者心中的**影像（表象）**（P237）。

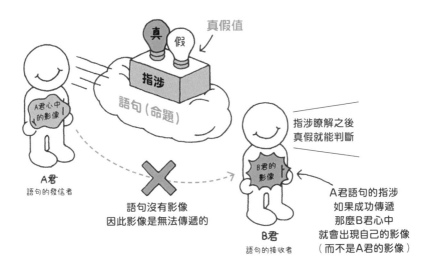

倘若**語句**擁有個人**主觀影像**的話，那麼**語句**的**指涉**就會因發信者（主張者）的不同而出現變化。**弗雷格**認為，**語言**不該受到心中**影像**的影響，而且還要隨時保持**客觀**，這樣才能論證主張的**真假**。

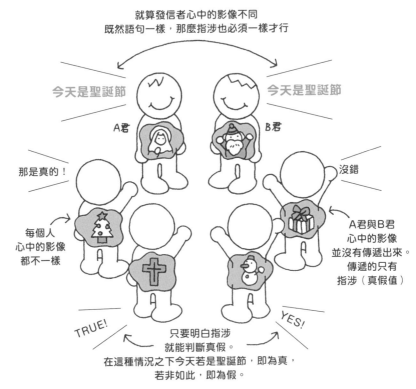

弗雷格

▶191

意涵
Sense

文　　獻 ---------------------------------- 弗雷格《哲學論集》
相關概念 -------------- 語句（命題）（P234）、指涉／指稱（P232）
備　　註 -------------- 弗雷格是從 a=a 以及 a=b 的差異
思考出指涉與意涵的不同

「❶**晨星是暮星**」這個**命題**（P234）如果只取其**指涉**（P232），那麼意思就會和「❷**金星是金星**」一樣。

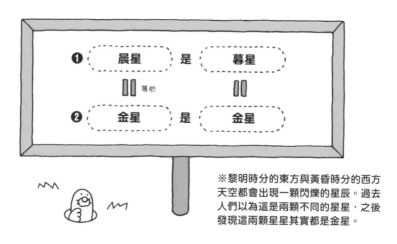

❶　　晨星　　是　　暮星
‖ 等於　　　　　‖
❷　　金星　　是　　金星

※黎明時分的東方與黃昏時分的西方
天空都會出現一顆閃爍的星辰。過去
人們以為這是兩顆不同的星星，之後
發現這兩顆星星其實都是金星。

但是與❷不同的是，❶這個命題包含了可以帶來嶄新理解與知識的內容。為了說明像❶這樣的命題，弗雷格導入了意涵這個概念。他提到，**曉星與暮星**所指涉的雖然都是同一事物，但是表現的**意涵**卻相異。

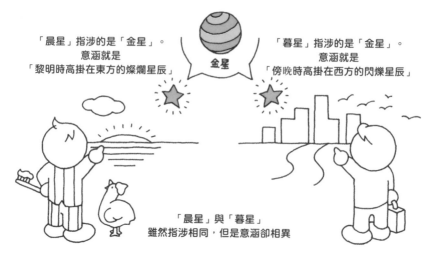

「晨星」指涉的是「金星」。
意涵就是
「黎明時高掛在東方的燦爛星辰」

金星

「暮星」指涉的是「金星」。
意涵就是
「傍晚時高掛在西方的閃爍星辰」

「晨星」與「暮星」
雖然指涉相同，但是意涵卻相異

分析哲學｜語言哲學與科學哲學

弗雷格認為，所有**命題**均擁有**指涉**與**意涵**。例如「**今天下雨**」這個命題所**指涉**的，就是**真**與**假**的其中一方（真假值 P233）。但是這個語句在昨天與今天卻擁有不同的**意涵**。也就是說，命題的**指涉**（真假），必須透過**意涵**來決定。

指涉
決定是真是假

意涵
「今天」的定義會隨著日子而改變，
必須藉此確定指涉

弗雷格以望遠鏡中的月亮為例，解釋了**意涵**與**指涉**的不同。首先**語句**與**命題**所**指涉**的對象是月亮本身。至於**意涵**，則是映照在望遠鏡中的月亮。從望遠鏡中看到的月亮只不過是月亮的其中一面，其所展現的形狀會因觀察地點不同而改變，但是大家看到的都是同一個月亮，因此是客觀的。而呈現在觀者心中的影像，稱為**表象**。

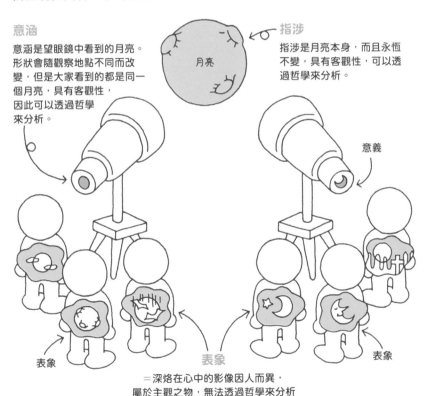

意涵
意涵是望眼鏡中看到的月亮。形狀會隨觀察地點不同而改變，但是大家看到的都是同一個月亮，具有客觀性，因此可以透過哲學來分析。

月亮

指涉
指涉是月亮本身，而且永恆不變，具有客觀性，可以透過哲學來分析。

意義

表象

表象

表象

＝深烙在心中的影像因人而異，
屬於主觀之物，無法透過哲學來分析

表象是主觀的，無法客觀分析。因此**弗雷格**提出了一個結論，那就是哲學能做的，就是對客觀的**指涉**與**意涵**，亦即**言語（命題）**進行分析，而不是對**表象**，也就是觀念進行分析。

NO WAR

▶193

羅素

描述詞理論
Theory of DescriPtion

文　　獻 ---------------------- 羅素「論指謂（On Denoting）」
相關概念 ---------------------- 語句（命題）（P234）
備　　註 ---------------- 羅素認為，「現任法國國王是禿頭」
　　　　　　　難以用符號學表達，因而思索出描述詞理論

所謂**命題**（P234），指的是可以根據邏輯判斷**真假（指涉）**（P232）的**語句**。
而**命題**之**真假**，決定了該**命題**的主語是否包含了描述詞的集合。例如在
「人類是哺乳類」這個命題當中，人類如果包含在哺乳類這個集合內的
話，那麼這個命題就是**真的**。

命題❶
「人類是哺乳類」
↓
人類（主語）包含在哺乳類（描述詞）
這個集合當中，故為真

命題❷
「鳥類是哺乳類」
↓
鳥類（主語）不包含在哺乳類（描述詞）
這個集合體當中，故為假

既然如此，那麼**「現任法國國王是禿頭」**這個語句是**真**，還是**假**呢？倘若
這個語句是**假**的話，那麼**「現任法國國王不是禿頭」**這個語句又是什麼樣
的情況呢？從**邏輯**來判斷這類語句的**真假**其實非常困難，因為現在的法
國根本就沒有國王，所以我們無法判斷主語（現任法國國王）是否包含在
描述詞（禿頭）這個集合之中。

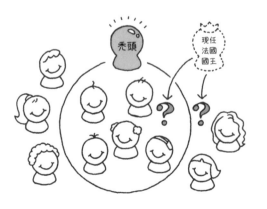

命題❸
「現任法國國王是禿頭」
↓
現任法國國王（主語）
並不存在，
根本就無從確定現任法國國王
是否包含在禿頭（描述詞）
這個集合之中，
因此這個語句無法判斷真假

分析哲學一語言哲學與科學哲學

對**羅素**而言，這是一個不容漠視的問題。因為他認為若是出現無法得出**真假值**（P233）的**命題**，會讓邏輯根基遭到摧毀。因此他捨去了「**現任法國國王是禿頭**」中的「**現任法國國王**」這個表現，將語句拆解成三小句。倘若這三句話都不是**真的**，那麼這整個語句也就不會是**真的**。

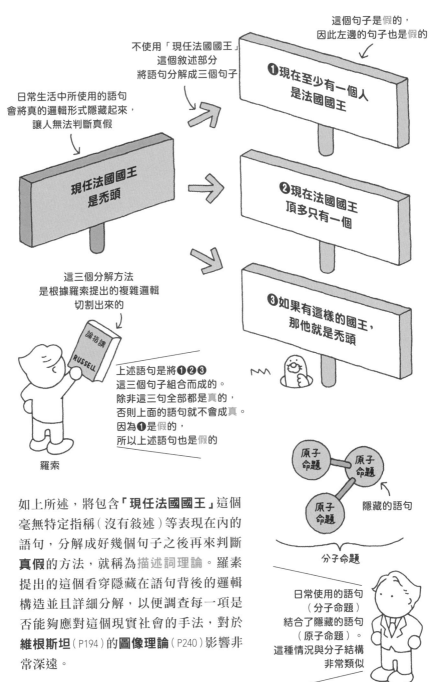

不使用「現任法國國王」這個敘述部分
將語句分解成三個句子

這個句子是假的，
因此左邊的句子也是假的

❶現在至少有一個人
是法國國王

日常生活中所使用的語句
會將真的邏輯形式隱藏起來，
讓人無法判斷真假

現任法國國王
是禿頭

❷現在法國國王
頂多只有一個

這三個分解方法
是根據羅素提出的複雜邏輯
切割出來的

❸如果有這樣的國王，
那他就是禿頭

論 拮 講
RUSSELL

上述語句是將❶❷❸
這三個句子組合而成的。
除非這三句全部都是真的，
否則上面的語句就不會成真。
因為❶是假的，
所以上述語句也是假的

羅素

原子命題 — 原子命題
原子命題

隱藏的語句

分子命題

如上所述，將包含「**現任法國國王**」這個毫無特定指稱（沒有敘述）等表現在內的語句，分解成好幾個句子之後再來判斷**真假**的方法，就稱為**描述詞理論**。羅素提出的這個看穿隱藏在語句背後的邏輯構造並且詳細分解，以便調查每一項是否能夠應對這個現實社會的手法，對於**維根斯坦**（P194）的**圖像理論**（P240）影響非常深遠。

日常使用的語句
（分子命題）
結合了隱藏的語句
（原子命題）。
這種情況與分子結構
非常類似

▶194

圖像理論
Picture Theory

意　　義	語言是描繪世界之物的觀念
文　　獻	維根斯坦《邏輯哲學論》
相關概念	描述詞理論（P238）、邏輯實證主義（P248）
備　　註	維根斯坦前期的哲學特徵

維根斯坦

維根斯坦認為，**現實世界**是各項**事實**的集合。另一方面，**語言是科學命題**（P234）的集合。**科學命題**指的是像「鳥停在樹上」這種描繪某個**事實**的**語句**。因為**科學命題**（**語句**）會一一與**事實**對應，故**科學命題**的數量也會與**事實**一樣。這就是**圖像理論**。

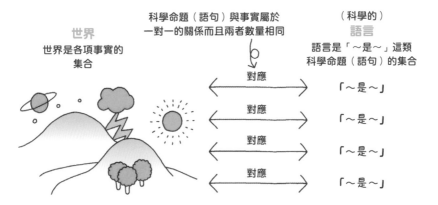

世界	科學命題（語句）與事實屬於一對一的關係而且兩者數量相同	（科學的）語言
世界是各項事實的集合		語言是「～是～」這類科學命題（語句）的集合
	對應	「～是～」
	對應	「～是～」
	對應	「～是～」
	對應	「～是～」

只要**科學命題**描繪出現實世界，之後再分析所有**科學命題**，那麼世界上的所有事物就可以得到分析。在這種情況之下，每一個**科學命題**在理論上必須相當明確才行。

事實		命題（語句）
	必須實際確認才行 ←	**紅色的鳥與白色的鳥是停在樹上的**

不管語句有多長，全都是由「～是～」這個沒有接續詞的語句（原子命題）集合而成的。像是這個語句就是由「紅鳥是停在樹上的」與「白鳥是停在樹上的」這類語句所組成的。而且這些語句還會一一與事實相對應（原子命題聚集而成的語句稱為分子命題）

沒錯！這個語句是正確的

反過來說，理論上無法實際確認的**命題**通常不能與**事實**相對應，因為其所表達的不是內容正確與否，而是語言的誤用。對**維根斯坦**來說，「神已死」或「月亮很美」這種與宗教、美以及倫理有關的**命題**，都不是語言的正確用法。

理論上可以確認內容，所以是正確的語言用法

尼斯湖水怪確實存在

今天天氣晴朗

人應該活出善

神已死

因為無法確定內容，所以是錯誤的語言用法

語言若沒有與**事實**相對應，就不是可以判斷**真假**的**命題**。對**維根斯坦**來說，以往的哲學就是在誤用語言的情況之下成立的學問。

該如何生活呢？

何謂「真理」「善惡」「美醜」

神存在嗎？

哲學自古以來處理的問題並未擁有指涉（P232）

這些問題企圖用語言將無法用語言表達的事物表達出來。這是錯誤的語言用法，所以無法回答。

維根斯坦認為，哲學真正的功能，是確定可用語言表達以及無法用語言表達這兩者命題之間的界線。為此，他留下了「凡不能言說，須保持**沉默**。（Whereof one cannot sPeak, thereof one must be silent.）」這句話。

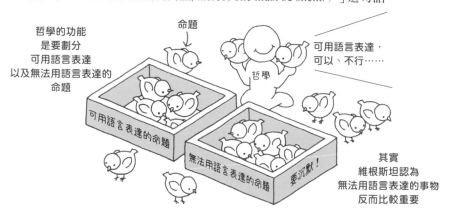

哲學的功能是要劃分可用語言表達以及無法用語言表達的命題

命題

哲學

可用語言表達的命題

無法用語言表達的命題

要沉默！

可用語言表達，可以、不行……

其實維根斯坦認為無法用語言表達的事物反而比較重要

▶194

語言遊戲
Language-game

文　　獻 --------------------------------- 維根斯坦《哲學研究》
相關概念 ------------------ 圖像理論（P240）、家族相似性（P244）
備　　註 ----------------------- 維根斯坦後期的中心概念。
　　　　　　　　　　　　　　　　是基於圖像理論的反省

維根斯坦原本以為，只要分析與事實相對應的**科學語言**，就能夠分析世界（圖像理論 P240），不過他卻自己否定了這個主張，因為他發現**科學語言**並不是先成立，之後再應用於**日常會話**之中，而是**日常會話**先成立，之後再藉由**科學語言**體系化。也就是說，若要理解世界，就必須要分析原始的**日常語言**才行。

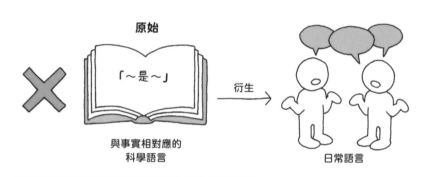

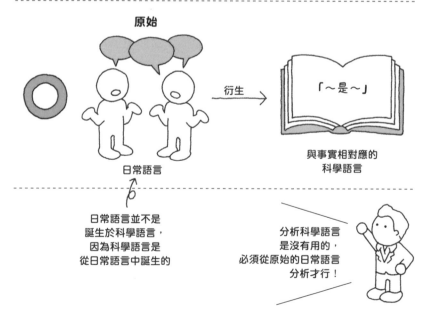

分析哲學—語言哲學與科學哲學

不僅如此，**日常語言**並不像**科學語言**那樣，每個事實可以一一相互對應，像是「今天天氣很好」這句話，就會因為時間與場合的不同而出現好幾種意思。不瞭解這個會話規則，就無法處理**日常語言**。**維根斯坦**將這樣的會話特性稱為語言遊戲，並且提到**語言遊戲**的規則只能從日常會話中學習。

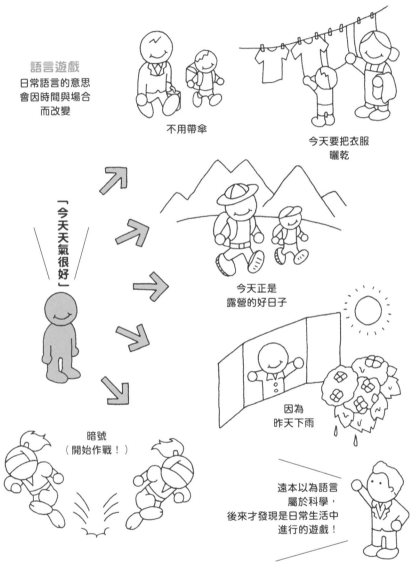

語言遊戲
日常語言的意思
會因時間與場合
而改變

不用帶傘

今天要把衣服
曬乾

「今天天氣很好」

今天正是
露營的好日子

因為
昨天下雨

暗號
（開始作戰！）

遠本以為語言
屬於科學，
後來才發現是日常生活中
進行的遊戲！

像是「今天天氣很好」這類的**日常語言**就算特地從會話當中擷取出來分析，其實也會理解錯誤。若要知道這句話指的是什麼，勢必要實際在日常生活當中參加**語言遊戲**才行。可惜的是，**日常語言**不管怎麼分析，其實處理日常語言的我們自己也置身在這個構造之中，根本就不可能捕捉到全貌。

家族相似性
Family Resemblance

文　　獻 ------------------------------------- 維根斯坦《哲學研究》
相關概念 ------------------------------------- 語言遊戲（P242）
備　　註 ------------ 家族相似性這個概念顛覆了以往的邏輯學

維根斯坦
▶194

維根斯坦將**日常語言**比喻成**語言遊戲**（P243），也指出「遊戲」這個詞本身
並沒有明確的定義。

▶194

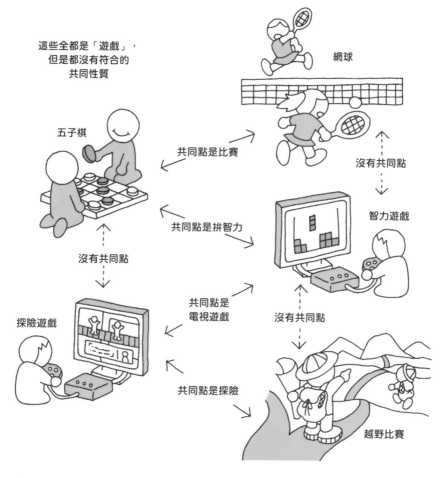

這些全都是「遊戲」，
但是都沒有符合的
共同性質

網球

五子棋

共同點是比賽

沒有共同點

共同點是拼智力

智力遊戲

沒有共同點

共同點是
電視遊戲

沒有共同點

探險遊戲

共同點是探險

越野比賽

「遊戲」這個**詞**只擁有如此籠統的含義。這就好比全家人的長相雖然沒
有一個共同的特徵，但是爸爸的耳朵跟哥哥的耳朵很像，哥哥的眼睛像
媽媽，媽媽的鼻子又跟妹妹的很像。整體來說，我們可以將其比喻成一
張照片中的每個人看起來都長得很像的**全家福照**。

彼此之間的關係若是跟這個集合體一樣籠統的話，就稱為家族相似性。

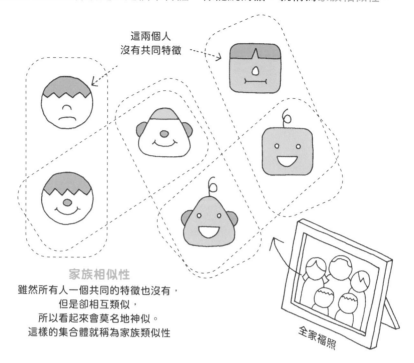

這兩個人
沒有共同特徵

家族相似性
雖然所有人一個共同的特徵也沒有，
但是卻相互類似，
所以看起來會莫名地神似。
這樣的集合體就稱為家族類似性

全家福照

我們可以從**家族相似性**這個觀念，得知一個集合體未必會出現某個共同性質。例如世界上有各種不同的正義，然而這些正義卻未必會有一個共同性質。如此觀念，也否定了**柏拉圖的理型**（P356）**論**。

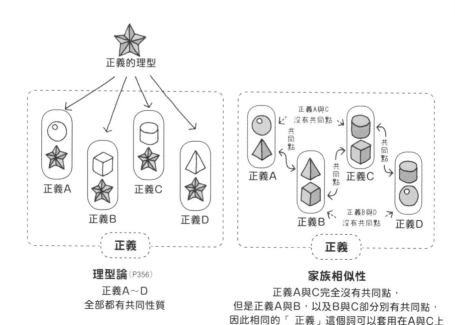

正義的理型

正義A　正義B　正義C　正義D

正義

理型論（P356）
正義A～D
全部都有共同性質

正義A與C
沒有共同點

共同點

共同點

正義A　正義C

共同點

正義B　正義D

正義B與D
沒有共同點

正義

家族相似性
正義A與C完全沒有共同點，
但是正義A與B，以及B與C卻分別有共同點，
因此相同的「正義」這個詞可以套用在A與C上

▶195

科學哲學
PhilosoPhy of Science

意　　義	----以哲學立場考察科學領域
具體範例	卡納普、卡爾·巴柏、孔恩、費耶阿本德等人
相關概念	可否證性（P250）、整體論（P252）、
	科學實在論（P262）、奇蹟論證（P263）、典範（P264）

卡納普等人

大家是否聽過「沒有科學根據」或者是「這根本就不科學」之類的話呢？
如果有，那麼可以成為**科學**的條件又是什麼呢？

思考
以何為科學
並不容易

世上存在著
沒有人看過的天使這件事
根本就不科學

天動說
是錯的。
所以
不算是科學

比分子
還要小的原子
其實也沒有人看過
就算放在電子顯微鏡底下
也看不到

其實
人們在
牛頓力學中
也找到錯誤

然而我們需要一門
思考何謂科學的學問，
而非只是實驗與觀察

天哪～
頭好痛

從未有人看過的天使是不科學的存在，但是提
到原子，同樣也沒有人看過。另外，天動說是
錯誤的，所以應該不算是科學，就連牛頓力學
也有人發現錯誤。想要在科學與不科學之間**劃
清界線**並不容易。科學哲學就是為了思考這類
問題而誕生的一門學問。而且**科學哲學**本身是
從**邏輯實證主義**（P249）開始的。

分析哲學—語言哲學與科學哲學

246

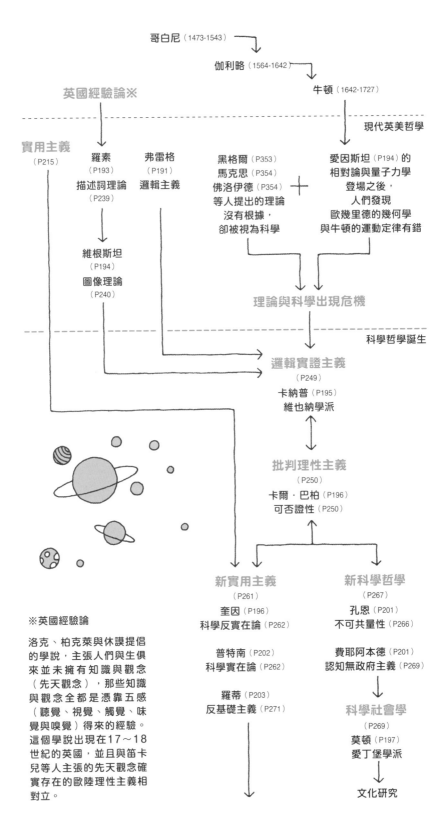

哥白尼（1473-1543）

伽利略（1564-1642）

牛頓（1642-1727）

英國經驗論※

現代英美哲學

實用主義
（P215）

羅素
（P193）
描述詞理論
（P239）

弗雷格
（P191）
邏輯主義

黑格爾（P353）
馬克思（P354）
佛洛伊德（P354）
等人提出的理論
沒有根據，
卻被視為科學

愛因斯坦（P194）的
相對論與量子力學
登場之後，
人們發現
歐幾里德的幾何學
與牛頓的運動定律有錯

維根斯坦
（P194）
圖像理論
（P240）

理論與科學出現危機

科學哲學誕生

邏輯實證主義
（P249）
卡納普（P195）
維也納學派

批判理性主義
（P250）
卡爾·巴柏（P196）
可否證性（P250）

新實用主義
（P261）
奎因（P196）
科學反實在論（P262）

普特南（P202）
科學實在論（P262）

羅蒂（P203）
反基礎主義（P271）

新科學哲學
（P267）
孔恩（P201）
不可共量性（P266）

費耶阿本德（P201）
認知無政府主義（P269）

科學社會學
（P269）
莫頓（P197）
愛丁堡學派

文化研究

※英國經驗論

洛克、柏克萊與休謨提倡
的學說，主張人們與生俱
來並未擁有知識與觀念
（先天觀念），那些知識
與觀念全都是憑靠五感
（聽覺、視覺、觸覺、味
覺與嗅覺）得來的經驗。
這個學說出現在17～18
世紀的英國，並且與笛卡
兒等人主張的先天觀念確
實存在的歐陸理性主義相
對立。

分析哲學—語言哲學與科學哲學

▶195

邏輯實證主義
Logical Positivism

具體範例 ----------- 石里克（Moritz Schlick）、卡納普、艾耶爾

備　　註 ---------------- 1920 年代後期，維也納大學的哲學家
與科學家等團體組成的「維也納學派」所推行的
哲學革命運動，並且在第二次世界大戰期間將活動重心移至英美

20 世紀初，引用相對論與量子力學的自然科學發展迅速顯著。當中**馬克思**（P354）的**社會科學**與**佛洛伊德**（P354）的**精神分析**等，根據並不明確的邏輯也開始站在科學的立場來闡述。

科學危機

人類的行為在潛意識之下被操縱了！

反正都會變成共產主義！既然是社會科學那就沒錯了！

卡納普等物理學家與數學家所組成的**維也納學派**對此情況深感危機，因而打算統一規則，將可以透過觀察與實驗**驗證**的理論（命題）列入科學，而無法透過觀察與實驗驗證的理論，則是列入非科學之中。

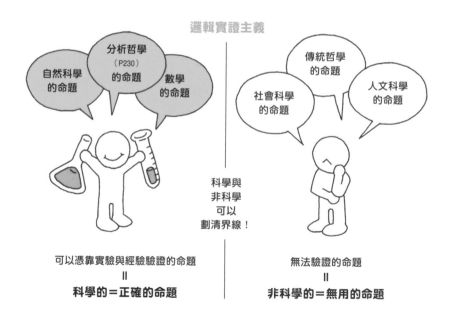

邏輯實證主義

自然科學的命題　分析哲學（P230）的命題　數學的命題

傳統哲學的命題　社會科學的命題　人文科學的命題

科學與非科學可以劃清界線！

可以憑靠實驗與經驗驗證的命題
＝
科學的＝正確的命題

無法驗證的命題
＝
非科學的＝無用的命題

他們提到，長久以來哲學中的「所謂神～」這個問題其實是無法**檢驗**的非科學理論，一個無用的知識。就如同**維根斯坦**所說的，這只不過是一個錯誤的語言用法（圖像理論 P240）。因此**維也納學派**提倡只能將可以**檢驗證實**的「科學事實」當作正確理論的邏輯實證主義，並且認為哲學所扮演的角色，就只有分析語言本身，而不是用語言來說明世界。

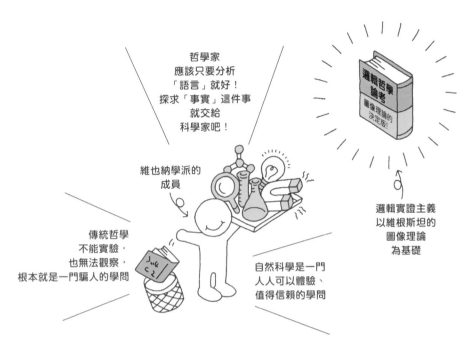

哲學家應該只要分析「語言」就好！探求「事實」這件事就交給科學家吧！

邏輯哲學論考
圖像理論的決定版！

維也納學派的成員

邏輯實證主義以維根斯坦的圖像理論為基礎

傳統哲學不能實驗，也無法觀察，根本就是一門騙人的學問

自然科學是一門人人可以體驗、值得信賴的學問

然而將**實證**當作科學理論的條件其實有困難，因為根據**實證**提出的「科學事實」往往會在發現新事實的情況之下被推翻。而且在現實生活當中，幾乎所有的「科學事實」都已經被更新了（可否證性 P250）。

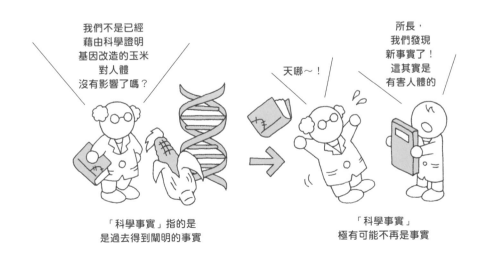

我們不是已經藉由科學證明基因改造的玉米對人體沒有影響了嗎？

天哪～！

所長，我們發現新事實了！這其實是有害人體的

「科學事實」指的是是過去得到闡明的事實

「科學事實」極有可能不再是事實

可否證性
Falsifiability

文　　獻	卡爾・巴柏《科學發現的邏輯》
相關概念	邏輯實證主義（P248）
備　　註	可否證性這個理論是為了批評歸納主義與邏輯實證主義而提出的

卡爾・巴柏

提倡「可以**驗證**的邏輯才稱得上是科學」的**邏輯實證主義**（P249）有一個非常嚴重的缺點。因為不管提出的理論有多完美，只要出現一個例外，理念就有可能被推翻。因此人們提出的驗證根本就無法證明**科學理論**。

分析哲學——語言哲學與科學哲學

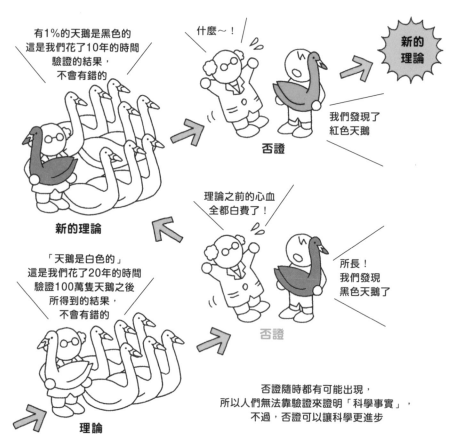

有1%的天鵝是黑色的
這是我們花了10年的時間
驗證的結果，
不會有錯的

新的理論

什麼～！

否證

我們發現了
紅色天鵝

新的理論

「天鵝是白色的」
這是我們花了20年的時間
驗證100萬隻天鵝之後
所得到的結果，
不會有錯的

理論之前的心血
全都白費了！

否證

所長！
我們發現
黑色天鵝了

理論

否證隨時都有可能出現，
所以人們無法靠驗證來證明「科學事實」，
不過，否證可以讓科學更進步

卡爾・巴柏並不想和**卡納普**（P195）一樣判斷科學與非科學的差異是否能夠檢驗，而是想要判斷這兩者的不同是否能夠否證。他認為，這個**可否證性**是科學思維的條件，而且科學在經過否證之後，反而會更進步（**批判理性主義**）。

卡納普區分科學與非科學的方法
可否檢驗的區分方法已經不屬於科學的理論了

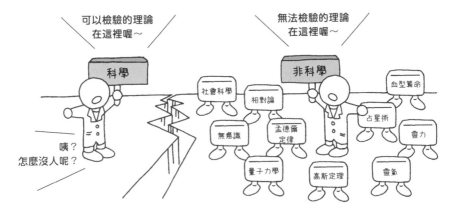

卡爾·巴柏區分科學與非科學的方法
可否提出否證以便區分的這個屬於科學的理論是存在的

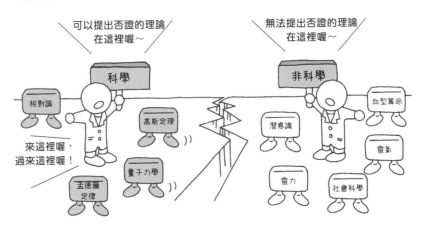

卡爾·巴柏提到，科學理論換句話說，就是「至今尚未得到否證的理論」。相對於此，偽科學是基於直覺與感性而成立的，因此無法提出否證。

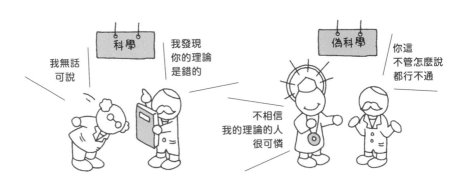

科學家若是有錯會坦率認錯，然而偽科學卻有不少小路可以逃脫？

奎因

整體論
Holism
▶196

文　獻 --------------------------- 奎因「經驗主義的兩個教條」
備　註 ---------------------------上述這篇論文中提到
「我們所謂的知識與信念這個整體
是一個只是沿著邊緣與經驗接觸的人工織造物」

19 世紀，天文學家**勒維耶**在觀測水星軌道時，發現水星的運行方向與**牛頓力學**算出的軌道不同。因此他認為太陽系中應該還有一顆未知的行星，並且將其取名為火神星（或祝融星），而水星就是因為受到這個火神星的引力干擾而偏離軌道的。

分析哲學—語言哲學與科學哲學

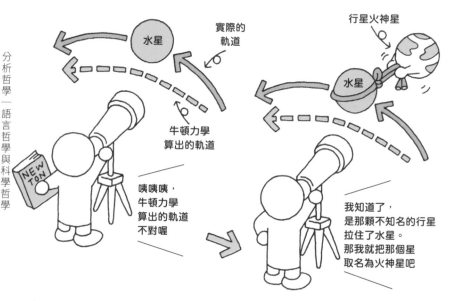

然而之後**相對論**發表之後，卻有人指出**牛頓力學**本身也有錯。也就是說，就算明白觀測結果有不當之處，而且整個天文學與物理學的理論某個地方有錯，人們還是無法明確指出到底是哪個地方出了問題。

將整體之中的某個部分加以改訂，好讓實驗或觀測結果合乎邏輯，這就是**不充分決定論題**（杜恩一奎因論題）。一般來講，科學家是不會想要修正像牛頓力學這種基本理論。

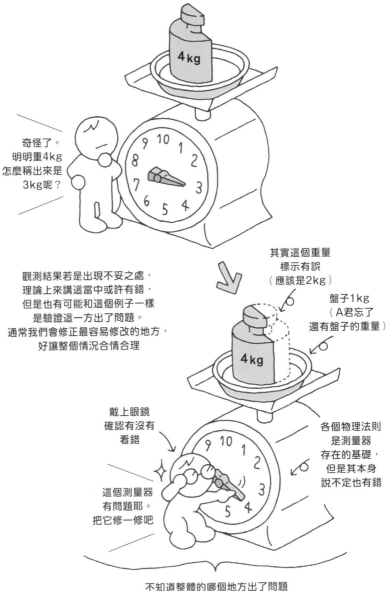

奇怪了。
明明重4kg
怎麼稱出來是
3kg呢？

觀測結果若是出現不妥之處，
理論上來講這當中或許有錯，
但是也有可能和這個例子一樣
是驗證這一方出了問題。
通常我們會修正最容易修改的地方，
好讓整個情況合情合理

其實這個重量
標示有誤
（應該是2kg）

盤子1kg
（A君忘了
還有盤子的重量）

戴上眼鏡
確認有沒有
看錯

這個測量器
有問題耶。
把它修一修吧

各個物理法則
是測量器
存在的基礎，
但是其本身
說不定也有錯

不知道整體的哪個地方出了問題

邏輯實證主義（P249）認為，一個**命題**（P234）可以獨立確定真假。不過每個**命題**都互有關聯，而且還創造出一套體系，因此我們不能只**檢驗**單一**命題**的真假。每個**命題**只能體驗整個體系的其中一部分。這樣的觀念，稱為整體論。

奎因等人

▶196

自然主義
Naturalism

意　　義 ------------------ 把人類的認知活動當作自然現象來考察
文　　獻 ---------------------------- 奎因《自然主義知識論》
相關概念 ------------ 整體論（P252）、經驗主義的兩個教條（P256）

邏輯實證主義（P249）者認為真理有兩種。一種是只靠語言的意思以及概念判斷是否為真的**分析真理**，另外一種是在實際生活中無法判斷是否為真的**綜合真理**。這兩者的區別，均以**邏輯實證主義**為基礎。

分析哲學│語言哲學與科學哲學

分析真理（邏輯真理）	**綜合真理**（事實真理）
只靠語言的意思以及概念決定的真理，無法靠實驗或經驗改變。屬於分析哲學領域的問題	必須根據實驗與經驗確認的真理。屬於科學領域的問題

矛盾律
正方形與三角形無法同時成立
（因為正方形指的是有四個邊角的圖形）

地球是圓的
（科學發現的真理）

同一律
單身者沒有結婚
（因為「單身」這個詞所指的就是還沒結婚）

我自由了～

A君是單身者

排中律
尼斯湖裡有或沒有尼斯湖水怪
（因為真假無法同時不成立）

尼斯湖裡
根本就沒有尼斯湖水怪

254

長久以來，人們一直以為**分析真理**不會因為科學實驗或經驗而改變。

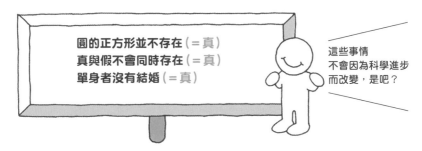

然而**奎因**卻否定了這個觀念。因為實驗結果若是不合邏輯，那麼**分析真理**的**矛盾律**與**排中律**（P254）等邏輯法則就會改變。

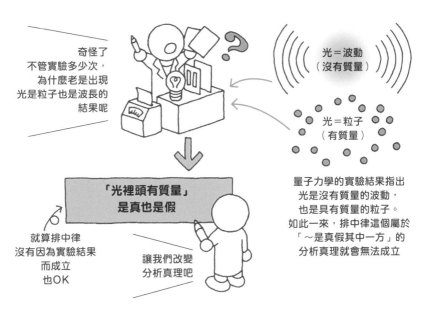

分析真理一旦因為實驗而變更，所有真理就會變成**綜合真理**。如此一來，用以區別這兩者的**邏輯實證主義**就會無法派上用場。**奎因**否定了哲學擁有的特權，認為應該將（經驗）科學引進哲學（知識論）之中。如此觀念，稱為自然主義。

經驗主義的
兩個教條
Two Dogmas of EmPiricism

文　　獻 ----------------------- 奎因「經驗主義的兩個教條」
相關概念 ----------------------- 整體論（P252）、自然主義（P254）
　　　　　　　　　　　　　　　　　新實用主義（P260）

奎因提出的「**經驗主義的兩個教條**」，顛覆了哲學存在的理由（這裡的經驗主義指的是邏輯實證主義。至於教條，則是指獨斷）

分析哲學──語言哲學與科學哲學

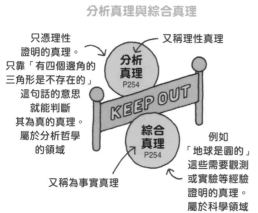

教條①
明確區分
分析真理與綜合真理

只憑理性
證明的真理。
只靠「有四個邊角的
三角形是不存在的」
這句話的意思
就能判斷
其為真的真理。
屬於分析哲學
的領域

又稱理性真理

分析真理 P254

KEEP OUT

綜合真理 P254

又稱為事實真理

例如
「地球是圓的」
這些需要觀測
或實驗等經驗
證明的真理。
屬於科學領域

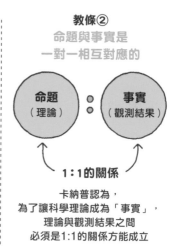

教條②
命題與事實是
一對一相互對應的

命題（理論） : **事實**（觀測結果）

1：1的關係

卡納普認為，
為了讓科學理論成為「事實」，
理論與觀測結果之間
必須是1：1的關係方能成立

奎因認為這些觀念都過於獨斷

然而不管是提倡**邏輯實證主義**（P249）的**卡納普**（P195），還是**批判理性主義**（P250）的**卡爾·巴柏**（P196），都從未質疑**綜合真理**（P254）與**分析真理**（P254）的區別方法。**奎因**提到，這是經驗主義的第一個**教條（獨斷）**。由於**分析真理**卻會因為實驗與觀察等經驗而改變，故**奎因**認為，所有的真理都是屬於**綜合真理**（自然主義 P255）。

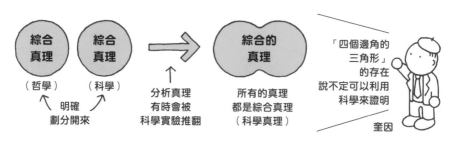

綜合真理（哲學）　　**綜合真理**（科學）　　→　　**綜合的真理**　　「四個邊角的三角形」的存在說不定可以利用科學來證明

↑　明確劃分開來　　　↑　分析真理有時會被科學實驗推翻　　　所有的真理都是綜合真理（科學真理）　　　奎因

256

經驗主義的第二個獨斷，就是認為**命題（理論）**與**事實（觀測結果）**是以**一對一**的形式相互對應的。理論是因為其他不同理論而成立的，雖說與觀測結果一致，但是該理論卻未必是真實的（整體論 P253）。

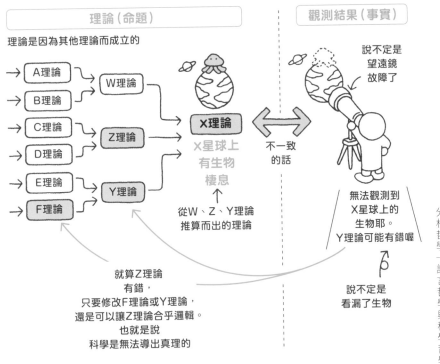

也就是說，科學（觀測之類的經驗）無法釐清真實。因此**奎因**認為，重要的並不是理論的真假，而是該理論對於人類是否有益（新實用主義 P261）。

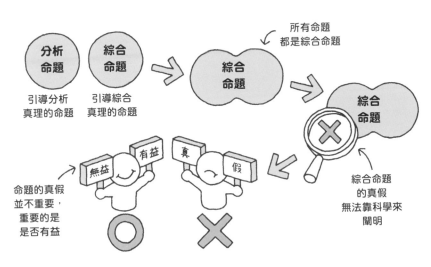

翻譯的不確定性
Indeterminacy of Translation

備　註 - - - - - - - - - - - - - -《字詞和物件（Words and Objects）》
提到「在將某一種語言翻譯成另外一種語言時，
指南手冊都會提到各種不同方法，而且每一種方法都會與具有傾
向性的整體發言並存。然而就算沒有相互並存，依舊能夠翻譯」

奎因

gavagai

gavagai的意思
好像是兔子

翻譯家

在陌生的土地上，當地人若是指著兔子說「gavagai」，我們應該會認為
gavagai 的意思是兔子。但是對他們來說，gavagai 說不定是「兔子的形
狀」、「類似兔子」的性質，甚至是指「神」。

◎▽□○※

嗯？怎麼開始
拜起兔子了呢？

不管調查得有多詳細，到最後我們還是無法明確得知 gavagai 指的到底是
什麼東西。無法確定某個發音所指為何物的情況，奎因稱為**指涉的不可
測度性**。

分析哲學｜語言哲學與科學哲學

翻譯的不確定性

發音與指示對象之間的連結沒有正確答案，因此在翻譯陌生語言的時候，往往會出現好幾種不同體系的翻譯。**奎因**將這種無法確定正確翻譯，而且可能會出現好幾種翻譯的情況，稱為翻譯的不確定性。就算是使用相同語言的人，**翻譯的不確定性**之原理依舊不變，因為我們無法保證自己與他人之間用語言所指示的範圍會一致。

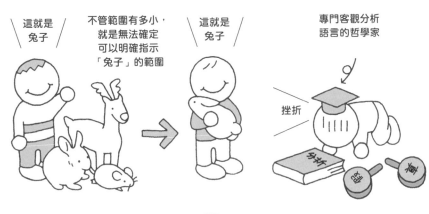

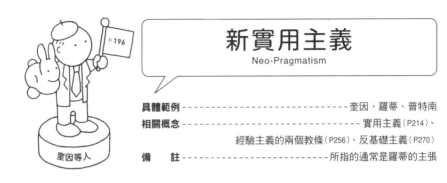

新實用主義
Neo-Pragmatism

具體範例 ------------------------------- 奎因、羅蒂、普特南

相關概念 ------------------------------- 實用主義（P214）、

經驗主義的兩個教條（P256）、反基礎主義（P270）

備　　註 ------------------------------- 所指的通常是羅蒂的主張

電子等基本粒子並非實際觀測而來的，是科學家為了方便而假想的對象物。這樣的對象稱為理論對象。

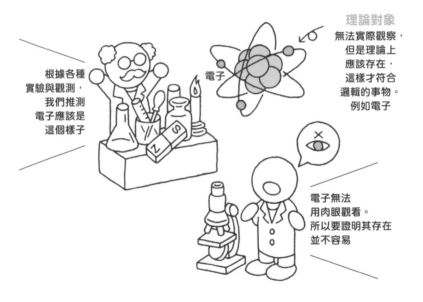

理論對象

無法實際觀察，但是理論上應該存在，這樣才符合邏輯的事物。例如電子

根據各種實驗與觀測，我們推測電子應該是這個樣子

電子

電子無法用肉眼觀看。所以要證明其存在並不容易

認為**理論對象**是真實存在的立場，稱為**科學實在論**（P262）。但是根據**奎因**的**整體論**（P253），當實驗結果不符合理論時，因為無法判定哪邊的理論出了問題，所以這個結果會無法與**科學實在論**相容。

電子之類的理論對象

這些理論該不該採用，關鍵在於有沒有用

相對論之類的科學法則

$$E = mc^2$$

奎因

分析哲學──語言哲學與科學哲學

如同我們在**經驗主義的兩個教條**（P256）中所看到的，科學是無法釐清真理的。

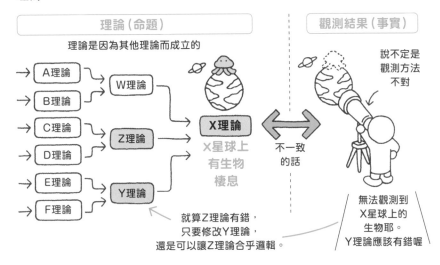

理論（命題）

理論是因為其他理論而成立的

→ A理論
→ B理論
W理論
→ C理論
→ D理論
Z理論
→ E理論
→ F理論
Y理論

X理論
X星球上
有生物
棲息

不一致
的話

就算Z理論有錯，
只要修改Y理論，
還是可以讓Z理論合乎邏輯。

觀測結果（事實）

說不定是
觀測方法
不對

無法觀測到
X星球上的
生物耶。
Y理論應該有錯喔

因此**奎因**主張，該不該選擇某個**理論**或**命題**之際，關鍵在於該理論對於整個系統而言是否有用。於是，**實用主義的工具主義**（P223）又再次復活。而**邏輯實證主義**（P249）之後，在**奎因**與**羅蒂**（P203）提倡之下重新誕生的**實用主義**，稱為新實用主義。

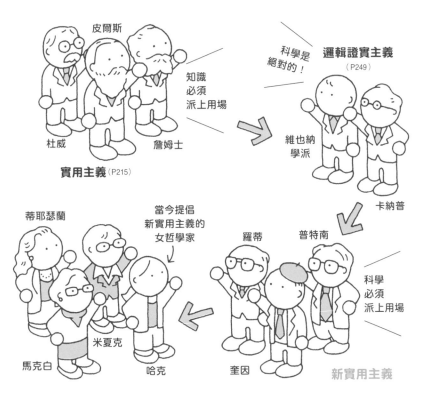

皮爾斯

科學是
絕對的！

邏輯證實主義
（P249）

知識
必須
派上用場

杜威

詹姆士

實用主義（P215）

維也納
學派

卡納普

蒂耶瑟蘭

當今提倡
新實用主義的
女哲學家

羅蒂

普特南

科學
必須
派上用場

米夏克

馬克白

哈克

奎因

新實用主義

▶202

科學實在論

反實在論

Scientific Realism | Anti-realism

相關概念	奇蹟論證 | 悲觀歸納（P263）
備 註	普特南之後否定了科學實在論，改為主張內在實在論以及自然實在論

普特南等人

我們雖然無法觀察到電子與基本粒子，但是只要主張存在，就能夠提出可以實際觀察其現象的證明。像這樣因為科學家基於理論而存在的對象，就稱為**理論對象**（P260）。

理論對象
不是可以實際觀察到的東西，
而是理論上應該要存在
才會符合邏輯的事物

電子

根據各種
實驗與觀測
我們推測
電子應該是
這個樣子

電子是肉眼
看不到的東西。
因此像電子這樣的對象
就稱為理論對象

認為**理論對象**實際存在的立場稱為科學實在論，而認為**理論對象**只不過是一個為了說明實際現象的便利裝置之立場，則稱為反實在論。

反實在論不是觀念論，
因此不是為了主張
世界本身並不存在。
所以我們不會從這個斷崖跳下去的

耶恩
哈金

前期的
普特南

電子與
基本粒子
這些理論對象
是實際存在的！

理論對象
是不存在的！

愛因斯坦

范弗拉森

奎因

費耶阿本德

科學實在論

反實在論

分析哲學—語言哲學與科學哲學

> ▶202

奇蹟論證
悲觀歸納
Argument from Miracles ｜ Pessimistic Induction

普特南等人

相關概念 - 科學實在論 ｜ 反實在論（P262）
備　　註 - - - - - - - - - - - - - - - - 照順序來講，先提出的是奇蹟論證，
悲觀歸納是之後為了批判而提出的

讓我們以電子之存在為例，試著比較否定**科學實在論**（P262）與否定**反實在論**（P262）的兩個主張。前者有名的是**拉瑞・勞丹**（Larry Laudan）的**悲觀歸納**，後者以**普特南**的**奇蹟論證**最為知名。

分析哲學—語言哲學與科學哲學

支持
反實在論

拉瑞・勞丹的
悲觀歸納

○ 天動說
是錯的

○ 乙太的存在
也是錯的

○ 行星火神星（P252）
也是錯的

⋮

科學理論幾乎都是錯的

⬇

○ 所以電子的存在
也是錯的

科學理論的根基奠定在歸納法上。
所以否定悲觀歸納
就是否定科學

支持
科學實在論

普特南的
奇蹟論證

有種雷射技術
是以電子為基礎的。
倘若電子不存在，
那麼所有的雷射產品
就會無法運作，
這就是奇蹟式的偶然

雷射筆

雷射唱盤

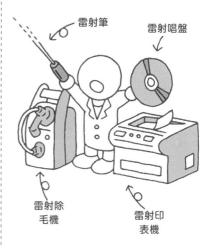

雷射除
毛機

雷射印
表機

倘若事物
可以分為奇蹟與非奇蹟，
那不要把它視為奇蹟應該會比較妥當

263

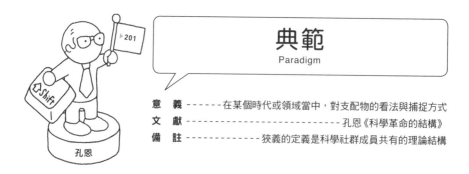

典範
Paradigm

意　義 ------在某個時代或領域當中，對支配物的看法與捕捉方式
文　獻 ----------------------------- 孔恩《科學革命的的結構》
備　註 ------------狹義的定義是科學社群成員共有的理論結構

孔恩

長久以來，人們一直以為，科學知識是在觀察與實驗不斷累積的情況之下慢慢趨近真實的。然而孔恩卻發現科學知識其實是**斷斷續續**，而不是連續地在發生變化。

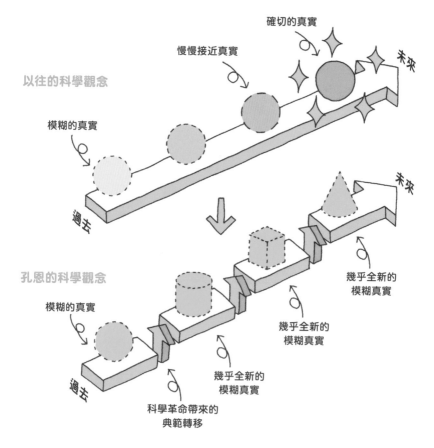

確切的真實

慢慢接近真實

以往的科學觀念

模糊的真實

未來

過去

孔恩的科學觀念

模糊的真實

幾乎全新的
模糊真實

幾乎全新的
模糊真實

幾乎全新的
模糊真實

科學革命帶來的
典範轉移

過去

未來

分析哲學──語言哲學與科學哲學

舉例來講，一旦人們陸續發現原本為定論的天動說與牛頓力學無法說明的事實，地動說與相對論這些新的學說就會得到科學家的支持，進而成為知識的標準。**孔恩**將一個時代的**思考結構**取名為典範，並且將轉換的情況稱為典範轉移。

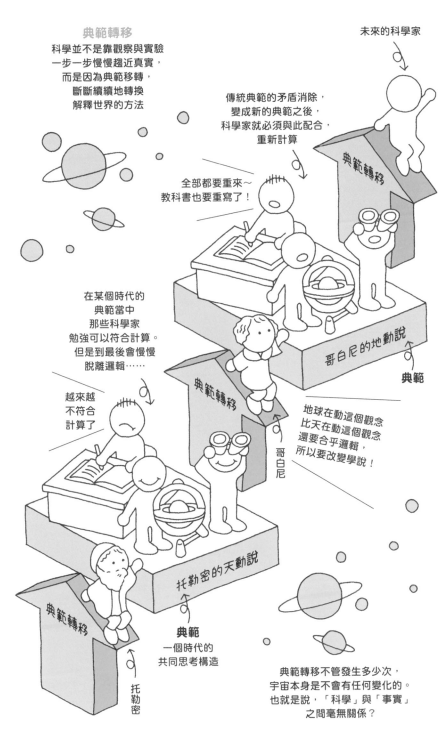

科學是**相對的**。這個觀念也引起了**奎因**（P196）的**整體論**（P253）、**費耶阿本德**（P201）的**認知無政府主義**（P269）與**反實在論**（P262）的共鳴（新科學哲學 P267）。

新科學哲學
New PhilosoPhy of Science

具體範例 ----------------------------------- 孔恩、費耶阿本德
相關概念 ---------------- 典範（P264）、認知無政府主義（P268）
備　　註 ------------- 提倡新科學哲學的孔恩與費耶阿本德
都是 1920 年代出生的人物

孔恩認為，科學會因為**典範轉移**（P264）而改變。

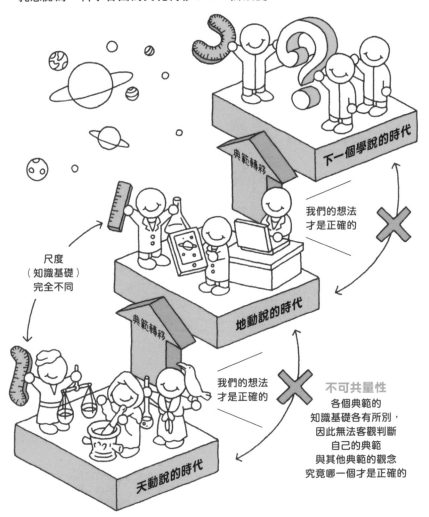

尺度
（知識基礎）
完全不同

典範轉移

下一個學說的時代

我們的想法
才是正確的

地動說的時代

典範轉移

我們的想法
才是正確的

不可共量性
各個典範的
知識基礎各有所別，
因此無法客觀判斷
自己的典範
與其他典範的觀念
究竟哪一個才是正確的

天動說的時代

各種**典範**的知識基礎完全不同，加上彼此之間並沒有共同尺度可以衡量，因此我們無客觀判斷自己的**典範**與其他**典範**究竟哪一個才是正確的。這就是不可共量性。

現在的科學與過去的科學並沒有足以為其定下優劣的合理判斷基準。

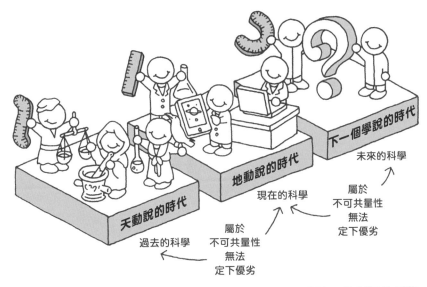

天動說的時代
過去的科學

屬於
不可共量性
無法
定下優劣

地動說的時代
現在的科學

屬於
不可共量性
無法
定下優劣

下一個學說的時代
未來的科學

此外，孔恩認為，除了藉由各個時代的思考結構來捕捉，我們還必須將典範視為是大多數人類的其中一個想法。既然這些典範之間存在著**不可共量性**，那麼被認為是最先進的西方科學，也未必會勝過中國與印度等非西方世界的思想。

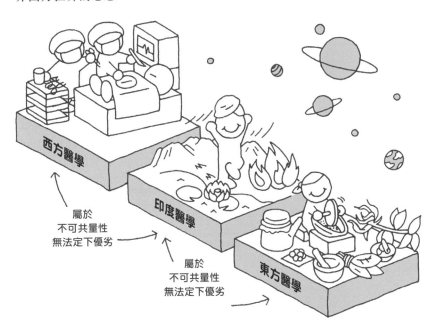

西方醫學

屬於
不可共量性
無法定下優劣

印度醫學

屬於
不可共量性
無法定下優劣

東方醫學

邏輯實證主義（P249）與**批判理性主義**（P250）等**科學哲學**（P246）認為科學是絕對知識。相形之下，**孔恩與費耶阿本德**（P201）等人主張科學是**相對的、反實在論**（P262）的立場，便稱為新科學哲學。

▶201

費耶阿本德

認知無政府主義
EPistemic Anarchism

文　獻 --------------------------- 費耶阿本德《反對方法》
備　註 ------------ 費耶阿本德主張，不管是什麼樣的合理基準
　　　　　　　　　都無法保證可以讓科學更進步，
　　　　　　　　　同時也肯定各種傳統是不可以放棄的

各個時代的思考結構（典範 P264）沒有共同尺度，彼此之間根本就無法通約（不可共量性 P266），像是中世思想與現代科學之間就無法找出一個合理的理由，定下優劣。

分析哲學—語言哲學與科學哲學

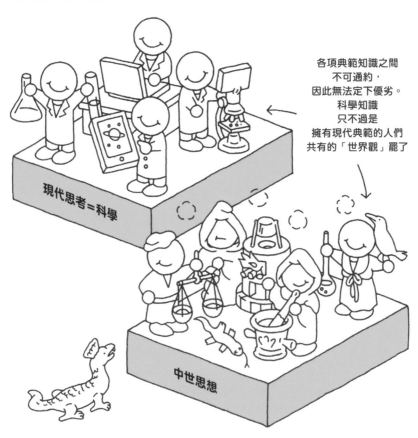

各項典範知識之間
不可通約，
因此無法定下優劣。
科學知識
只不過是
擁有現代典範的人們
共有的「世界觀」罷了

現代思考＝科學

中世思想

如此一來，科學與非科學之間就無法**劃清界線**。即使是人們心目中最先進的西方科學，也只不過是多數「世界觀」中的其中一個。**費耶阿本德**認為，倘若西方科學與印度以及中國思想之間要定下優劣的話，勢必要以政治方針、經濟差距、教育內容以及感情為要因才行。

費耶阿本德這種對科學過度**相對化**的觀念稱為認知無政府主義。此外，**認知無政府主義**還得到了認為「科學會影響該時代之社會」的科學社會學採納。

莫頓與愛丁堡學派所提倡的科學社會學主張科學是社會所創造的，這個觀念與孔恩以及費耶阿本德所提倡的新科學哲學，也就是科學是相對的想法十分接近。

269

羅蒂

反基礎主義
Anti-Foundationalism

文　　獻 -------------------------------------- 羅蒂《哲學和自然之鏡》
相關概念 ------------------ 工具主義（P222）、新實用主義（P260）
備　　註 ------ 羅蒂在實用主義（P215）當中，對於杜威特別有同感

要先確立知識要有**依據**。不少哲學家認為以基本知識為**基礎**的知識才是**真理**。不過**英美哲學**以實證經驗為知識，**歐陸哲學**則是講求**理性**。然而不管知識需要多少依據，該項依據必須提出足以成為前提的依據。而成為前提的根據，依舊需要提出它之所能成為前提的根據。因此**羅蒂**認為基礎主義到最後會落入無限後退之中。

分析哲學—語言哲學與科學哲學

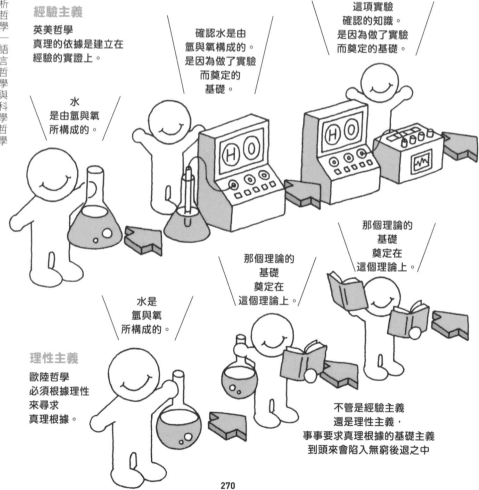

經驗主義
英美哲學
真理的依據是建立在
經驗的實證上。

水
是由氫與氧
所構成的。

確認水是由
氫與氧構成的。
是因為做了實驗
而奠定的
基礎。

這項實驗
確認的知識。
是因為做了實驗
而奠定的基礎。

那個理論的
基礎
奠定在
這個理論上。

那個理論的
基礎
奠定在
這個理論上。

水是
氫與氧
所構成的。

理性主義
歐陸哲學
必須根據理性
來尋求
真理根據。

不管是經驗主義
還是理性主義，
事事要求真理根據的基礎主義
到頭來會陷入無窮後退之中

奠定
此種現象
最後根據是什麼？

現象

為了營造一個
更美好的世界，
眾人共同創造的知識
就是真理。

真理

羅蒂認為世上並無足以成為知識**基礎**的最後**真理**。**真理**並不是與我們的社會切割，單獨存在。我們要共創知識，改善眼前堆積如山的問題，這才是**羅蒂**所謂的**真理**。

那項實驗確認的事
是根據這項實驗
來奠定基礎的。

那項實驗
……

無窮
後退

無窮
後退

那個理論
是根據……
這個理論……

基礎主義
應該算是一種
限制自我思考與行為
的強迫觀念
by 羅蒂

反**基礎主義**主張知識不是用來**奠定基礎**，是我們要創造的內容。如此論點在二十一世紀為馬克白等人所提倡的**新實用主義**所傳承。

牽動21世紀
新實用主義的
女哲學家

馬克白　　蒂耶瑟蘭　　米夏克　　哈克

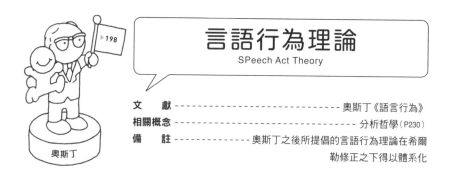

言語行為理論
SPeech Act Theory

文　　獻	奧斯丁《語言行為》
相關概念	分析哲學（P230）
備　　註	奧斯丁之後所提倡的言語行為理論在希爾勒修正之下得以體系化

長久以來人們認為言語是用來描述事實，與**行為**毫無關聯。然而提倡**日常語言哲學**（P231）的**奧斯丁**卻發展了讓言語與行為結合之後再來思考的言語行為理論。他首先將發言分為**陳述語句（記述性）**與**施為語句（展演性）**。

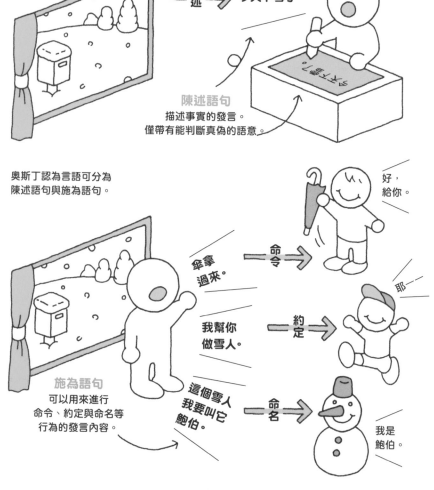

不過**奧斯丁**之後又認為並不需要刻意將發言區分成**陳述語句**與**施為語句**，只要將其歸納為**施為語句**即可。亦即，發言可一律視為<u>發話行為</u>。

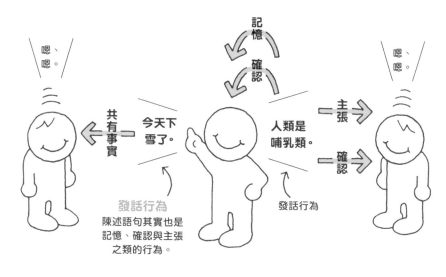

在這種情況之下，**分析哲學**的範圍會從言語分析擴展到**行為分析**。

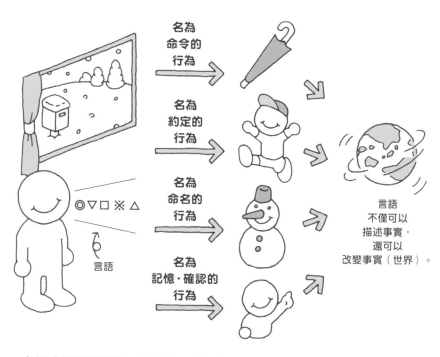

言語除了描寫事實，亦算是一種**行為**，讓事實（世界）產生變化。「語言創造世界」這句話並非比喻。**奧斯丁**之所以將焦點放在**行為**上而非言語，因為人們比較重視他們「可以做什麼」，而不是「人們知道什麼」。

心靈哲學
Philosophy of Mind

備　註 --------------- 心靈哲學是一個站在哲學這個立場來思考
何謂心靈、心靈與身體
或者是心與腦處於何種關係的領域，因此與腦科學、認知科學
以及進化心理學等自然科學關係密切

心靈這個謎能否藉由科學來闡明呢？機器人可否存在意識呢？所謂心靈，指的究竟是什麼呢？這些就是**心靈哲學**所要挑戰的問題。**笛卡兒**（P352）之後，心靈問題成了哲學的重要主題。今日主要在**分析哲學**（P230）這個領域中探討論述。

要探討**心靈哲學**，可試著從回顧**笛卡兒**如何看待心靈這件事開始。

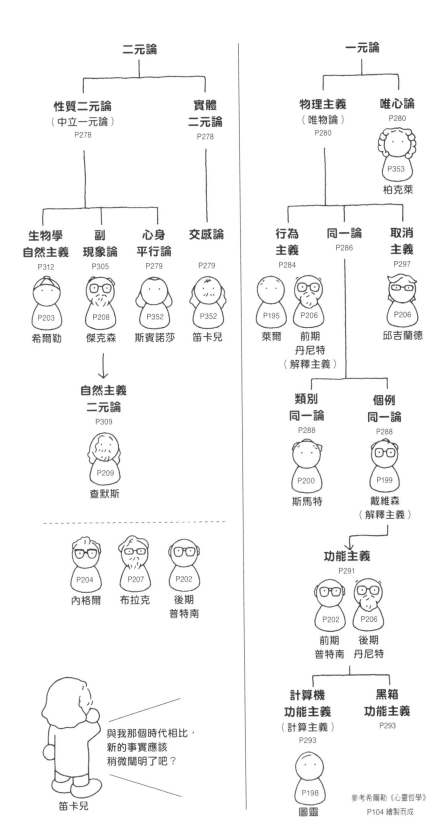

▶352

實體二元論
性質二元論
Substance Dualism ｜ Property Dualism

文　　獻 --------笛卡兒《笛卡兒談談方法》、斯賓諾莎《倫理學》
相關概念 ------------ 心物二元論（P361）、在永恆的相下（P364）
　　　　　　　　　　泛神論（P362）、機器中的幽靈（P282）、笛卡兒劇場（P298）

笛卡兒等人

笛卡兒認為人類是由**心靈**與**身體**這兩個獨立**實體**所組成的。對**笛卡兒**來說，**心靈**是精神崇高、無可替代之物；另一方面，**身體**與杯子或機器一樣，同為**物質**。此外，他還認為**心靈**與**身體**可以透過大腦相互取得聯絡（**實體二元論**）。

好痛！　　心　　輕撫傷口！

笛卡兒的
實體二元論
心靈哲學這個領域將笛卡兒的
心物二元論（P361）稱為實體二元論。
心靈（意識）與身體為兩個獨立的實體，
需要透過大腦來取得聯絡，
以便相互發揮作用。

既然身體與杯子或機械一樣同屬物質的話，為何唯獨身體可與心靈（意識）互通，杯子或機械卻無法呢？

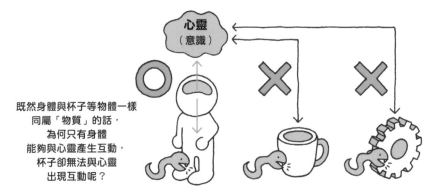

心靈
（意識）

既然身體與杯子等物體一樣
同屬「物質」的話，
為何只有身體
能夠與心靈產生互動，
杯子卻無法與心靈
出現互動呢？

與**笛卡兒**同一時代的**斯賓諾莎**（P352）是這麼解釋的。心靈（意識）與身體其實同為一體，但是卻具有**物理性質**與**精神性質**這兩面。因此，**斯賓諾莎**提倡的哲學一般稱為**一元論**（P363），但在心靈哲學這個領域則是稱為**性質二元論**（中立一元論）。

分析哲學—心靈哲學

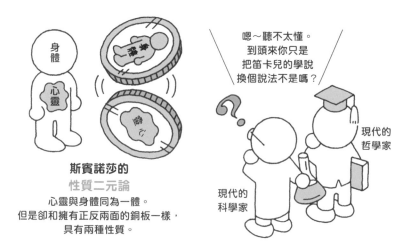

斯賓諾莎的
性質二元論
心靈與身體同為一體。
但是卻和擁有正反兩面的銅板一樣，
具有兩種性質。

斯賓諾莎提到，我們出生之後一直到死這段時間所做的行為，是神一開始就已經決定的（在永恆的相下 P365）。也就是說，這一切並不是我們的心靈（意識）驅使我們的身體而做的。在他的論說當中，身體與心靈是一樣的。我們的心靈可以驅動我們的身體這個觀念，只不過是神故意造成的錯覺。

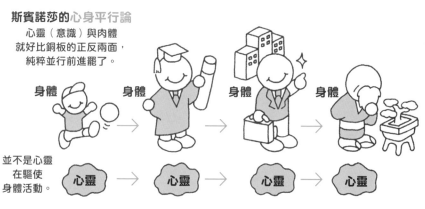

斯賓諾莎的心身平行論
心靈（意識）與肉體
就好比銅板的正反兩面，
純粹並行前進罷了。

身體　　身體　　身體　　身體

並不是心靈
在驅使
身體活動。

心靈　→　心靈　→　心靈　→　心靈

斯賓諾莎將這個**性質二元論**稱為（心身）平行論。相對地，**笛卡兒**的**實體二元論**則是稱為（心身）交感論。

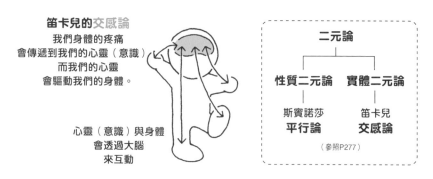

笛卡兒的交感論
我們身體的疼痛
會傳遞到我們的心靈（意識）
而我們的心靈
會驅動我們的身體。

心靈（意識）與身體
會透過大腦
來互動

```
              二元論
        ┌──────────┴──────────┐
    性質二元論              實體二元論

     斯賓諾莎                笛卡兒
     平行論                 交感論

              （參照P277）
```

物理主義
Physicalism

意　　義	心靈處於可用物質闡明的立場
具體範例	萊爾、邱吉蘭德、斯馬特、丹尼特
相關概念	行為主義（P284）、同一論（P286）
	功能主義（P290）、取消主義（P296）

萊爾等人

▶195

笛卡兒（P352）認為心靈（意識）與身體為獨立的實體（實體二元論 P278）。然而這樣的**二元論**，卻無法解釋我們的手腳為何能夠藉由意識自由活動。既然如此，**一元論**這個學説可否解決這個疑惑呢？**一元論**大致可分為唯心論與唯物論。在**心靈哲學**當中，唯物論稱為物理主義。

分析哲學—心靈哲學

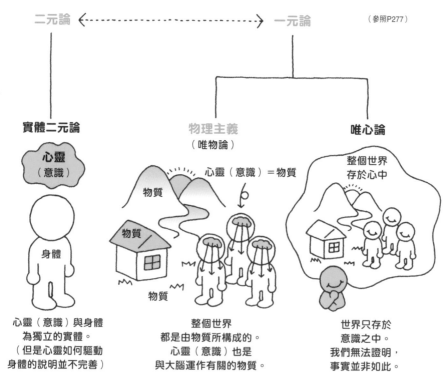

二元論 ←‑‑‑‑‑‑‑‑‑‑‑‑‑‑‑‑‑‑‑‑‑‑→ 一元論　　　（參照P277）

實體二元論

心靈（意識）

身體

心靈（意識）與身體
為獨立的實體。
（但是心靈如何驅動
身體的説明並不完善）

物理主義
（唯物論）

心靈（意識）＝物質

物質

物質

物質

整個世界
都是由物質所構成的。
心靈（意識）也是
與大腦運作有關的物質。

唯心論

整個世界
存於心中

世界只存於
意識之中。
我們無法證明，
事實並非如此。

柏克萊（P353）認為在極端的**唯心論**當中，世界存於心中，因此堪稱實體的東西只有心靈（意識）。對唯心論者而言，這本書不管寫了什麼內容都沒有多大的意義，因為這本書根本就不存於這個世界之中。

另一方面，**物理主義**認為整個世界都是由**物質**所形成的，也就是一般科學觀點。既然這個世界只有物質，那麼心靈也必須是其中某種物質才行。

物理主義

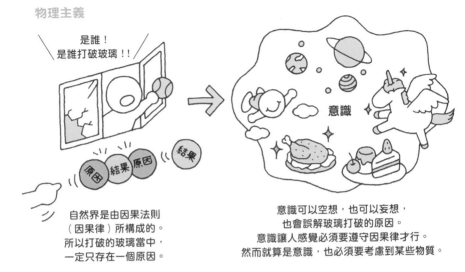

是誰！
是誰打破玻璃！！

意識

自然界是由因果法則
（因果律）所構成的。
所以打破的玻璃當中，
一定只存在一個原因。

意識可以空想，也可以妄想，
也會誤解玻璃打破的原因。
意識讓人感覺必須要遵守因果律才行。
然而就算是意識，也必須要考慮到某些物質。

大多數的**物理主義者**認為心靈（意識）與大腦的功能有關，因此心靈的構造可以站在腦科學的觀點，並且用物理的方式來解決。

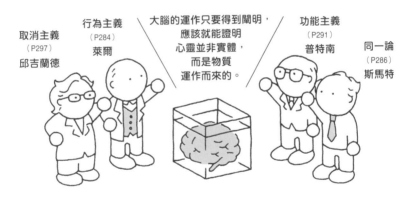

取消主義
（P297）
邱吉蘭德

行為主義
（P284）
萊爾

大腦的運作只要得到闡明，
應該就能證明
心靈並非實體，
而是物質
運作而來的。

功能主義
（P291）
普特南

同一論
（P286）
斯馬特

當然也有人認為**物理主義**雖然是時下的標準觀念，但是心靈（意識）光靠今日的物理學其實是無法說明的。

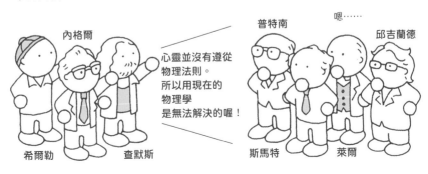

內格爾

心靈並沒有遵從
物理法則。
所以用現在的
物理學
是無法解決的喔！

嗯……

普特南

邱吉蘭德

希爾勒

查默斯

斯馬特

萊爾

機器中的幽靈
Ghost in the Machine

文　獻 —————————————————— 萊爾《心的概念》
備　註 —————————————————— 動漫《攻殼機動隊》的
英文標題 "Ghost in the Shell"
就是來自萊爾的「機器中的幽靈（Ghost in the Machine）」

萊爾

萊爾是對笛卡兒提出的**實體二元論**（P278），也就是心靈與身體為獨立實體這個論點抱持疑問的哲學家之一。在**笛卡兒**的構圖當中，身為機械（物質）的**身體**是利用**心靈**這個**幽靈**來操縱的。而**萊爾**用 機器中的幽靈 這個詞，表達出對這張構圖的輕蔑之意。

分析哲學—心靈哲學

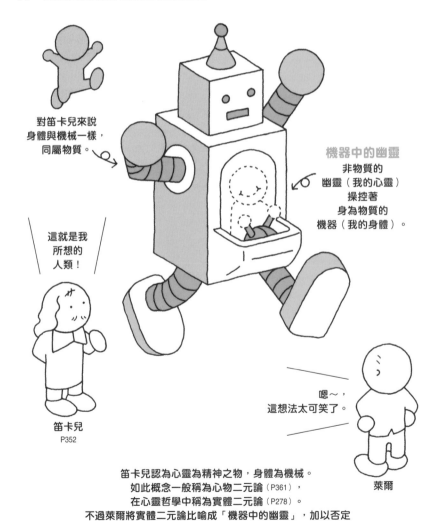

對笛卡兒來說
身體與機械一樣，
同屬物質。

機器中的幽靈
非物質的
幽靈（我的心靈）
操控著
身為物質的
機器（我的身體）。

這就是我
所想的
人類！

嗯～，
這想法太可笑了。

笛卡兒
P352

萊爾

笛卡兒認為心靈為精神之物，身體為機械。
如此概念一般稱為心物二元論（P361），
在心靈哲學中稱為實體二元論（P278）。
不過萊爾將實體二元論比喻成「機器中的幽靈」，加以否定

▶195

範疇誤用
Category Mistake

意　　義 ------------ 將不同範疇的事物相提並論，締結關係
文　　獻 ------------------------ 萊爾《心的概念》
相關概念 ------------ 機器中的幽靈（P282）、行為主義（P284）

萊爾

萊爾認為**實體二元論**（P278）是基於錯誤的言語使用方式。以沙拉為例，裡頭雖然網羅了番茄與萵苣等食材，但是這裡頭並沒有沙拉這一種材料。同樣地，**萊爾**提到**心靈**網羅了哭泣或笑臉等**身體行為**。因此**萊爾**認為，**笛卡兒**其實是把範疇誤用，也就是把沙拉與番茄等食材相提並論的這個情況，也錯誤套用在心靈與行為這兩者的關係上。

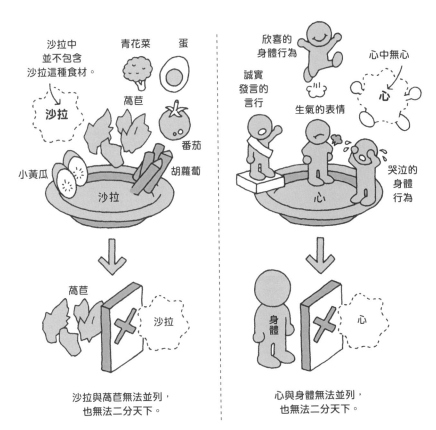

範疇誤用

沙拉這個名詞誤與製作沙拉的要素，也就是萵苣以及番茄等名詞列為同一範疇的錯誤，笛卡兒也曾誤用在心靈與身體（行為）的關係之中。

行為主義
Behaviorism

意　　義 ------------------------- 認為心靈之物即身體行為的立場
文　　獻 ------------------------- 萊爾《心的概念》
相關概念 ------------ 機器中的幽靈（P282）、範疇誤用（P283）

萊爾等人

如同在**範疇錯誤**（P283）所見，**萊爾**認為**心靈**指的是哭泣、歡笑、舉動親切與行為周到等**身體行為**。

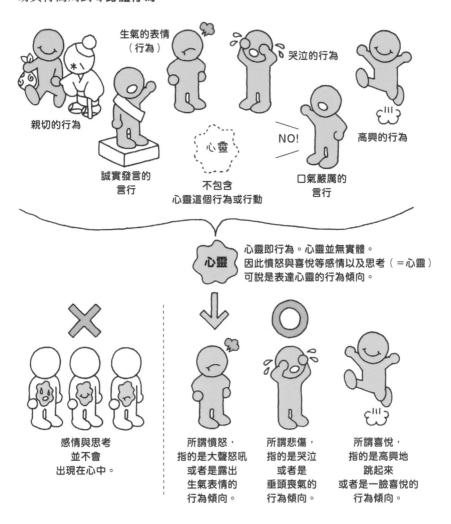

生氣的表情
（行為）

哭泣的行為

親切的行為

誠實發言的
言行

心靈

不包含
心靈這個行為或行動

NO!

口氣嚴厲的
言行

高興的行為

心靈即行為。心靈並無實體。
因此憤怒與喜悅等感情以及思考（＝心靈）
可說是表達心靈的行為傾向。

心靈

✕

感情與思考
並不會
出現在心中。

所謂憤怒，
指的是大聲怒吼
或者是露出
生氣表情的
行為傾向。

所謂悲傷，
指的是哭泣
或者是
垂頭喪氣的
行為傾向。

所謂喜悅，
指的是高興地
跳起來
或者是一臉喜悅的
行為傾向。

萊爾認為喜怒哀樂等**心靈**狀態並非出自**身體內部**，而是具有偏向哭泣或歡笑等身體行為之傾向性。如此思維，稱為行為主義。

分析哲學｜心靈哲學

以**行為（言行）**方式**表露於外**的**心靈**狀態可以**客觀觀察**。

行為主義

只要
觀察行為
就可以分析心靈。

原來如此。

到了二十世紀前半，觀察老鼠行為與調查嬰兒舉動以便闡明心靈之謎的
行為主義心理學這門學問誕生了。視心靈為科學的時代終於到來了。

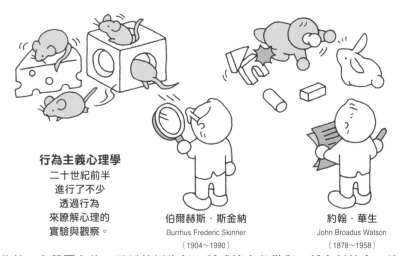

行為主義心理學
二十世紀前半
進行了不少
透過行為
來瞭解心理的
實驗與觀察。

伯爾赫斯・斯金納
Burrhus Frederic Skinner
（1904～1990）

約翰・華生
John Broadus Watson
（1878～1958）

此外，在**萊爾**之後，丹尼特認為每一種感情未必僅與一種言行結合，並
且認為分析行為需要一套經過整合的**解釋**。這樣的立場稱為解釋主義。

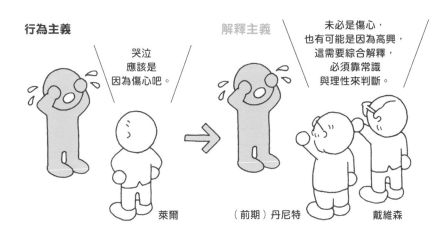

行為主義

哭泣
應該是
因為傷心吧。

解釋主義

未必是傷心，
也有可能是因為高興，
這需要綜合解釋，
必須靠常識
與理性來判斷。

萊爾　　　　（前期）丹尼特　　戴維森

分析哲學—心靈哲學

285

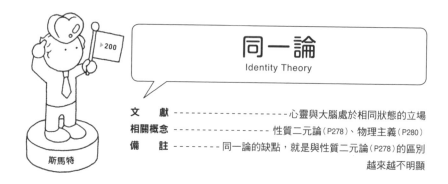

斯馬特

同一論
Identity Theory

文　獻 ---------------------- 心靈與大腦處於相同狀態的立場
相關概念 ---------------- 性質二元論(P278)、物理主義(P280)
備　註 ------- 同一論的缺點，就是與性質二元論(P278)的區別
越來越不明顯

萊爾主張只要**觀察言行**，就可以闡明心靈。然而心靈動向若不出自言行，便難以觀察。另外，面對相同感情時，不管是誰，未必都會採取相同言行來應對。

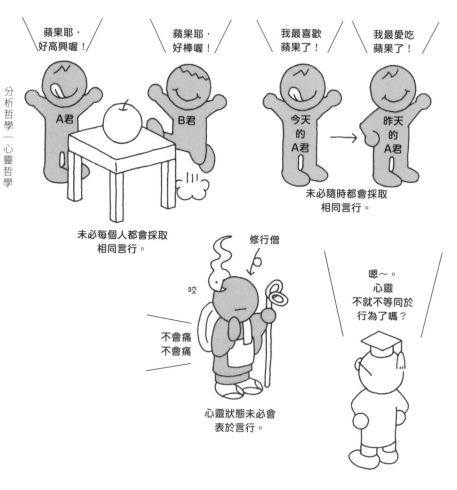

蘋果耶，好高興喔！ A君

蘋果耶，好棒喔！ B君

未必每個人都會採取相同言行。

我最喜歡蘋果了！ 今天的A君 → 我最愛吃蘋果了！ 昨天的A君

未必隨時都會採取相同言行。

修行僧

咬

不會痛不會痛

心靈狀態未必會表於言行。

嗯～。心靈不就不等同於行為了嗎？

認為心靈雖屬某種物質，但卻不屬於行為的**斯馬特**主張心靈與大腦為**同一物**。而他所提倡的心靈狀態就是大腦狀態的這個論點，稱為同一論。

如同雲朵與水分子為同一物質，主張「疼痛」這種心靈狀態與某部分神經
細胞產生動作電位的大腦狀態為同一的，就是**同一論**。

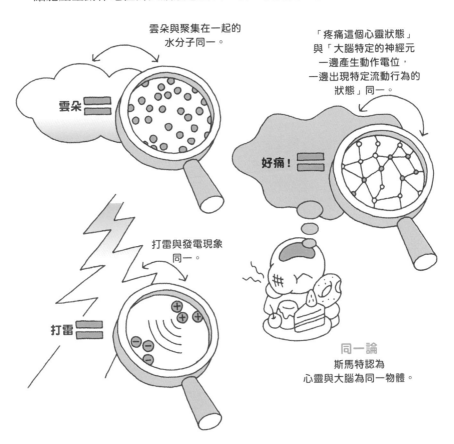

雲朵與聚集在一起的
水分子同一。

雲朵 ＝

「疼痛這個心靈狀態」
與「大腦特定的神經元
一邊產生動作電位，
一邊出現特定流動行為的
狀態」同一。

好痛！ ＝

打雷與發電現象
同一。

打雷 ＝

同一論
斯馬特認為
心靈與大腦為同一物體。

同一論有別於**心身平行論**（P279）。**平行論**著眼在大腦狀態與心靈狀態是
擁有兩個面向的同一實體。相對地，**同一論**中的大腦狀態與心靈狀態這
兩者幾乎相同，僅有**名稱**不同。

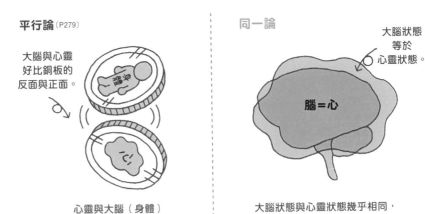

平行論（P279）

大腦與心靈
好比銅板的
反面與正面。

心靈與大腦（身體）
是擁有兩個性質的同一實體。

同一論

大腦狀態
等於
心靈狀態。

腦＝心

大腦狀態與心靈狀態幾乎相同，
僅差別在名稱不同。

▶199

類別同一論
個例同一論
Type-Identity Theory | Token-Identity Theory

相關概念 ------- 物理主義（P280）、同一論（P286）、功能主義（P290）
備　　註 ----------------------「晨星與暮星是同一顆星」
　　　　　　　　　　　　　　　　是同一論經常使用的比喻。

戴維森等人

「疼痛」這個心靈狀態，與某部分神經元的動作電位這個大腦狀態相同，這就是**同一論**（P286）。亦即「高興這個心靈狀態」就是「高興時的大腦狀態」、「看著蘋果時的心靈狀態」就是「看著蘋果時的大腦狀態」。

分析哲學—心靈哲學

斯馬特認為相同種類的心靈狀態往往與相同種類的大腦狀態同一。這就是**類別同一論**。不過**類別同一論**中的大腦構造必須全人類都相同方能成立。因此將**類別同一論**加以修正的**戴維森**等人提出了**個例同一論**。所謂**類別**，指的是一般概念；至於**個例**，則是指實際個體。

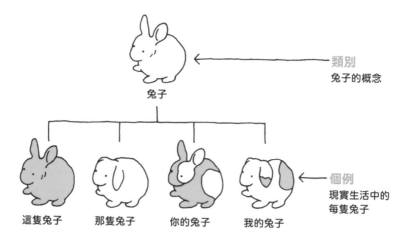

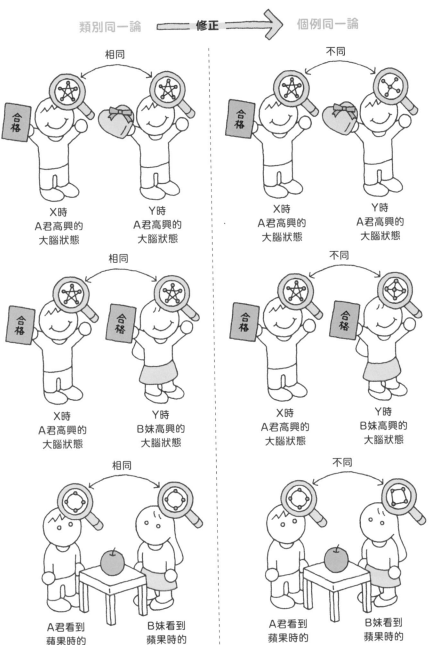

相同

合格

X時
A君高興的
大腦狀態

Y時
A君高興的
大腦狀態

不同

合格

X時
A君高興的
大腦狀態

Y時
A君高興的
大腦狀態

相同

合格　合格

X時
A君高興的
大腦狀態

Y時
B妹高興的
大腦狀態

不同

合格　合格

X時
A君高興的
大腦狀態

Y時
B妹高興的
大腦狀態

相同

A君看到
蘋果時的
大腦狀態

B妹看到
蘋果時的
大腦狀態

不同

A君看到
蘋果時的
大腦狀態

B妹看到
蘋果時的
大腦狀態

分析哲學―心靈哲學

類別同一論認為像是「疼痛」這個大腦狀態無論何時，不管是誰，都會處於相同的大腦狀態。相對地，**個例同一論**則是認為個別的心靈狀態會與個別的大腦狀態相對應，例如 A 君感受到的疼痛會表現在其大腦狀態之中，B 妹感受到的疼痛會表現在其大腦狀態之中。現代的**物理主義**(P280)全部都是從**個例同一論**衍生而來的。

功能主義
Functionalism

意　　義 ------------------- 心靈狀態處於可定義為某些功能的立場

相關概念 ------------------------------ 個例同一論（P288）

計算機功能主義 ｜ 黑箱功能主義（P292）

備　　註 -------------------- 功能主義以個例同一論為前提

普特南等人

萊爾認為心靈就是行為（行為主義 P284），但是**普特南**卻認為心靈並非行為本身，而是促成行為的**原因**。

▶202

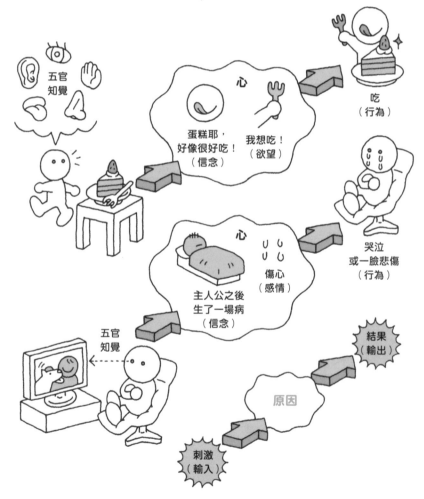

分析哲學—心靈哲學

一看到蛋糕（來自五官的知覺），心就會先冒出「好像很好吃」這個信念，進而演變成想吃的**欲望**。**普特南**認為這個欲望，就是實際牽動吃這個**行為**的原因。

認為帶起行為的**功能（作用）**就是**心靈**的論說，稱為功能主義。就好比腸胃的功能是消化，普特南認為心靈的功能就是促成行為。而讓心靈運轉的，正是大腦。因此心靈與大腦的關係，正好和電腦中的軟體（程式）與硬體之間的關係相對應。

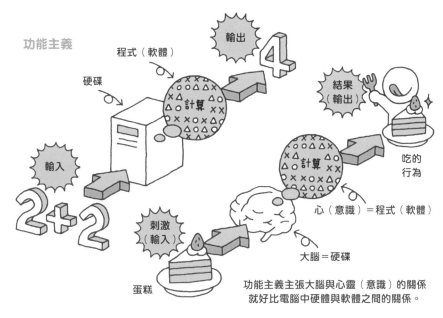

功能主義主張大腦與心靈（意識）的關係就好比電腦中硬體與軟體之間的關係。

功能主義這門學說是以心靈與大腦相同，也就是**心腦同一論**（P286）為基礎。但是**功能主義**登場之後，**同一論**中提倡電腦的硬體與軟體為同一物體的主張卻出現矛盾。因此人們認為**功能主義**是將**同一論**與**行為主義**中的矛盾與不自然的部分加以修正的學說。

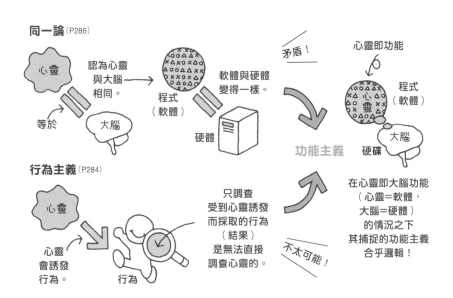

分析哲學─心靈哲學

計算機功能主義
黑箱功能主義
Computer Functionalism ｜ Black Box Functionalism

文　獻 ------------------------------ 功能主義、圖靈測試
備　註 ----------- 希爾勒將計算機功能主義設想的心靈狀態稱為
「強人工智慧」

普特南認為**心靈**是電腦程式（軟體），是一種輸入刺激，輸出行為的**功能**。
相對於心靈這個軟體，扮演著硬體功能的是大腦（功能主義 P291）。

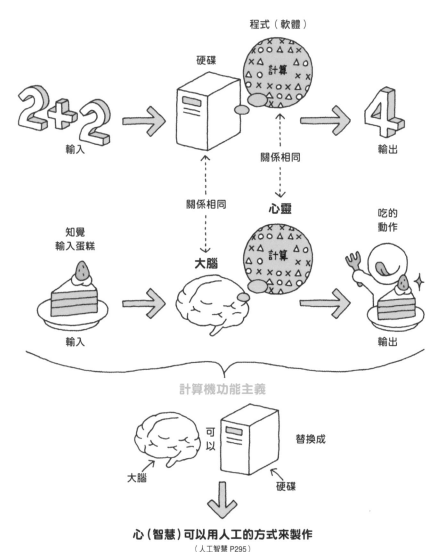

心（智慧）可以用人工的方式來製作
（人工智慧 P295）

若把**心靈**這個軟體當作程式的演算過程，那麼積極分析讓這個軟體運作的硬體，也就是大腦構造的立場就稱為計算機功能主義（計算主義）。一般來講，只要提到**功能主義**，指的通常是**計算機功能主義**。

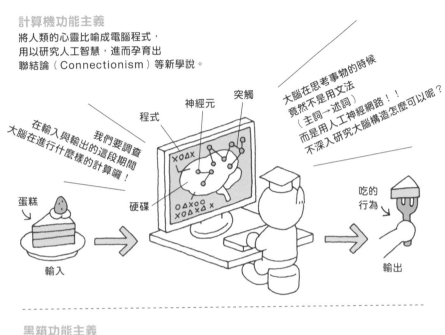

計算機功能主義
將人類的心靈比喻成電腦程式，
用以研究人工智慧，進而孕育出
聯結論（Connectionism）等新學說。

我們要調查
在輸入與輸出的這段期間
大腦在進行什麼樣的計算囉！

大腦在思考事物的時候
竟然不是用文法
（主詞→述詞）
而是用人工神經網路！！
不深入研究大腦構造怎麼可以呢？

程式　神經元　突觸

蛋糕

硬碟

輸入

吃的
行為

輸出

黑箱功能主義
將大腦內部視為黑箱
並從原因觀察接下來會引起什麼樣的行為。

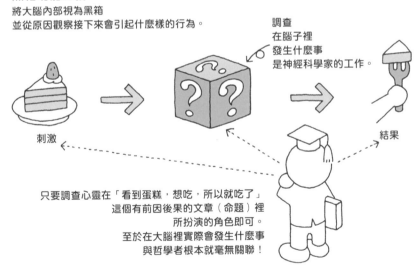

調查
在腦子裡
發生什麼事
是神經科學家的工作。

刺激

結果

只要調查心靈在「看到蛋糕，想吃，所以就吃了」
這個有前因後果的文章（命題）裡
所扮演的角色即可。
至於在大腦裡實際會發生什麼事
與哲學者根本就毫無關聯！

另一方面，認為心靈受到**刺激（原因）**之後會牽引出什麼樣的**行為（結果）**是唯一重點，因此大腦的運作應該視為黑箱處理的立場，就是黑箱功能主義。他們認為腦功能的研究屬於（腦）神經科學的領域，哲學是沒有機會上場的。

▶198

圖靈測試
Turing Test

文　　獻 ------------------------------ 希爾勒《心靈哲學》
相關概念 ------------- 計算機功能主義（P292）、中文房間（P311）
備　　註 ------------- 只要恪守計算機功能主義，人類的心靈
　　　　　　　　　　就會與通過圖靈測試的人工智慧毫無兩樣

倘若能夠讓**心靈**這個程式（軟體）發揮功能的話，作為硬體的**大腦**這個素材就不需要人類的細胞（計算機功能主義 P293），即使是金屬或塑膠製成的機器也無妨。

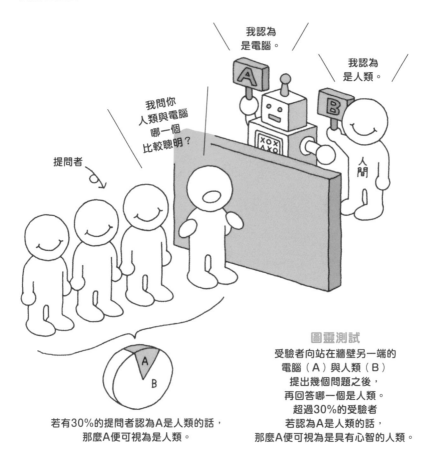

我認為是電腦。

我認為是人類。

我問你人類與電腦哪一個比較聰明？

提問者

A

B

人間

圖靈測試
受驗者向站在牆壁另一端的
電腦（A）與人類（B）
提出幾個問題之後，
再回答哪一個是人類。
超過30%的受驗者
若認為A是人類的話，
那麼A便可視為是具有心智的人類。

若有30%的提問者認為A是人類的話，
那麼A便可視為是人類。

圖靈主張在詢問牆壁另一端套用程式的電腦幾個問題時，如果沒有看穿另一端是電腦的話，那麼就該認定那臺電腦具有和我們一樣的心靈（智能）（**圖靈測試**或**模仿遊戲**）。

294

強人工智慧認為電腦可以擁有和人一樣的心智；而弱人工智慧則認為電腦無法擁有和人一樣的心智，但有助研究人類心智。

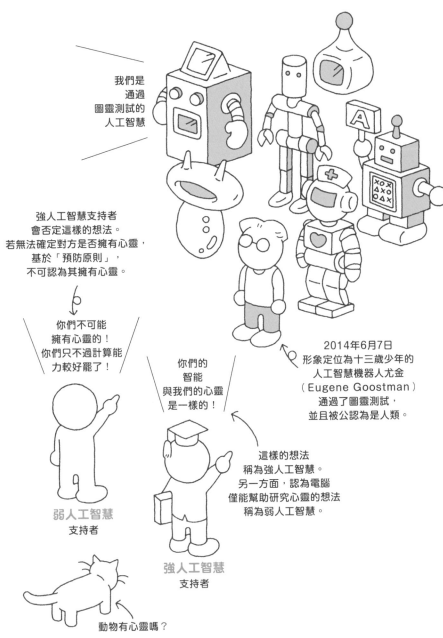

我們是通過圖靈測試的人工智慧

強人工智慧支持者會否定這樣的想法。若無法確定對方是否擁有心靈，基於「預防原則」，不可認為其擁有心靈。

你們不可能擁有心靈的！你們只不過計算能力較好罷了！

你們的智能與我們的心靈是一樣的！

2014年6月7日形象定位為十三歲少年的人工智慧機器人尤金（Eugene Goostman）通過了圖靈測試，並且被公認為是人類。

這樣的想法稱為強人工智慧。另一方面，認為電腦僅能幫助研究心靈的想法稱為弱人工智慧。

弱人工智慧支持者

強人工智慧支持者

動物有心靈嗎？

我們無法得知高精密電腦是否擁有智能。**強人工智慧**的支持者認為既然無法得知，那麼就必須思考高精密電腦其實是擁有智能的。因為倘若視其並不具備智能的話，日後若要證明，恐怕會為時已晚。

▶206

取消主義
Eliminativism

意　　義	表達「信念」與「感情」等心靈狀態的哲學說明終究會完全被科學語言替換的立場
具體範例	羅蒂、費耶阿本德、邱吉蘭德
相關概念	物理主義（P280）

邱吉蘭德

十九世紀，人們認為宇宙充滿了乙太（ether）這種物質。如此觀點也得到牛頓力學的支持。然而相對論發表之後，牛頓力學失去效力，乙太這個概念也因此消失匿跡。

分析哲學—心靈哲學

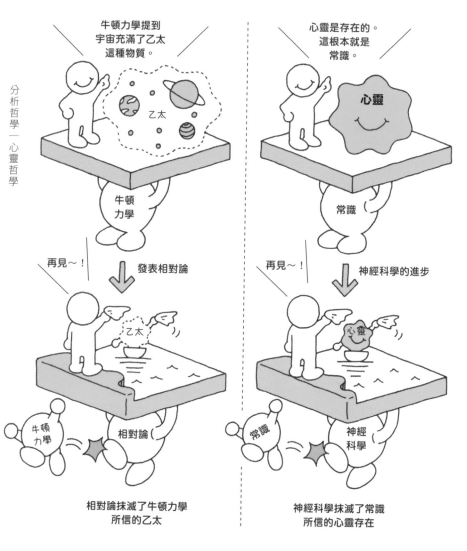

牛頓力學提到宇宙充滿了乙太這種物質。

乙太

牛頓力學

心靈是存在的。這根本就是常識。

心靈

常識

再見～！　發表相對論

乙太

牛頓力學　相對論

再見～！　神經科學的進步

心靈

常識　神經科學

相對論抹滅了牛頓力學所信的乙太

神經科學抹滅了常識所信的心靈存在

邱吉蘭德提到，即便心靈存在被視為是常識，只要腦科學日趨進步，這個概念終究會和乙太一樣消失匿跡。這樣的立場稱為取消主義。

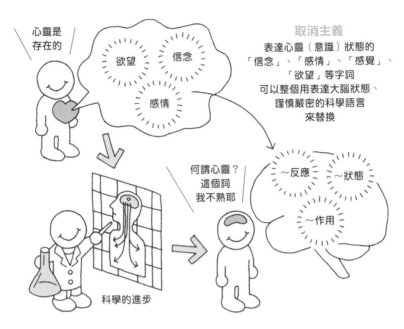

心靈概念的消失，說明了表達這個狀態的「信念」與「感情」等字詞不久肯定將會被慎密的科學語言所替換。

（亦參照P277）

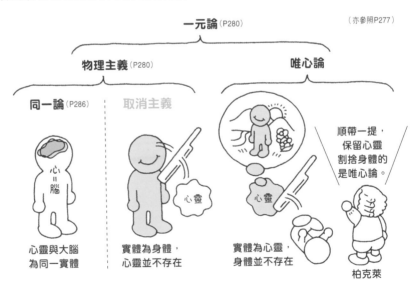

在**物理主義**（P280）當中，**取消主義**與**同一論**（P286）的差別，在於同一論認為心靈與大腦一樣。相對地，**取消主義**認為心靈是不需要概念，可以完全切離。

分析哲學｜心靈哲學

笛卡兒劇場
Cartesian Theater

文　　獻--------------------------丹尼特《意識的解釋》
相關概念------------- 實體二元論（P278）、機器中的幽靈（P282）
備　　註----------笛卡兒名字的拉丁文是瑞那圖斯・卡提修斯
（Renatus Cartesius）故又稱「卡提修斯劇場」

丹尼特

笛卡兒認為屬於精神存在的**心靈（意識）**與身為物質的身體是兩個獨立的存在（實體二元論 P278）。不過**物理主義者**（物理主義 P280）丹尼特卻不接受其他和心靈一樣的物質，甚至戲稱笛卡兒的想法是笛卡兒劇場。

分析哲學—心靈哲學

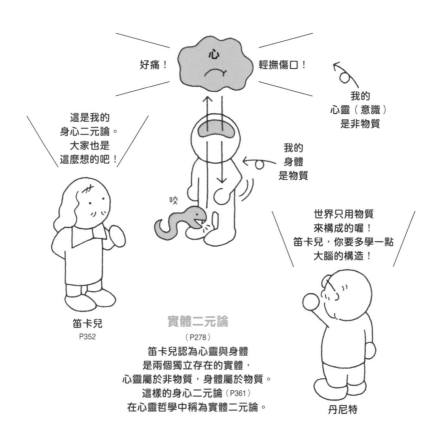

好痛！　　心　　輕撫傷口！

這是我的身心二元論。大家也是這麼想的吧！

我的心靈（意識）是非物質

我的身體是物質

咬

世界只用物質來構成的喔！笛卡兒，你要多學一點大腦的構造！

笛卡兒
P352

實體二元論
（P278）
笛卡兒認為心靈與身體是兩個獨立存在的實體，心靈屬於非物質，身體屬於物質。這樣的身心二元論（P361）在心靈哲學中稱為實體二元論。

丹尼特

笛卡兒劇場是以居住在自己腦子裡的我這個小精靈，透過知覺得到的感覺及感情與身體行為相結合的情況為構圖。但是神經科學闡明一切之後，大腦已不再是整合資訊的中心，腦中的各個部位僅各司其職。

而且大腦的各個部位不需透過中心，便可串聯成一個網絡，直接相互聯繫，進而與身體行為結合。**丹尼特**認為只要模仿這個系統，就能夠製造**人工智慧**（P295）。

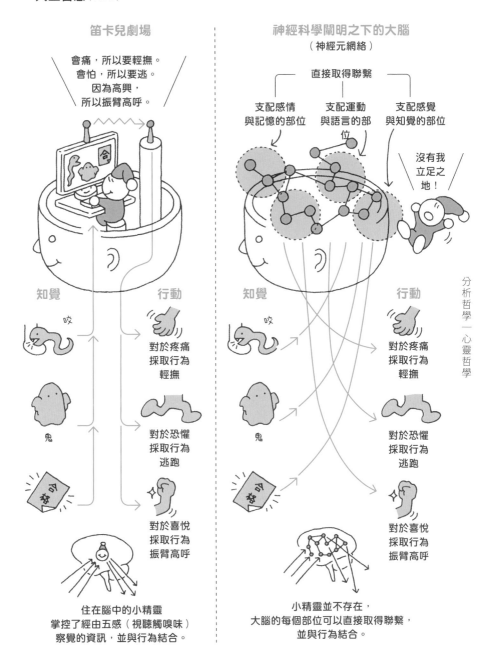

住在腦中的小精靈掌控了經由五感（視聽觸嗅味）察覺的資訊，並與行為結合。

小精靈並不存在，大腦的每個部位可以直接取得聯繫，並與行為結合。

分析哲學—心靈哲學

不過最新的科學提出了一個實驗結果，那就是我們的意識決定了我們的行為這個觀念是一種錯覺，意識的出現是緊接在行為之後的。人類是否具備**自由意志**其實根本就尚未闡明。

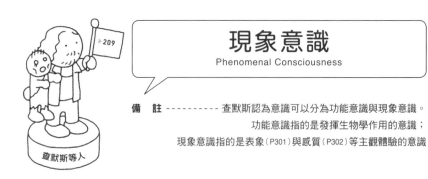

查默斯等人

現象意識
Phenomenal Consciousness

備　註 --------- 查默斯認為意識可以分為功能意識與現象意識。
功能意識指的是發揮生物學作用的意識；
現象意識指的是表象（P301）與感質（P302）等主觀體驗的意識

物理主義（P280）**者**與一般的科學家認為**世界**是靠物質形成的。物質當中一定會出現**因果法則**（**因果論**），因為自然界的事物必定先有因，而且每一個結果的原因也只有一個。

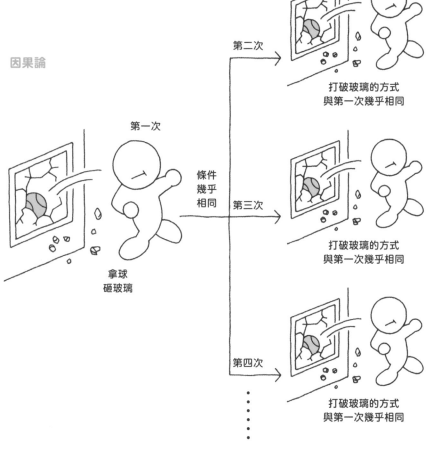

因果論

第二次

打破玻璃的方式
與第一次幾乎相同

第一次

條件
幾乎
相同

第三次

打破玻璃的方式
與第一次幾乎相同

拿球
砸玻璃

第四次

打破玻璃的方式
與第一次幾乎相同

既然條件幾乎都一樣
（速度相同、球與玻璃相同、環境相同……）
那麼不管丟多少次，結果也會幾乎都一樣

分析哲學—心靈哲學

但是**心靈**呢？**心靈哲學**將存於**心靈**中的某種印象（**表象**）、美味或刺眼之類的主觀感覺（**感質** P302）稱為**現象意識**（或單稱為**意識**）。不過**現象意識**卻似乎未遵從**因果論**這個物理法則。

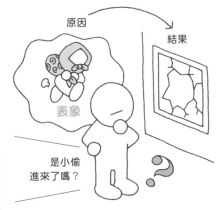

因果論

| 原因 | 結果 |

重量Fkg的球
以時速Zkm的
速度丟過去

在因果論這個自然法則當中，
相對於結果的原因
一定僅有一個。

現象意識

| 原因 | 結果 |

表象

是小偷
進來了嗎？

就結果而言，有時表象的原因會是錯誤的。
因為現象意識並未遵從物理上的因果論。

不管是不存於世界的架空事物，還是與宇宙有關的聯想，那些遙不可及的不可見事物都可以用**表象**的方式來呈現。但是並不遵從**因果論**的**現象意識**問題，卻讓人對於世界只用物質來組成的**物理主義**投以相當大的疑問。

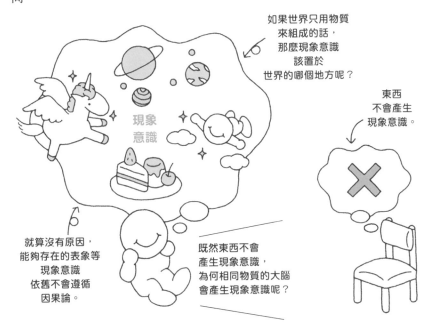

如果世界只用物質
來組成的話，
那麼現象意識
該置於
世界的哪個地方呢？

現象
意識

東西
不會產生
現象意識。

就算沒有原因，
能夠存在的表象等
現象意識
依舊不會遵循
因果論。

既然東西不會
產生現象意識，
為何相同物質的大腦
會產生現象意識呢？

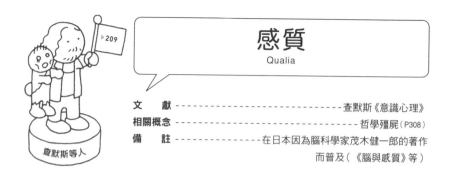

感質
Qualia

文　　獻	查默斯《意識心理》
相關概念	哲學殭屍（P308）
備　　註	在日本因為腦科學家茂木健一郎的著作而普及（《腦與感質》等）

查默斯等人

讓**物理主義**（P280）最為苦惱的問題，就是**表象**（P301）與**感質（感覺質）**的存在。所謂**感質**，指的是我的身體確實感受到好吃、疼痛，或者是舒適之類的主觀「**感覺**」。

哇～好香喔！

好痛！

哇，好亮！

好吃！

感質（感覺質）
在心中產生的
主觀感覺稱為感質

嗯～好曲子～！

好舒服喔～

的確，**物理主義**支持者透過物理觀點，說明了心靈在大腦狀態中的構造與功能。不過查默斯卻指出他們完全漠視了**主觀感質**存在。不管說明心靈功能的立場有多客觀，想要客觀闡釋我的主觀疼痛或舒適程度其實並不容易。這樣的說明分歧，稱為解釋的鴻溝。

分析哲學—心靈哲學

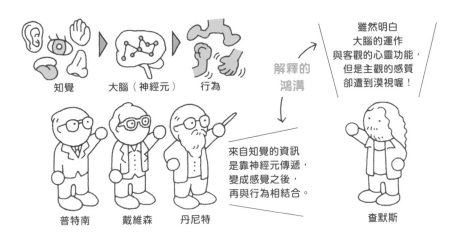

知覺 　大腦（神經元）　行為

解釋的鴻溝

雖然明白大腦的運作與客觀的心靈功能，但是主觀的感質卻遭到漠視喔！

來自知覺的資訊是靠神經元傳遞，變成感覺之後，再與行為相結合。

普特南　戴維森　丹尼特

查默斯

另外，坦白說世界雖然是粒子的聚集體，但是**感質**似乎不是**粒子**。**感質**該定位在物質世界的哪個位置上呢？作為物質的大腦又是如何產生主觀感質的呢？這些難以僅用唯物論來說明的問題，稱為意識難題。

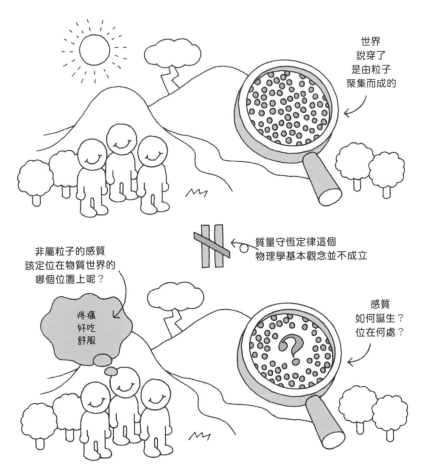

世界說穿了是由粒子聚集而成的

質量守恆定律這個物理學基本觀念並不成立

非屬粒子的感質該定位在物質世界的哪個位置上呢？

疼痛
好吃
舒服

感質如何誕生？位在何處？

▶208

副現象論
Epiphenomenalism

文　　獻 --- 查默斯《意識心理》
相關概念 --- 黑白瑪莉論證（P306）
備　　註 ----------------------------------- 立場比較接近副現象論的是
突創論這個認為心靈是由大腦突生的唯物論

傑克森等人

二元論（請參照 P277）的支持者認為**意識（心靈）**與書桌或椅子之類的物體不同。因為他們認為**表象**（P301）與**感質**（P302）之類的**意識**確實可以感受到，而且**意識**也未遵循**因果論**這個自然原則。

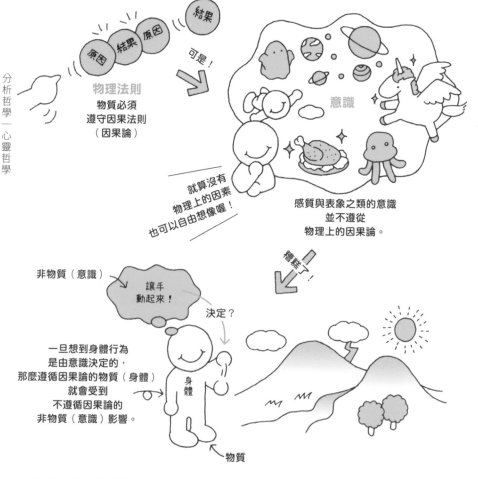

物理法則

物質必須
遵守因果法則
（因果論）

可是！

意識

就算沒有
物理上的因素
也可以自由想像喔！

感質與表象之類的意識
並不遵從
物理上的因果論。

糟糕了！

非物質（意識）

讓手
動起來！

決定？

一旦想到身體行為
是由意識決定的，
那麼遵循因果論的物質（身體）
就會受到
不遵循因果論的
非物質（意識）影響。

身體

物質

但倘若是我的**意識**驅動我的**身體**，那麼與因果論毫無關聯的**非物質**就會驅動**物質**。

原則上我們必須思考到物質世界並不會對非物質的意識造成影響（因果封閉原則）。

照理說物質世界的
因果關係
在意識世界
是封閉的

意識

KEEP OUT

非物質　←　不遵從因果論

照理說意識（非物質）
並不會決定
身體（物質）的行為。

×

身體

物質　←　遵從因果論

未遵從**物理法則**的**意識**確實存在，但是意識根本並不會對物質（身體）造成影響，僅是附著在身體上的副現象論這個觀念登場了。倘若**副現象論**正確無誤，那麼意識驅動身體的感覺就會變成是一種錯覺。

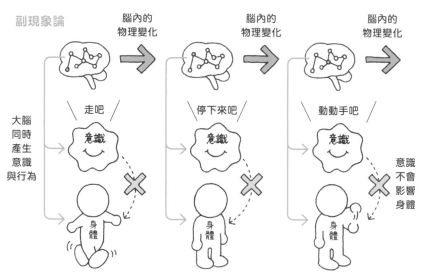

副現象論

腦內的
物理變化

腦內的
物理變化

腦內的
物理變化

大腦
同時
產生
意識
與行為

走吧

停下來吧

動動手吧

意識
不會
影響
身體

意識

意識

意識

身體

身體

身體

意識僅伴隨著身體，並不會影響身體。
意識讓身體動起來的感覺只不過是一種錯覺。

傑克森站在**性質二元論**（P278）之一的**副現象論**（P305）立場，提出了**黑白瑪莉論證**這個**思想實驗**，並且藉由這個思想實驗，抨擊認為包括心靈在內的這個世界都是由物質構成的**物理主義**（P280）。

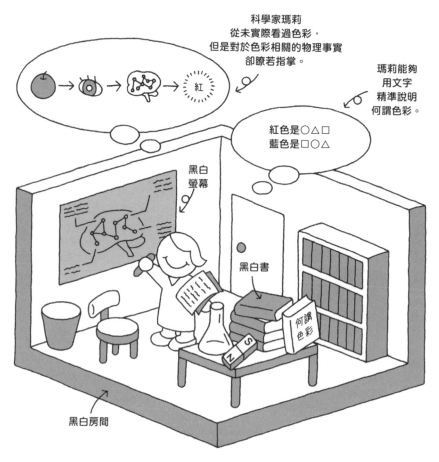

黑白瑪莉論證

科學家瑪莉對於色彩相關的物理事實瞭若指掌。
不過瑪莉一出生就從未走出這個黑白房間，
只靠黑白螢幕與黑白書來研究色彩。
也就是說，她從未實際看過真正的色彩。

那麼當瑪莉打開黑白房間的門，
第一次看到色彩的時候，她是否會得到些許新知呢？
如果有的話，那麼這個世界上存在的除了物質，還有感質。

從未實際看過真正的顏色，但是卻知道色彩所有**物理事實**的科學家瑪莉，站在**物理主義**的角度來看，她其實掌握了色彩的一切。但是當瑪莉第一次看到紅色這個顏色時，看到紅的那種「**感覺**」，也就是對紅色的**感質**（P302）會不會產生新的認識呢？

傑克森提出了一個結論，那就是意識是無法光靠物理學的文字來說明的。

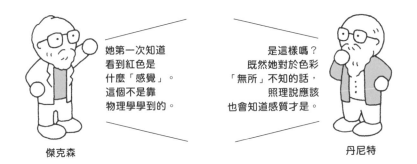

她第一次知道
看到紅色是
什麼「感覺」。
這個不是靠
物理學學到的。

是這樣嗎？
既然她對於色彩
「無所」不知的話，
照理說應該
也會知道感質才是。

傑克森　　　　　　　　　　　　　　　丹尼特

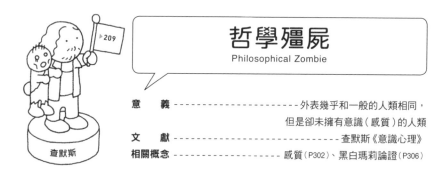

哲學殭屍
Philosophical Zombie

意　　義	外表幾乎和一般的人類相同，但是卻未擁有意識（感質）的人類
文　　獻	查默斯《意識心理》
相關概念	感質（P302）、黑白瑪莉論證（P306）

哲學殭屍無論外觀還是行為幾乎都和我們沒有兩樣。唯一與我們不同的，就是他們缺乏**感質**（P302），也就是無心。

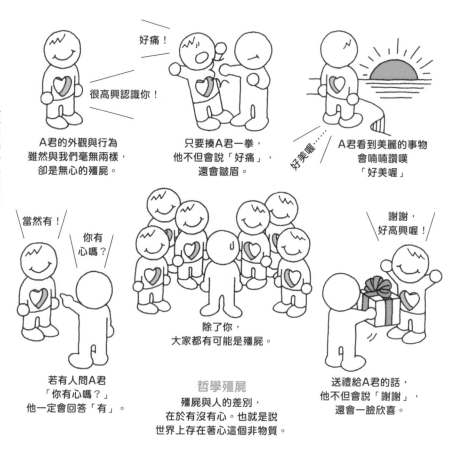

A君的外觀與行為雖然與我們毫無兩樣，卻是無心的殭屍。

只要揍A君一拳，他不但會說「好痛」，還會皺眉。

A君看到美麗的事物會喃喃讚嘆「好美喔」

若有人問A君「你有心嗎？」他一定會回答「有」。

哲學殭屍
殭屍與人的差別，在於有沒有心。也就是說世界上存在著心這個非物質。

送禮給A君的話，他不但會說「謝謝」，還會一臉欣喜。

倘若**哲學殭屍**混入我們的生活之中（或者除了自己，其他人都是哲學殭屍），絕對沒有人會察覺到他們就是殭屍。不過他們有個地方顯然與我們不同。**查默斯**以**哲學殭屍**與人類的差異為例，主張**心**這個非物質性質其實是存在於這個世界的，並且提出人類的本質就是**心**這個結論。

自然主義二元論
Naturalistic Dualism

文　　獻 - 查默斯《意識心理》

相關概念 - - - - - - - - - - - - - - - - - - 副現象論（P304）、哲學殭屍（P308）

備　　註 - - - - - - - - - - - - - 查默斯並不認為心靈和物理主義一樣，
可以還原成物質

查默斯將本身的立場定位在自然主義二元論上。他首先提到，就二元論的立場來看，**心靈（意識）**無法用現在的物理學來說明，但這並不代表他贊同笛卡兒的**身心二元論**（P361），也就是將心靈視為與物體切割的精神實體。他認為不應該用精神或靈魂這類超自然的文字，而是要用**自然（科學）**言語，並且透過大腦這個物質來思考意識誕生的緣由。

①＋②＝自然主義二元論

分析哲學—心靈哲學

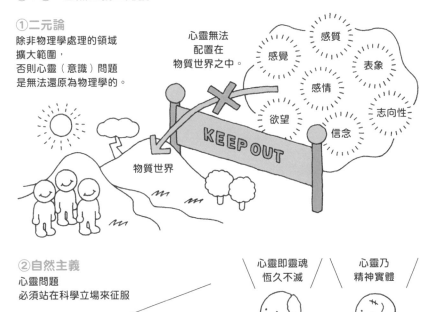

①二元論

除非物理學處理的領域
擴大範圍，
否則心靈（意識）問題
是無法還原為物理學的。

心靈無法
配置在
物質世界之中。

感質　感覺　表象　感情　志向性　欲望　信念

KEEP OUT

物質世界

②自然主義

心靈問題
必須站在科學立場來征服

面對心靈時，
除非用靈魂或精神之類的
超自然語言，
否則是無法成為
邏輯話題的。

查默斯

心靈即靈魂
恆久不滅

心靈乃
精神實體

柏拉圖　笛卡兒

布拉克

▶207

ROEB NER PRIZE

中國人民
Chinese Nation

相關概念 ----------------------------- 計算機功能主義（P292）

圖靈測試（P294）、中文房間（P311）

備　　註 ----------- 隨附性（supervenience）意為「附隨發生」

布拉克對於無視於**意識**的存在，將心靈視為物質的**功能主義**（P291）抱持批判的態度。尤其對主張人工智慧可能存在的**計算機功能主義**（P293）更是提出了中國人民這個思想實驗來對抗。他指出十數億的中國人就算扮演神經元的角色，也不會藉此產生意識（※ 附隨發生）。

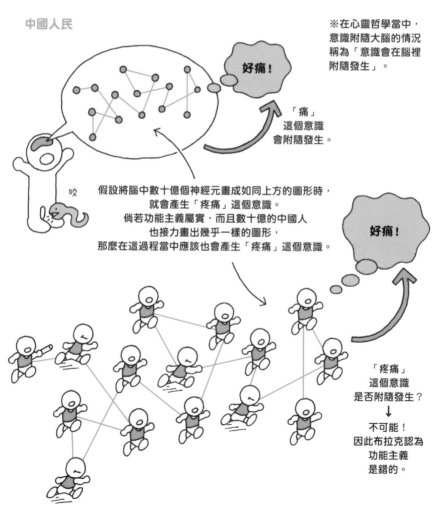

中國人民

※在心靈哲學當中，意識附隨大腦的情況稱為「意識會在腦裡附隨發生」。

好痛！

「痛」
這個意識
會附隨發生。

咬

假設將腦中數十億個神經元畫成如同上方的圖形時，
就會產生「疼痛」這個意識。
倘若功能主義屬實，而且數十億的中國人
也接力畫出幾乎一樣的圖形，
那麼在這過程當中應該也會產生「疼痛」這個意識。

好痛！

「疼痛」
這個意識
是否附隨發生？
↓
不可能！
因此布拉克認為
功能主義
是錯的。

中文房間
Chinese Room

文　　獻 ------------------- 侯世達、丹尼特編著《思即是我》
　　　　　　　　　　　　　　計算機功能主義（P292）
相關概念 ------------------- 圖靈測試（P294）、中國人民（P310）

希爾勒亦嚴加抨擊認為**人工智慧**有其可能性的**計算機功能主義**（P293）。他利用**中文房間**這個思想實驗指出圖靈測驗（P294）的極限。同時**希爾勒**也提出了一個結論，那就是**人工智慧**就好比置身在**中文房間**的英國人，無法透過思考來理解自己的行為。

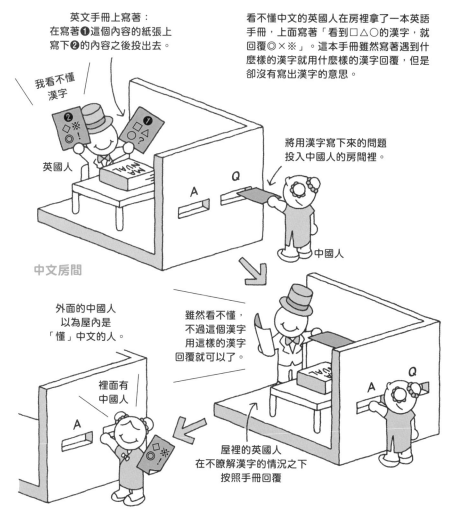

英文手冊上寫著：
在寫著❶這個內容的紙張上
寫下❷的內容之後投出去。

看不懂中文的英國人在房裡拿了一本英語手冊，上面寫著「看到□△○的漢字，就回覆◎×※」。這本手冊雖然寫著遇到什麼樣的漢字就用什麼樣的漢字回覆，但是卻沒有寫出漢字的意思。

我看不懂漢字

英國人

將用漢字寫下來的問題投入中國人的房間裡。

中國人

中文房間

外面的中國人以為屋內是「懂」中文的人。

雖然看不懂，不過這個漢字用這樣的漢字回覆就可以了。

裡面有中國人

屋裡的英國人在不瞭解漢字的情況之下按照手冊回覆

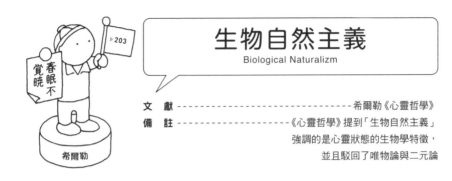

▶203

生物自然主義
Biological Naturalizm

文　獻 ----------------------------- 希爾勒《心靈哲學》
備　註 ----------------------------- 《心靈哲學》提到「生物自然主義」
強調的是心靈狀態的生物學特徵，
並且駁回了唯物論與二元論

希爾勒認為就算是站在神經科學的立場，也會明白大腦是以物理角度來產生**意識**的。這種情況就好比腸胃負責消化，大腦是藉由生物學作用來產生意識的，因此**希爾勒**將其本身的立場稱為生物自然主義。

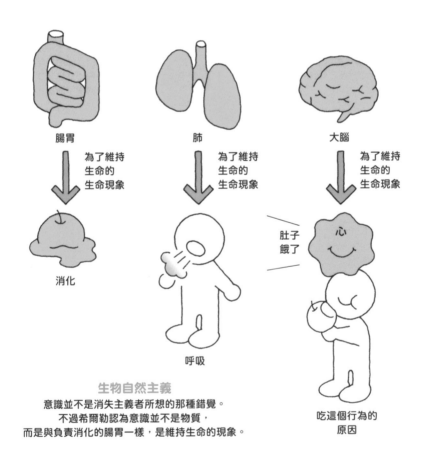

生物自然主義
意識並不是消失主義者所想的那種錯覺。
不過希爾勒認為意識並不是物質，
而是與負責消化的腸胃一樣，是維持生命的現象。

希爾勒認為**意識**問題可以用物理學，當中亦可用生物學來說明。與隸屬**物理主義**（P280）的**取消主義**（P297）不同的是，**感質**（P302）與感情並非錯覺，而是確實的存在。

分析哲學─心靈哲學

不過他主張**感質**（P302）與感情屬於主觀問題，無法站在物理的角度來討論。**希爾勒**提到應該用物理學（神經科學）來處理的「意識」這個詞，不可以與**感質**這類應該用哲學的**存在論**或**認識論**處理的「意識」這個詞混為一談。

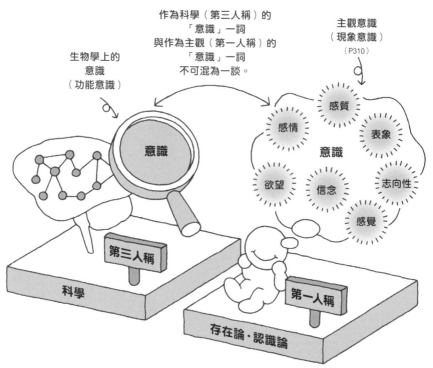

生物學上的
意識
（功能意識）

作為科學（第三人稱）的
「意識」一詞
與作為主觀（第一人稱）的
「意識」一詞
不可混為一談。

主觀意識
（現象意識）
（P310）

感質

感情

表象

意識

欲望

信念

志向性

感覺

意識

第三人稱

科學

第一人稱

存在論・認識論

希爾勒認為，與其調查大腦的神經元，逼近意識之謎，不如調查大腦在有無**意識**時狀態有何不同來得有效。這樣在以科學立場探討時，就不會忽略**感質**之類的主觀意識。

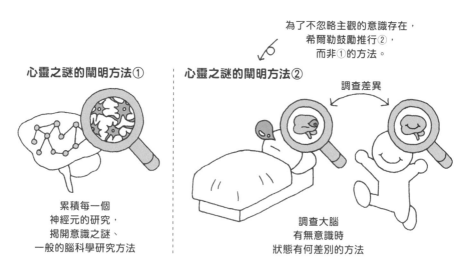

為了不忽略主觀的意識存在，
希爾勒鼓勵推行②，
而非①的方法。

心靈之謎的闡明方法①

心靈之謎的闡明方法②

調查差異

累積每一個
神經元的研究，
揭開意識之謎、
一般的腦科學研究方法

調查大腦
有無意識時
狀態有何差別的方法

內格爾

當蝙蝠是什麼滋味？
What is it Like to be a Bat?

▶204

備　註 ---------------針對「當蝙蝠是什麼滋味？」這個問題，
內格爾在其著作中是用「我想要知道的是對蝙蝠而言，
當蝙蝠是什麼滋味？」的方式來表達

蝙蝠會在天空飛，飲食與生活習慣也與人類截然不同。牠們沒有和我們
一樣的五感，是靠超音波來掌握這個世界。那麼假設我擁有的是蝙蝠的
大腦與身體，感受會是如何呢？

**試著想像
變成蝙蝠的情況**

可以在天空飛耶！
好棒喔

要想像的不是這種事，
而是經由前所未有的經驗，
也沒有人類思考模式的
蝙蝠大腦
來看這個世界。

內格爾在〈當蝙蝠是什麼滋味？〉一文中提到，不管物理學有多想要闡明
蝙蝠的大腦與知覺，就我而言，體驗蝙蝠的主觀意識並不容易。

蝙蝠的世界感　　　　　　　**我的世界感**

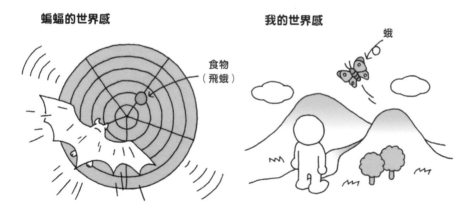

食物
（飛蛾）

蛾

蝙蝠依靠雷達捕捉蛾當食物，
並且利用超音波來掌握空間。
內格爾認為主觀來講，自己無法成為蝙蝠，
也無法知道蝙蝠的意識與思考的範圍。

分析哲學—心靈哲學

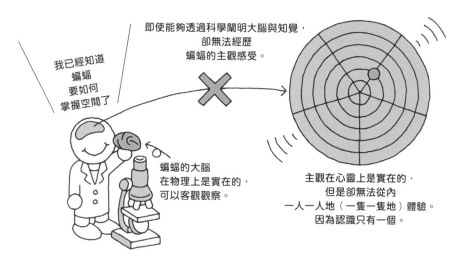

即使能夠透過科學闡明大腦與知覺，
卻無法經歷
蝙蝠的主觀感受。

我已經知道
蝙蝠
要如何
掌握空間了

蝙蝠的大腦
在物理上是實在的，
可以客觀觀察。

主觀在心靈上是實在的，
但是卻無法從內
一人一人地（一隻一隻地）體驗。
因為認識只有一個。

因為我只能用自己的大腦來捕捉世界。如此情況不僅是人類與蝙蝠，我（第一人稱）與他人（第三人稱）之間的關係亦是如此。不過**內格爾**主張想像**「身為他人是什麼滋味？」**是我們能力所及，同時也是最重要的行為。

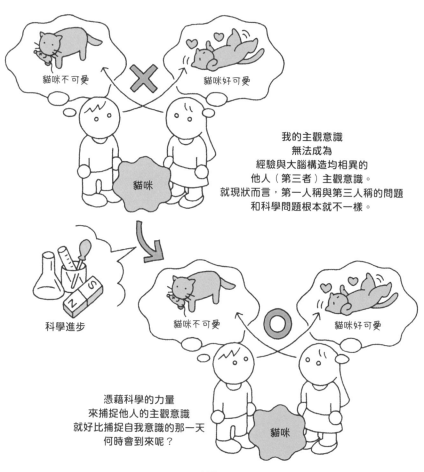

貓咪不可愛

貓咪好可愛

貓咪

我的主觀意識
無法成為
經驗與大腦構造均相異的
他人（第三者）主觀意識。
就現狀而言，第一人稱與第三人稱的問題
和科學問題根本就不一樣。

科學進步

貓咪不可愛

貓咪好可愛

憑藉科學的力量
來捕捉他人的主觀意識
就好比捕捉自我意識的那一天
何時會到來呢？

貓咪

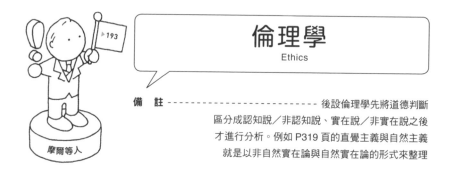

▶193

摩爾等人

倫理學
Ethics

備　註 ------------------------------ 後設倫理學先將道德判斷
區分成認知說／非認知說、實在說／非實在說之後
才進行分析。例如 P319 頁的直覺主義與自然主義
就是以非自然實在論與自然實在論的形式來整理

現代的倫理學大致可以分為三大類。亦即站在分析（邏輯）的立場思考
「善」與「惡」等文字含義的後設倫理學、探求何種行為屬於道德之基準
的規範倫理學，以及將現在諸問題應用在後設倫理學與規範倫理學之上
的應用倫理學這三類。

❸
應用倫理學

❷
規範倫理學

❶
後設倫理學

就這個倫理學的部分，先來看看歸納在分析哲學領域內的後設倫理學（分
析倫理學）核心吧。

❶後設倫理學

利用文字概念分析何謂「善」，何謂「惡」。
主要為分析哲學的處理領域，因此處理後設倫理的倫理學便稱為分析倫理學。
創始人為提倡日常語言哲學（P231）的摩爾。

◉自然主義
倘若以生物學進化與生存本能為根據之物屬於「善」的話，
那麼倫理這個概念就可以站在科學的立場來說明。

◉直覺主義（P320）

◉非認知主義（P325） ────── ◉情緒主義（P322）

◉規約主義（P324）

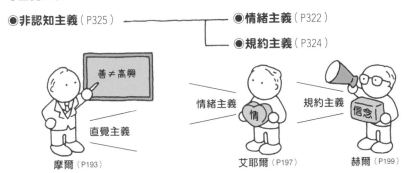

善 ≠ 高興

情緒主義　　規約主義
情　　　信念

直覺主義

摩爾（P193）　　　艾耶爾（P197）　　　赫爾（P199）

❷規範倫理學

探求什麼樣的行為可納入道德範圍內的基準。
一般來講，提到倫理學，所指的通常是規範倫理學。

◉結果論
僅靠結果來判斷
該行為是否正確。

效益主義（P372）

利己主義
以最為利己的情況為善。

福利主義
以福利最高的情況為善。

◉義務論
從本質而非結果來判斷
該行為是否正確。

◉德行論
不將重點放在實際的行為上，
而是從內心思考
所謂的好人是屬於什麼樣的人。
源自亞里士多德的倫理學。

狀況倫理
未決定何者為善。
以能夠產生愛的各種狀況為善。

定言令式（P369）

自由意志主義（P369）

❸應用倫理學

將後設倫理學與規範倫理學應用在現代各項現實問題上。

◉生命倫理學（P330）

◉環境倫理學（P330）

另外還有在IT環境中探問倫理的資訊倫理，以及在經營上探問倫理的商業倫理。

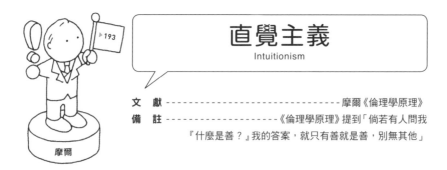

直覺主義
Intuitionism

文　獻 ------------------------------ 摩爾《倫理學原理》
備　註 ------------------《倫理學原理》提到「倘若有人問我『什麼是善？』我的答案，就只有善就是善，別無其他」

邊沁（P353）與**彌爾**（P353）重新定義了「善」和「高興」這兩個詞，設計出快樂計算法，成功地將「善」這個質數量化，同時也讓「善」這個籠統的道德價值能夠以客觀的立場來討論（效益主義 P372）。

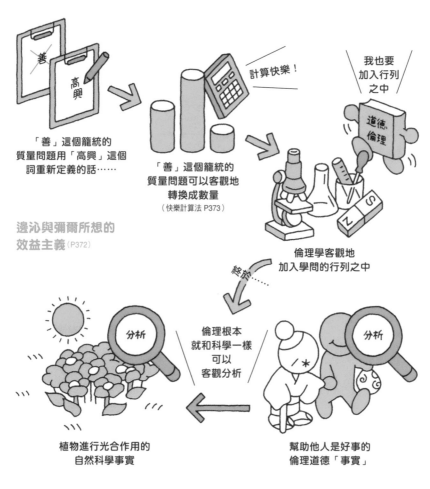

「善」這個籠統的
質量問題用「高興」這個
詞重新定義的話……

計算快樂！

我也要
加入行列
之中

道德倫理

「善」這個籠統的
質量問題可以客觀地
轉換成數量
（快樂計算法 P373）

**邊沁與彌爾所想的
效益主義**（P372）

倫理學客觀地
加入學問的行列之中

終於……

倫理根本
就和科學一樣
可以
客觀分析

分析

分析

植物進行光合作用的
自然科學事實

幫助他人是好事的
倫理道德「事實」

然而**日常語言哲學派**（P231）的**摩爾**提到「善」與「高興」是否相同尚屬未解決的問題，無法定義為同一事物。

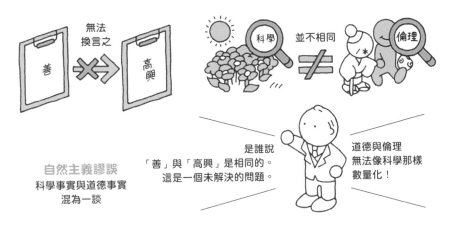

摩爾認為把善惡這樣的道德當作自然科學事實來分析是錯誤的，並且將這樣的錯誤稱為<u>自然主義謬誤</u>。

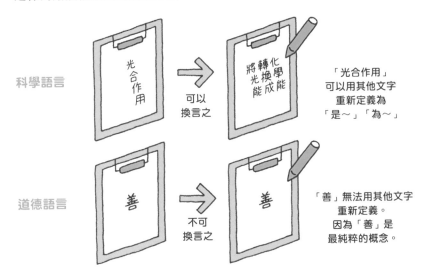

摩爾本身認為「善」是最純粹的概念，無法再進一步分析或分解，也無法用其他文字（例如「高興」「好」）來替換。更何況「善」並非物質，只能用我們的**直覺**來捕捉。對**摩爾**來說，「只能靠人類的直覺來捕捉的東西」是道德的本質。這就叫做<u>直覺主義</u>。

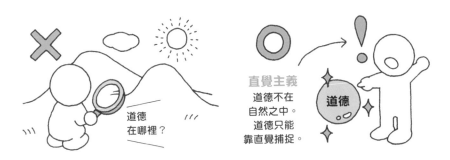

情緒主義
Emotivism

文　　獻 ------------------------------ 艾耶爾《語言、真理與邏輯》
相關概念 ------------- 邏輯實證主義（P248）、非認知主義（P325）
備　　註 -------- 以邏輯實證主義的立場來看，像「善」或「惡」
這樣的價值判斷表明的是無法客觀驗證的個人心理狀態。

艾耶爾站在**邏輯實證主義**（P249）的立場來考察**倫理**。他提到「植物會進行光合作用」的主張雖然屬實，但是「殺人是不對的」這個無法證實的主張之**真偽**卻不能靠邏輯來決定，因為世界上雖然有植物會進行光合作用這項「事實」，卻沒有殺人是錯誤的這項「事實」。

分析哲學—倫理學

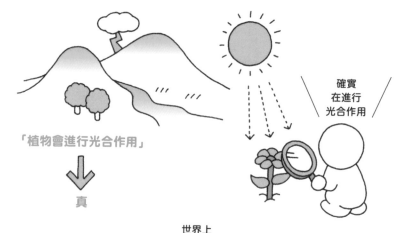

「植物會進行光合作用」

確實
在進行
光合作用

真

世界上
雖然有植物會進行光合作用這項「事實」，
卻沒有殺人是錯誤的這項「事實」

是不對的
這項
「事實」
在哪裡？

「不可以殺人」

無法詢問真偽。因此
不是正確的命題（P234）

艾耶爾提到，道德並非「事實」，是立足於**情緒**之物。我們只不過是認為「殺人是不對的」罷了。如此觀念，稱為情緒主義。道德並非「事實」，因此「道德知識」也不存在。

情緒主義
道德並非事實，而是該道德主張者的情緒

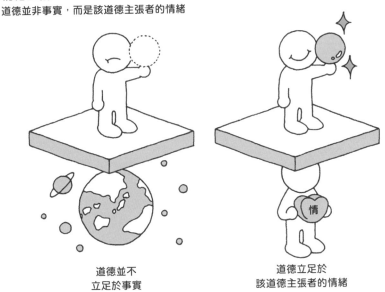

道德並不
立足於事實

道德立足於
該道德主張者的情緒

艾耶爾提到，「殺人是不對的」這句無法證實真偽的話並不是知識，也不是正確語句的用法。但如果是「我反對殺人」或「我討厭殺人」的話，就是正確語句的用法。

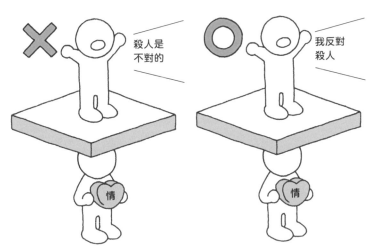

殺人是
不對的

我反對
殺人

「我反對殺人」或「我討厭殺人」才是正確語句的用法，
「殺人是不對的」並不是。

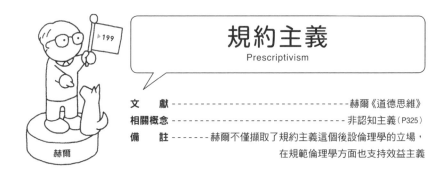

規約主義
Prescriptivism

文　　獻 ------------------------------------- 赫爾《道德思維》
相關概念 ------------------------------- 非認知主義（P325）
備　　註 ------ 赫爾不僅擷取了規約主義這個後設倫理學的立場，
　　　　　　　　　　　　　　　在規範倫理學方面也支持效益主義

赫爾針對「植物會進行光合作用」這句科學語句與「殺人是不對的」這句道德語句進行考察。他提到，「植物會進行光合作用」這句話並不會強制要求我們做出某個特定的**行為**。另一方面，「殺人是不對的」這句話是主張者不希望大家殺人而提出的規約。像這種把道德言語當作指令的情況，便稱為規約主義。

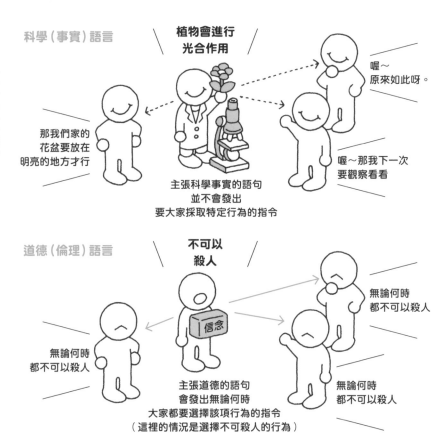

說出道德語句的時候，就算本人無此用意，卻和強制大家「要這麼做」的情況是一樣的。因此在說出道德語句時，最好三思。

非認知主義
Non-Cognitivism

文　　獻	赫爾《道德思維》
相關概念	情緒主義（P322）、規約主義（P324）
對 立 詞	認知主義
備　　註	自然主義屬於認知主義

赫爾等人

世界上存在著「事實」，而科學是對於「事實」的知識探求。**艾耶爾**的**情緒主義**（P323）與**赫爾**的**規約主義**（P324）之共同觀念，就是**道德**並非「事實」，故道德知識也不存在。這稱為非認知主義。對他們來說，所謂的道德，並不是針對科學這類事實的知識，而是他物。

所謂科學……

知道世界上的事實，增加知識

所謂科學，是對世界上的「事實」探求知識

所謂道德與倫理……

道德並非「事實」。因此道德知識這種東西也不可能存在。

道德是情緒

艾耶爾

道德是指令

赫爾

非認知主義

認為與道德有關的主張是無法判斷真偽的

不打算從後設倫理學（P318）而是從規範倫理學（P318）中的自由意志主義（P326）之立場來探求倫理。

關於倫理語言分析固然重要，但也要思考該怎麼做才符合倫理

羅爾斯

羅爾斯

自由意志主義
Libertarianism

▶ 200

▶ 200

備　註 - 單純翻譯成「自由主義」
容易引起誤解，要特別留意。當代美國
透過重新分配財富的方式救濟經濟弱者，
以支持福利國家政策的立場稱為自由意志主義

主張自由意志主義的羅爾斯重視談論倫理內容的規範倫理學（P318）勝於
後設倫理學（P318）。他的目標，是要克服效益主義（P372），亦即就算有人
為了整個社會犧牲，這也是無可奈何的規範倫理學主流觀念之弱點。他
認為我們應該要先蓋上一層以不知自己置身在何種立場為前提的無知之
幕，再來思考應該締造一個什麼樣的社會才好。

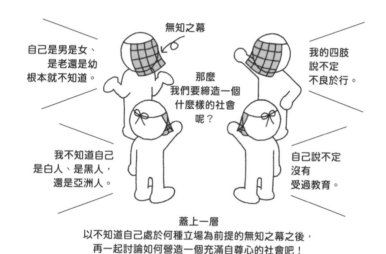

蓋上一層
以不知道自己處於何種立場為前提的無知之幕之後，
再一起討論如何營造一個充滿自尊心的社會吧！

為此，羅爾斯想出了可以導出社會正義的三個原理。第一個是基本自由
原則。亦即個人自由原則上必須受到保障才行。

❶基本自由原則

良心、思想以及言論的
自由必須受到保障
才行。

分析哲學—倫理學

第二個是公平的機會平等。就算經濟方面產生差距，也要平等給予公平
競爭的機會。

❷公平的機會平等

就算產生差異，也要保障競爭自由。

然而如果遇到身體不良於行，或者是遭受歧視等不利狀況時，能否參加
自由競爭呢？為此羅爾斯最後提及差異原則，也就是競爭之下所產生的
差異必須加以調整，以便為最不得志的人改善生活。

❸差異原則

大家想一下
分配財富的
方法吧！

競爭之下的差距
所產生的財富

財富調整

競爭之下所產生的差距
必須為最不得志的人
改善生活

辛格

動物權利
Animal Rights

文　獻 —————————————— 辛格《動物解放》、《應用倫理學》

備　註 ——————《應用倫理學》中提到，「某個存在感受到痛苦時，
不加以關懷的話，就道德來講是不允許的」

假設有個動物實驗，內容是調查老鼠感到畏懼時會採取什麼樣的行動。在這種情況之下，若不假設老鼠與人類擁有相同感情的話，那麼進行這個實驗就會失去意義。倘若我們實驗的對象是接近人類的靈長類，那麼這就會是一個更有效果的動物實驗。然而這樣的實驗就倫理而言，可以允許嗎？

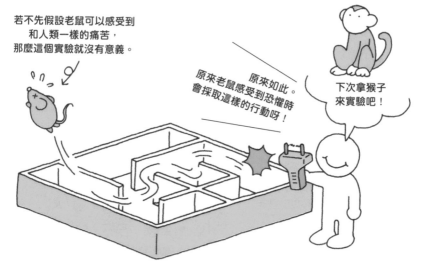

若不先假設老鼠可以感受到和人類一樣的痛苦，那麼這個實驗就沒有意義。

原來如此。原來老鼠感受到會採取這樣的行動呀！

下次拿猴子來實驗吧！

辛格認為這個問題適用於**規範倫理學**（P318）中的**效益主義**（P372）。亦即「只要將生物不需承受的痛苦降至最低，世界上的痛苦就會降到極限，這樣世界就會變得更美好。」因此，將**後設倫理學**（P318）與規範倫理學應用在現實問題上的論說，便稱為**應用倫理學**。

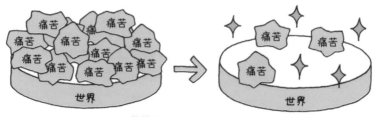

將世界上的痛苦降至最低，讓世界變得更美好（最大多數人的最大幸福 P374）

辛格認為人類這個物種在對於其他動物權利方面享有特權，這是一種物種主義。這種觀念與因為自己是白人，所以白人最偉大的想法毫無差別。

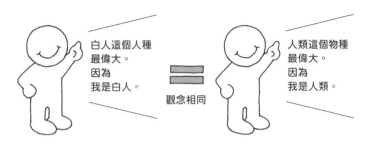

辛格提到，明明不是為了食用，也不是為了**醫療**，但是人類為了得到一份微小的**滿足**，卻會去侵犯動物生存這個重要的權利。所以他提倡要廢止動物實驗、狩獵興趣以及工廠畜產等行為。

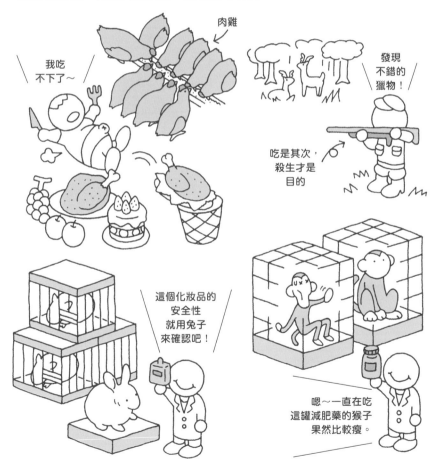

辛格認為不該讓動物承受
不必要的痛苦。

分析哲學──倫理學

辛格

生命倫理學
環境倫理學
Bioethics ｜ Environmental Ethics

備　註 ------------------------- 在應用倫理學的領域中，
還有在 IT 環境中探問倫理的資訊倫理、探問報導與言論自由的
新聞倫理學，以及在經營上探問倫理的商業倫理

具代表性的**應用倫理學**（P318）可分為環境倫理學與生命倫理學。長久以來，我們一直認為「人類」、「家族」、「自由」、「生命」等都是普遍的概念。然而隨著基因技術與醫療技術的進步，這些概念似乎都必須要重新改寫。

▶208

分析哲學—倫理學

基因操作

人類已經可以透過複製技術來複製人類了。如此一來便可為遲遲膝下無子的夫妻，或者是孩子因為意外或生病而離世的夫妻解決問題。但是這在倫理上OK嗎？

可以複製出
基因
和父母一樣的
孩子

我是
複製人

複製人
與非複製的
人類
差別在哪？

產前診斷

現在可以在產前得知胎兒的異常狀態。但是人類的刻意選擇是否妥當？

人工智慧・人工內臟

擁有人工人體的生化人與因為人工智慧而擁有感情的仿生人兩者差異在哪？

尊嚴死・腦死

醫療技術的進步延長了人類的壽命。那麼我們該如何迎接臨終呢？另外，腦死這個新概念出現了之後，死的概念又為何呢？

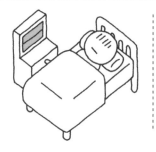

自然的生存權

人類可以為了小小的幸福而侵犯生物「生存」這個重要權利嗎？
→動物權利 P329

訂製嬰兒・ 人工授精

可以在尚處受精卵階段操作基因，或者是在網路上購買優良的精子，刻意製作一個優秀的孩子。所謂優秀的孩子，是最適合「當下環境」的孩子，但是環境如果改變，已不再是「當下環境」的話呢？

器官移植

身體器官也可以移植了。這是人能夠替大眾所做的崇高行為？抑或可視為能夠替換人體之物的非人為行為？雖說自己的身體是自己的，但是自由販賣器官妥當嗎？

代理孕母生產

膝下無子的父母也能夠利用代理孕母來擁有孩子。生下來的孩子最多可以擁有五位父母。既然如此，「家族」的概念是否該重新思考呢？

基因上的父母　　　孩子

養父母

我有五個父母

生母

分析哲學─倫理學

世代平衡・地球有限主義

雖然快要熱死，但是冷氣還是要轉到「弱」

謝謝你們留下自然給我們！

為了維護有限的地球環境，我們必須限制自由才行。追求自由的時代已經結束了嗎？或者是某個地方還有我們尚未得知的自由呢？

現代人　　　　　　　　　　　　　　　未來的人

（當代）形上學
（Contemporary）Metaphysics

備　註 - - - - - - - - - - - - - - - 當代形上學的入門書有康林與西德爾的
Riddles of Existence: A Guided Tour of Metaphysics，
以及秋葉剛史、倉田剛、鈴木生郎與谷川卓的
《當代形上學——分析哲學探問的人、因果與存在之謎》

「何謂時間？」「要以什麼定義自己？」「人類是否存在著自由意志呢？」
這些都是**形上學**（考察無法實際觀察或耳聞之事物的學問）自古以來的基
本論題。不過現代的**英美哲學**卻試著用**分析哲學**的手法（根據思考而非
實驗的理論）來挑戰這些話題。因此二十世紀以後屬於分析式的形上學
便稱為分析形上學（當代形上學）。

分析形上學主要論題

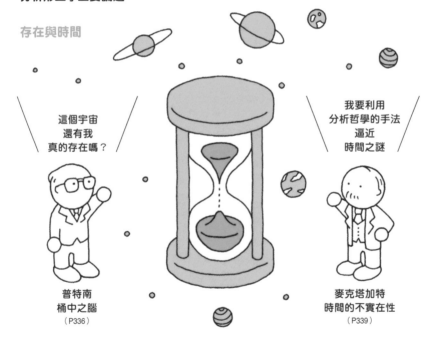

存在與時間

這個宇宙
還有我
真的存在嗎？

我要利用
分析哲學的手法
逼近
時間之謎

普特南
桶中之腦
（P336）

麥克塔加特
時間的不實在性
（P339）

> 形上學（Meta＝Physica）
>
> 超越自然學的學問。倘若調查「鹿角是怎麼長出來的？有什麼功能？」屬於自然
> 學的話，那麼形上學這門學問就是為解決「什麼是鹿角？鹿角為什麼會存在？
> 它的存在是怎麼一回事？」這些問題。「Meta＝Physica」意指「自然學
> （physica）」之後（meta），出自亞里士多德（P352）的文獻。

分析哲學—形上學

模態

可能世界
實際存在

路易斯
模態實在論
（P342）

同一律

什麼是
同一？

戴維森
同一律
（P344）

分析哲學—形上學

自由意志

人類
有沒有
自由意志呢？

丹尼特
決定論
（P347）

桶中之腦
Brain in a Vatz

文　　獻 ---------------------- 普特南《理性、真理和歷史》
相關概念 -------------- 我思，故我在（P358）、經驗機器（P337）
備　　註 -------------- 普特南藉由桶中之腦來批評「基礎論」。
另外，電影《駭客任務（Matrix）》亦以桶中之腦為題材

普特南

你所經歷的一切，說不定是接上電腦的桶子中浮在裡頭的大腦所經驗的
虛擬實境。不管是你所看見的世界、觸碰物品的感覺，甚至是你的身體
本身，全部都是電腦傳送給大腦的資訊。

分析哲學一形上學

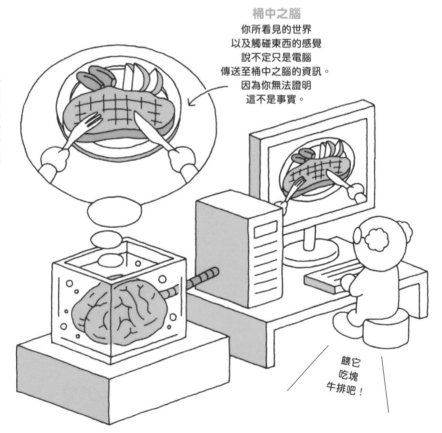

桶中之腦
你所看見的世界
以及觸碰東西的感覺
說不定只是電腦
傳送至桶中之腦的資訊。
因為你無法證明
這不是事實。

餵它
吃塊
牛排吧！

以上這個**桶中之腦**是**普特南**提出思想實驗。我們無法證明這個假說是錯
誤的。過去連**笛卡兒**（P352）也曾經懷疑「這個世界的一切，說不定是一
場夢」（P358）。世界真的存在嗎？到目前為止，我們都還無法確證這一點。

▶204

經驗機器
Experience Machine

文　　獻 — — — — — — — — — — — — — — — 諾齊克《無政府、國家與烏托邦》
相關概念 — — — — — — — — — — — — — — — 效益主義（P372）、桶中之腦（P336）
備　　註 — — — — — — 這個思考實驗被認為是反對「追求快樂是眾人所望」
這個效益主義快樂論的論證

經驗機器是一臺可以讓你在虛擬世界中如願擁有理想人生的機器。只不過一旦接上這臺機器，就不會察覺自己其實置身在機器之中這個事實，一輩子都會以為這個虛擬世界就是現實。既然如此，你會想要接上這臺可以保證幸福快樂的機器嗎？如果不想接上的話，在這個現實世界當中，是否還有比幸福快樂更重要的東西呢？諾齊克經由這個思考實驗，觸及了**效益主義**（P372）無法解決的問題。

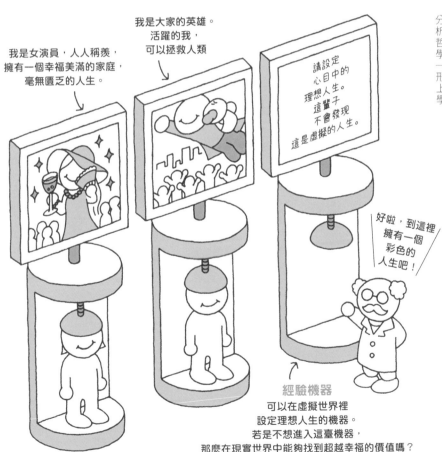

我是女演員，人人稱羨，擁有一個幸福美滿的家庭，毫無匱乏的人生。

我是大家的英雄。活躍的我，可以拯救人類

請設定心目中的理想人生。這輩子不會發現這是虛擬的人生。

好啦，到這裡擁有一個彩色的人生吧！

經驗機器
可以在虛擬世界裡設定理想人生的機器。若是不想進入這臺機器，那麼在現實世界中能夠找到超越幸福的價值嗎？

分析哲學—形上學

337

麥克塔加特

時間的不實在性
The Unreality of Time

▶192

文　獻 ------------------------ 麥克塔加特《時間的不實在性》
備　註 ----------- 入不二基義在《時間實際存在嗎?》當中提到
「麥克塔加特的時間論已經是哲學實踐論的經典」。
日本亦有不少著作及論考與麥克塔加特的時間論有關

麥克塔加特認為，時態的本質是**過去、現在、未來**這種**時間的變化**（**A 系列**），而且是無法真實存在的。

所謂時間，指的是過去、現在、未來的系列（A系列）

過去不是現在，也不是未來；現在不是過去，也不是未來。過去、現在 與未來是處於相互抵消的關係。也就是說，這三者是無法共存的。

如果是過去，那就不 是現在，也不是未來

如果是現在，那就不 是過去，也不是未來

如果是未來，那就不 是過去，也不是現在

過去、現在、未來會相互抵消，無法共存

同樣地

四角形、圓形、三角形會相互抵消，無法共存

如果是四角形，那就不是 圓形，也不是三角形

如果是圓形，那就不是 四角形，也不是三角形

如果是三角形，那就不是 四角形，也不是圓形

試著將A君誕生這件事套用在這個過去、現在、未來的系列（A系列）上。 倘若A君現在誕生了，那麼這件事對過去而言是未來會發生的事，對現 在而言是現在發生的事，對未來而言是過去發生的事。

分析哲學│形上學

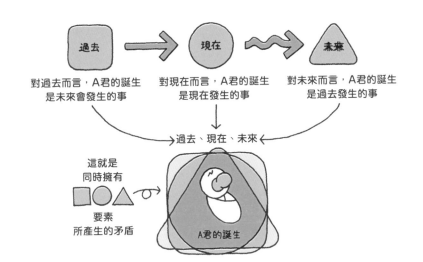

如此一來，A 君誕生的這件事，就會是過去，是現在，也是未來，亦即擁有過去、現在、未來這無法相互並立的所有特性。這是一種矛盾，因此**時間**並不實際存在（**時間的不實在性**）。

A君的出生
是在二十歲以前

A君滿二十歲
是在出生之後，死亡之前

A君死亡
是在二十歲以後

B系列
不管是
今天還是明天
時間的順序關係
都不會改變，
也就是不受時間
變化的影響

麥克塔加特提到，掌握**時間**的方法有 **A 系列**與 **B 系列**這兩種。**B 系列**是「～之前，～之後」的**時間順序關係**，但是 **B 系列**並無法說明時間的變化（流程），故稱不上是**時間**的本質。因此只要證明 **A 系列**這個**時間**本質的矛盾之處，就能夠證明**時間未實際存在**這件事。

B系列
時間上的順序
=
C系列
無時間的順序
+
A系列
時間上的變化、變遷

順帶一提的是，**麥克塔加特**還談到**無時間順序關係**的 C 系列。這個 C 系列只要加上具有時間變化的 A 系列，就能夠做出有時間順序的 B 系列。**麥克塔加特**本身雖然認為 C 系列是實在的（不會產生矛盾的），但是他提到的一連串證明及至今日依舊讓人議論紛紛。

克里普克

▶205

可能世界
Possible World

文　　獻 ---------------------------------- 克里普克《命名與必然性》
相關概念 --- 模態實在論（P342）
備　　註 ------------- 有別於路易斯，克里普克本身並不認為
可能世界實際存在

長久以來人們認為**真理**可以分為**分析性真理**（P254）與**綜合性真理**（P254），
不過亦有人認為可以分為必然性真理與偶然性真理。所謂的**必然性真理**，
指的是「**三角形有三個角**」這種無法否定的真理。而**偶然性真理**則是指像
「**梵谷畫了一幅向日葵的畫**」這種事實如果改變的話，情況可能就會不
一樣的真理。

分析哲學｜形上學

必然性真理的例子

否定情況無法成立的真理。
例如數學真理、只能靠理性得知的真理
（大多與分析性真理重疊）

三角形的角有三個
（因為三角形這個詞的意思
就是邊角有三個的圖形）

A＝B 然後 B＝C
那麼
A＝C

3比2還要大

偶然性真理的例子

狀況不同，就有可能成立的真理。
科學真理等實際體驗，同時也可確認的真理。
（大多與綜合性真理重疊）

水溫到達100℃就會沸騰

梵谷畫了一幅向日葵的畫

大象比老鼠還要大

克里普克利用了可能世界這個概念，試圖正確說明這兩個曖昧不清的真
理之間有何差異。所謂的**可能世界論**，是將我們現在所居住的這個現實
世界視為無數**可能世界**之一的觀念。

可能世界的數量僅跟隨著想像的可能性而存在。例如「梵谷沒有畫出向日葵的世界」就至少有一個。

可能世界

可能世界的數量
僅跟隨著想像的可能性而存在

我利用可能世界
這個概念
如此正確定義出
偶然性真理
與必然性真理

克里普克

偶然性真理 ━━ 在真實世界裡為真。但是在其他的可能世界裡可以為真，也可為假（例如「梵谷畫了一幅向日葵的畫」在現實世界是真，但是在其他的可能世界裡可為真，亦可為假）

必然性真理 ━━ 在所有的可能世界中為真的真理（例如「3比2還要大」在所有的可能世界裡便為真）

利用**可能世界**說明**偶然性真理**的話，**偶然性真理**在現實世界中就會成**真**，但是在**其他的可能世界**裡卻有可能成**真**，也有可能成**假**。而**必然性真理**的否定會引起矛盾，故在所有的可能世界中都會成**真**。可見**可能世界論**原本是**克里普克**為了整理吸收的思緒而使用的工具。但是**路易斯**等部分哲學家卻主張**可能世界**是實在的（模態實在論 P342）。

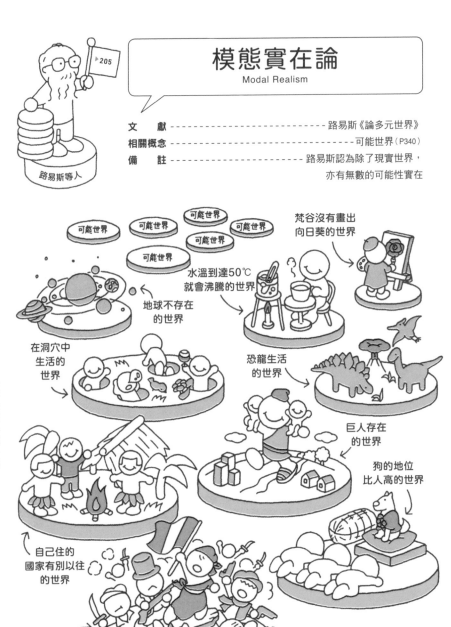

模態實在論
Modal Realism

文　　獻 ----------------------------- 路易斯《論多元世界》
相關概念 ----------------------------- 可能世界（P340）
備　　註 ----------------------------- 路易斯認為除了現實世界，
　　　　　　　　　　　　　　　　　　　亦有無數的可能性實在

▶205

路易斯等人

可能世界

可能世界

可能世界

可能世界

可能世界

可能世界

梵谷沒有畫出
向日葵的世界

水溫到達50℃
就會沸騰的世界

地球不存在
的世界

在洞穴中
生活的
世界

恐龍生活
的世界

巨人存在
的世界

狗的地位
比人高的世界

自己住的
國家有別以往
的世界

法國革命
一直持續到今日的
世界

可能世界論
可能世界的數量
僅跟隨著想像的可能性而存在

認為我們生活的這個現實世界是無數**可能世界**（P340）之一的論說稱為**可能世界論**。不過**可能世界**的數量僅跟隨著想像的可能性而存在。例如「水溫到達50℃就會沸騰的世界」至少就有一個。**克里普克**（P205）擷取了可能世界這個概念，以作為整理思緒的工具，但是**路易斯**卻深信**可能世界**是**實在的**。而認為**可能世界**實在的觀念，便稱為**模態實在論**。

倘若**可能世界實在**，那麼就能夠成為古代哲學家探究的「這個世界為何是如此模態（模樣），而非其他」這個問題的其中一個答案了。

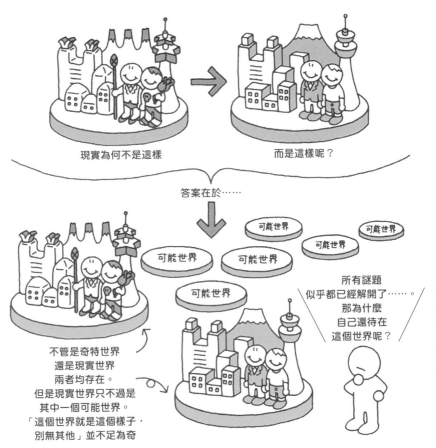

現實為何不是這樣　　　　　而是這樣呢？

答案在於……

可能世界

可能世界

可能世界　　可能世界

可能世界　　可能世界

可能世界

不管是奇特世界
還是現實世界
兩者均存在。
但是現實世界只不過是
其中一個可能世界。
「這個世界就是這個樣子，
別無其他」並不足為奇

所有謎題
似乎都已經解開了……。
那為什麼
自己還待在
這個世界呢？

可能世界既然實在，那麼只要有可能性，這個世界也一定會實在。如此一來，這個**現實世界**在所有的可能世界當中一個也不存在的情況就不可能會發生。也就是說，這個**現實世界**是這個樣子根本就不足為奇。

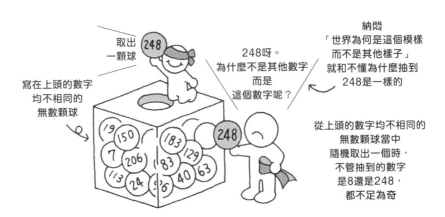

取出
一顆球

248

248呀。
為什麼不是其他數字
而是
這個數字呢？

納悶
「世界為何是這個模樣
而不是其他樣子」
就和不懂為什麼抽到
248是一樣的

寫在上頭的數字
均不相同的
無數顆球

19　150
7　206　183　129
113　24　83
40　63

248

從上頭的數字均不相同的
無數顆球當中
隨機取出一個時，
不管抽到的數字
是8還是248，
都不足為奇

343

沼澤人

Swampman

文　　獻	戴維森《主觀、主觀間、客觀》
相關概念	感質（P302）、哲學殭屍（P308）
備　　註	戴維森本身並不認為沼澤人與自己是一樣的

戴維森

十七世紀的時候，**霍布斯**（P352）利用**忒修斯之船**這個話題思考何謂**同一性（identity）**。花了三年的時間，所有零件全都換新的**忒修斯之船**，與三年前的那艘船還是同一艘船嗎？

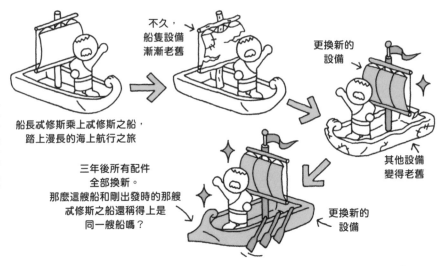

不久，
船隻設備
漸漸老舊

更換新的
設備

船長忒修斯乘上忒修斯之船，
踏上漫長的海上航行之旅

三年後所有配件
全部換新。
那麼這艘船和剛出發時的那艘
忒修斯之船還得稱得上是
同一艘船嗎？

其他設備
變得老舊

更換新的
設備

不只是船。我們的身體也會因為細胞一邊新陳代謝，一邊成長。那麼過去的我們與現在的我們是憑什麼將這兩者視為同一的呢？

想要喝奶的孩子與想要孫子的老人同一嗎？

我要
喝奶

我要
玩具

我要錢

我要
孫子

←同一？→　　←同一？→　　←同一？→

到了二十世紀，**戴維森**利用**沼澤人**這個**思想實驗**，站在與**霍布斯**略為不同的角度來研究同一律。

分析哲學｜形上學

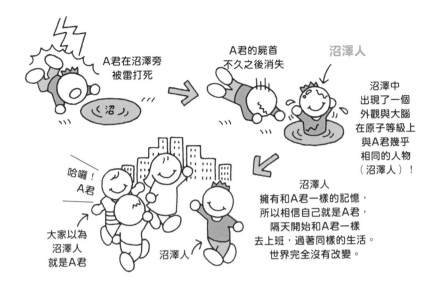

A君在沼澤旁
被雷打死

A君的屍首
不久之後消失

沼澤人

沼澤中
出現了一個
外觀與大腦
在原子等級上
與A君幾乎
相同的人物
（沼澤人）！

沼澤人
擁有和A君一樣的記憶，
所以相信自己就是A君，
隔天開始和A君一樣
去上班，過著同樣的生活。
世界完全沒有改變。

哈囉！
A君

大家以為
沼澤人
就是A君

沼澤人

假設我從東京搭乘傳送機移動到紐約。這時候如果認為自己是瞬間**移動**的話，那就沒有問題。但如果自己不是移動是**消滅**，而包括腦中記憶在內，有個原子等級都與我相同的人物在紐約獲得**重生**的話，情況會是如何呢？當然，傳送成功的我在這個世界上是沒有人會懷疑的。

把傳送視為「移動」的話，就能夠保有同一律

把自己從東京傳送到紐約時，只要認為是瞬間移動，
那麼出現在紐約的人物一定會是我。

東京　我　我　我　我　我　我　我　NY　傳送成功
了耶！

傳送機　　　移動

把傳送視為「消滅與重新誕生」的話，就會失去同一性

我消滅了，包含腦中記憶在內，有個原子等級與我相同的人物
在紐約重生的話，那會是我嗎？（重生的人物應該會覺得自己就是「我」）

東京　我　　我　　？　　？　NY　傳送成功
了耶！

消滅　　重生

決定論
Determinism

文　獻 ----------- 門脇俊介、野矢茂樹編《自由與行為的哲學》
丹尼特《自由的進化》

備　註 ----------------------------- 關於自由意志
古代奧古斯丁早已在《懺悔錄》中論及。

重量Xg，直徑Ycm的球
從Z角度以時速Gkm的速度
打破這片玻璃

所有的結果
一定會存在
一個原因。
這就是自然法則的
因果論

發生在世界上的所有事情與狀態一定會存在著一個先行**原因**。這就是**自然法則（物理法則）**的因果論（P300）。現在的世界只不過是前一秒發生的事情**結果**。而前一秒的世界又是再前一秒的世界結果。回過頭來，大爆炸發生的那一刻，就已經決定了當下世界的狀態。就連大腦也是超越自然物質，遵循這個法則，根本就沒有餘地讓自由意志進入其中。

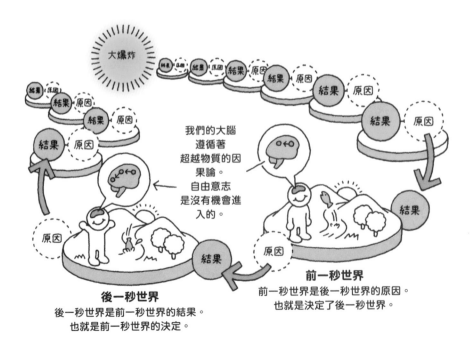

我們的大腦
遵循著
超越物質的因
果論。
自由意志
是沒有機會進
入的。

後一秒世界
後一秒世界是前一秒世界的結果。
也就是前一秒世界的決定。

前一秒世界
前一秒世界是後一秒世界的原因。
也就是決定了後一秒世界。

我們都以為自己的行為是憑靠自己的意志在決定的，其實這只不過是心理上的錯覺。這樣的想法稱為決定論。倘若我們沒有**自由意志**，就算犯了罪，也是**必然**情況，而非本人責任。

自然法則的因果論

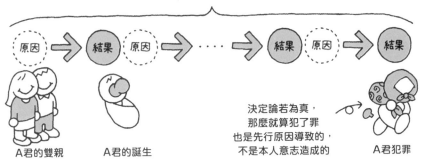

原因 → 結果	原因 → …… → 結果	原因 → 結果	

A君的雙親　　A君的誕生　　決定論若為真，那麼就算犯了罪也是先行原因導致的，不是本人意志造成的　　A君犯罪

倘若**決定論**是錯的，那麼**因果論**也會是錯的，如此一來自由科學就會失去意義。因此有人提出相容論，亦即就算**決定論**正確無誤，**自由意志**還是可以存在。例如**丹尼特**便認為世界是在因果關係之下成立的。然而構成世界的粒子之因果關係卻非常複雜，經常出現不可預測的類型。因此他認為自由意志就有機會進入其中。

分析哲學｜形上學

不相容論		相容論
決定論與自由意志無法相容		決定論與自由意志可相容

嚴格不相容論	自由意志主義 （Libertarianism）	軟性決定論
決定論正確無誤，因此自由意志是不存在的	決定論並不正確，因此自由意志是存在的	決定論正確無誤，自由意志也存在。自古以來休謨、霍布斯與詹姆士便是此立場

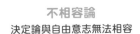

神是不甩骰子的！（不會有偶然）by 愛因斯坦	就算看似量子力學，但是基本粒子拉扯的動向卻不規則。只有因果論是無法構成世界的	意識是由遵循因果論的意識與自由意志堆疊而成的	單純的因果關係會漸漸變得複雜。複雜的程度與自由意志息息相關

愛因斯坦 （P194）	羅伯特・凱恩 （1938～）	法蘭克福 （P202）	丹尼特 （P206）

因維根等人

嚴格不相容論
Hard Incompatibilism

文　獻 ---------- 門脇俊介、野矢茂樹《自由與行為的哲學》

相關概念 ----------------------- 決定論（P346）

備　註 ---- 因維根本身是肯定自由意志的自由意志主義（P347）者

世界上發生的所有事情與狀態都是事先決定好的，因為每一件事都是前一秒發生的事情所產生的結果。而前一秒發生的事情又是再前一秒的結果。這就是自然法則的**因果論**（**因果法則**）。只要我們的大腦也屬於自然物質，就會遵從這個**因果論**，不過**自由意志**並無加入其中的餘地。這樣的想法，就是**決定論**。

分析哲學—形上學

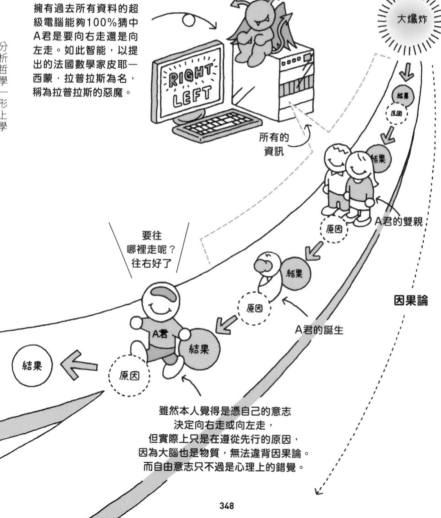

擁有過去所有資料的超級電腦能夠100％猜中A君是要向右走還是向左走。如此智能，以提出的法國數學家皮耶一西蒙‧拉普拉斯為名，稱為拉普拉斯的惡魔。

所有的資訊

大爆炸

結果
原因

結果
A君的雙親
原因

因果論

結果
原因
A君的誕生

要往哪裡走呢？往右好了

A君

結果
原因

結果
原因

雖然本人覺得是憑自己的意志
決定向右走或向左走，
但實際上只是在遵從先行的原因，
因為大腦也是物質，無法違背因果論。
而自由意志只不過是心理上的錯覺。

決定論（P347）如果正確，再加上擁有我過去一切資料的超級電腦也出現的話，照理說，應該會 100% 猜中我下一個要採取的行為。這種知道一切的超級電腦般的知識，便稱為**拉普拉斯的惡魔**。

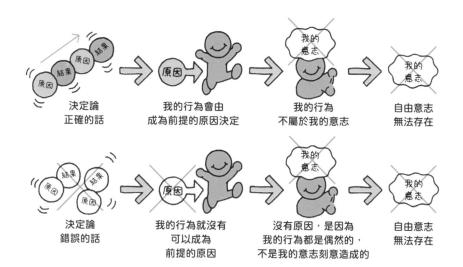

決定論
正確的話

我的行為會由
成為前提的原因決定

我的行為
不屬於我的意志

自由意志
無法存在

決定論
錯誤的話

我的行為就沒有
可以成為
前提的原因

沒有原因，是因為
我的行為都是偶然的，
不是我的意志刻意造成的

自由意志
無法存在

因維根又問，假設**決定論**是錯誤的話，我們的行為就不會遵從**因果論**。在這種情況之下，我的行為就不會有原因。既然沒有原因，我的行為就會是偶然進行。既然是偶然，那麼就不是我的意志。也就是說，不管**決定論**是真是假，**自由意志**都無法存在（嚴格不相容論）。那麼**自由意志**是不是錯覺呢……？

拉普拉斯的
惡魔

求求你，告訴我。
人類是否
真的沒有
自由意志呢？

這個嘛……
你認為呢？

蘇格拉底 BC469? ～ 399

生於雅典，父親是雕刻家，母親是助產士。外界認為，他的太太贊西佩是「世界三大惡妻」之一。他曾三度以戰士身分參加伯羅奔尼撒戰爭。他的容貌醜陋，據說有時會不知不覺陷入沉思狀態。他批判詭辯家，並認為透過問答的方式可找到普遍的真理，也因而被告發，說他是危險人物，並在民眾審判下，遭處死刑。

柏拉圖 BC427 ～ 347

雅典名門出身，是一位對西洋哲學帶來莫大影響的哲學家。青年時代師從蘇格拉底學習哲學，但因為對於把蘇格拉底逼死的雅典幻滅，遂前往義大利、西西里島、埃及遊歷。回到雅典後，在郊外開設學院（Academy），專心致力於哲學研究與教育活動。該校存在約九百年。

亞里士多德 BC384 ～ 322

古代最偉大的哲學家。十七歲時前往雅典，在柏拉圖的學院學習約二十年。後來他在馬其頓成為亞歷山大（後來的亞歷山大大帝）的家庭教師。隨著亞歷山大即位，他再度回到雅典，設立萊西姆學院。由於亞里士多德曾一面在學院的迴廊散步（逍遙），一面談論哲學，其學派又稱逍遙學派。

霍布斯 1588 ～ 1679

英國哲學家、政治學家。生於一個英國國教會的牧師家庭，就讀牛津大學，畢業後一面擔任貴族的家庭老師，一面繼續做研究。到法國、義大利旅行，與培根、笛卡兒、伽利略都有所交流。由於國內動亂，一度亡命法國。主要著作《利維坦》遭批判為無神論，差點被勒令禁止出版。

笛卡兒 1596 ～ 1650

法國哲學家、自然科學家。有「近代哲學之父」的稱號，到拉弗萊什的學校接受士林教育後，志願從軍。一六一九年十一月十日，他在冬季的德國營地「發現了令人震驚的諸學之基礎」。退伍後，他在歐洲各地旅行，定居荷蘭。晚年他應瑞典女王之邀前往該國，隔年病故。他的頭蓋骨現展示於巴黎人類史博物館。

斯賓諾莎 1632 ～ 1677

荷蘭哲學家。生長於一個自葡萄牙亡命到荷蘭的猶太商人家庭。在隸屬於猶太教團的學校受教育，但是被西歐思想所吸引。一六五六年，由於傾向無神論，遭猶太教團逐出，其後一面以教書和磨鏡片維持生計，一面繼續寫東西。四十四歲因長年的肺病去世，結束了他身為自由思想家、埋首於哲學的孤獨人生。

柏克萊 1685～1753

英國哲學家、牧師。出生於愛爾蘭，小時候就有神童之稱，在都柏林的三一學院求學，年紀輕輕就成為老師。代表作《視覺新論》與《人類知識原理》二書都是他二十多歲時寫的。身為牧師，他為了在百慕達群島興建大學而赴美，但在資金方面受挫。加州的柏克萊市就是由柏克萊的名字而來的。

康德 1724～1804

德國哲學家。出生於普魯士王國柯尼斯堡（現為俄羅斯的加里寧格勒市），父親是製作馬具的工匠。康德畢業後，當了九年家庭教師以養家活口，而後於柯尼斯堡大學歷任教授、院士及校長等職務。他以從起床到夜間就寢的作息有著鋼鐵般的規律而聞名，同時也確立了歐陸理性主義與英國經驗主義整合之哲學。

邊沁 1748～1832

英國哲學家、法學家，效益主義的創始者。出生於倫敦的富裕法律家庭，於十二歲時進入牛津大學就讀，二十一歲取得律師資格，但他對於律師工作不感興趣，潛心研究法律理論。而後為了擴大選舉權，致力於選舉法修訂，基於自由主義以政治改革為目標，傾注全力。

黑格爾 1770～1831

近代哲學集大成者。出生於德國斯圖加特。他在耶拿大學是極受歡迎的講師，不過由於拿破崙攻占普魯士，大學因而關閉。而後歷經報社編輯、德國文理中學校長、海德堡大學教授、柏林大學哲學教授，並曾擔任柏林大學的校長，對於當時的思想界產生絕大的影響。六十一歲因霍亂而猝死。

彌爾 1806～1873

英國哲學家、經濟學家，為邊沁至交的父親對他採行英才教育。於十六歲時成立效益主義協會，並於十七歲進入父親服務的東印度公司。雖然他原本熱烈擁護邊沁的效益主義，卻在二十多歲時開始批判邊沁的效益主義，並提出自己的效益主義主張。他同時以政治家的身分，在英國國會致力於婦女參政權等民主改革。

齊克果 1813～1855

丹麥哲學家，被視為存在主義的鼻祖。出生於哥本哈根。他學習神學，於二十二歲時開始對「存在」思想有所覺醒。他發現自己是父親在結婚前對母親性暴力下的結晶而苦惱不已。二十七歲時與十七歲的少女維珍妮訂婚，卻又主動解除婚約。這些龐大的苦惱，形成了齊克果的哲學思想。

馬克思 1818 ～ 1883

德國哲學家、經濟學家。出生於特里爾，於波昂大學和柏林大學攻讀法律、哲學及歷史，加入黑格爾左派知識青年團，其後成為《萊因報》的主編，但是由於批判政府而失去工作並移住巴黎。而後又陸續移居比利時、巴黎、德國，甚至於一八四九年流亡至倫敦。埋首大英博物館閱覽室內，專注於經濟學的研究。

尼采 1844 ～ 1900

德國哲學家，出生於隸屬普魯士的薩克森州。由於讀了叔本華的《意志與表象的世界》深受衝擊，二十四歲成為瑞士巴塞爾大學的教授，成就斐然，但處女作《悲劇的誕生》卻完全未獲學會肯定，健康狀況也隨之惡化而辭去大學職務。此後終其一生都專心從事寫作，最後精神崩潰，於五十五歲過世。

佛洛伊德 1856 ～ 1939

奧地利心理學家。生於奧地利弗萊堡（今屬捷克），於維也納大學醫學系畢業後，留學法國。由於醉心於神經醫學大師沙考的催眠治療，開始關注潛意識，創立精神分析學會。原本希望榮格成為其後繼者，但因兩人意見分歧而決裂。晚年受納粹迫害而逃亡至倫敦。

索緒爾 1857 ～ 1913

瑞士語言學家，被稱為「近代語言學之父」。日內瓦名門出身，從小即展現神童的天分，於十多歲時發表語言學的論文備受矚目，順利成為語言學家，累積這個領域的資歷，但後半輩子相當沉寂。他的學生在他死後出版《普通語言學教程》，不僅對語言學，也對後來的結構主義產生極大的影響。

胡塞爾 1859 ～ 1938

德國哲學家，現象學之父。生長於奧地利帝國（現為捷克）的猶太人家庭，就讀維也納大學時，從數學研究轉為哲學。辭去弗萊堡大學職務時，指名海德格接續他任教。納粹政權下，由於他是猶太人而被剝奪教授資格，禁止進入大學校園與發表著作，但他去世後，手稿避過納粹檢查，被學生運送到比利時魯汶大學保存。

海德格 1889 ～ 1976

德國哲學家。出生於梅斯基希鎮，為家中的長男，父親是天主教教堂的司事。海德格於弗萊堡大學學習神學與哲學，深受胡塞爾的現象學薰陶，進而研究存在哲學。在馬堡大學時，與他的學生漢娜‧鄂蘭相戀。一九三三年成為弗萊堡大學的校長。由於支持納粹，戰後一度禁止他任教。

霍克海默 1895～1973

德國猶太裔哲學家、社會學者，法蘭克福學派的創始人之一。出生於德國西南部的斯圖加特郊區。一九三一年，任職法蘭克福大學社會研究所第一任所長，卻因為納粹迫害而遭撤除公職，流亡至美國。戰爭期間，在美國和阿多諾共同執筆《啟蒙辯證法》。戰後回國再次成立研究所。

沙特 1905～1980

法國哲學家、文學家。在巴黎高等師範學校攻讀哲學。第二次世界大戰期間，被俘至戰俘營但成功逃脫，而後創辦抗德組織「社會主義與自由」。主要著作《存在與虛無》及小說《嘔吐》（一譯《噁心》）在法國掀起存在主義風潮。在日本雖然也曾受到廣大注目，但隨著六〇年代結構主義的抬頭，迅速失去影響力。

李維史陀 1908～2009

法國文化人類學家，結構主義的核心人物。出生於比利時的布魯塞爾，大學時專攻法學及哲學，曾擔任巴西聖保羅大學社會學教授，進行亞馬遜流域的田野考察。一九六〇年代，一掃先前思想界以英雄沙特為代表的存在主義，開闢出結構主義時代。

德勒茲 1925～1995

法國的哲學家。出生於巴黎，就讀索邦大學哲學系。一九四八年，通過哲學的教授資格考試，擔任高等中學的教師，一九六九年任職巴黎第八大學教授。對休謨、斯賓諾莎、柏格森、尼采等人的研究有獨特解讀，建構「差異的哲學」，對日本的思想界也有很大的影響。一九九五年，於巴黎的寓所自殺。

哈伯馬斯 1929～

德國社會學家及哲學家。出生於杜塞爾多夫，少年時曾參加希特勒青年團。
一九五六年進入法蘭克福大學社會研究所，由於激進的思想而受到當時的所長霍克海默排斥，一九五九年離開該研究所。一九六一年開始擔任海德堡大學教授。他同時也是法蘭克福學派第二代的中堅人物，與國外的哲學家積極進行交流。

德希達 1930～2004

法國哲學家。生長於法國統治下阿爾及利亞的一個猶太家庭。進入巴黎高等師範學院攻讀哲學，並於該校擔任哲學教授，以及社會科學高等研究院教授。一九六七年出版三冊著作，在法國現代思想界盛大登場。八〇年代以後多處理政治及法律的議題，顯現出德希達政治性的一面。

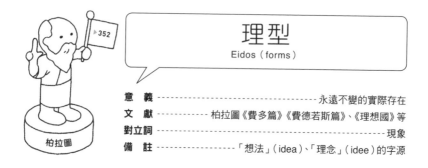

理型
Eidos（forms）

意　義 -- 永遠不變的實際存在
文　獻 ------------ 柏拉圖《費多篇》《費德若斯篇》、《理想國》等
對立詞 --- 現象
備　註 ---------------- 「想法」（idea）、「理念」（idee）的字源

我們沒辦法做出、畫出**完美的三角形**，也從來沒看過它。

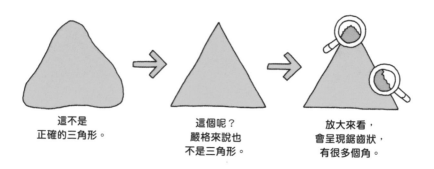

這不是
正確的三角形。

這個呢？
嚴格來說也
不是三角形。

放大來看，
會呈現鋸齒狀，
有很多個角。

雖然如此，我們卻能夠理解什麼是完美的三角形。只存在於我們腦中
的這種完美的三角形，稱為三角形的理型。**柏拉圖認為花有花的理
型，樹有樹的理型。**

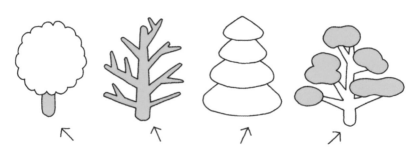

明明這四個形狀截然不同，為何我們知道它們都是樹？

例如，以上四張全都是樹的圖。它們四者**形狀**各不相同，我們為何能
夠判斷它們都是樹呢？

附
錄

那是因為，所有的樹都存在著共通的**形狀（樹的理型）**使然。柏拉圖認為，這種**形狀（樹的理型）**雖然肉眼無法看到，卻可以用我們的理性之眼看到。

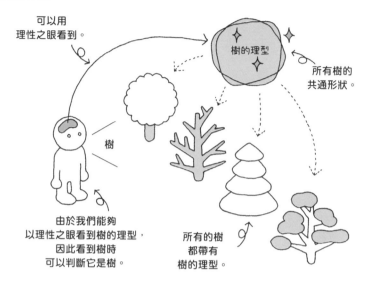

可以用
理性之眼看到。

樹的理型

所有樹的
共通形狀。

樹

由於我們能夠
以理性之眼看到樹的理型，
因此看到樹時
可以判斷它是樹。

所有的樹
都帶有
樹的理型。

除此之外，還可以舉很多例子。

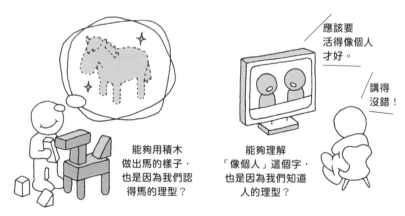

應該要
活得像個人
才好。

講得
沒錯！

能夠用積木
做出馬的樣子，
也是因為我們認
得馬的理型？

能夠理解
「像個人」這個字，
也是因為我們知道
人的理型？

此外，**柏拉圖**認為，正義或美也都有它們的理型。他也認為，在這當中，**善**的**理型**是最高等的**理型**。

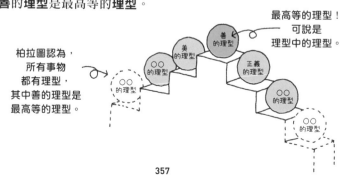

最高等的理型！
可說是
理型中的理型。

善
的理型

柏拉圖認為，
所有事物
都有理型，
其中善的理型是
最高等的理型。

美
的理型

○○
的理型

正義
的理型

○○
的理型

○○
的理型

▶352

我思，故我在

Cogito, ergo sum.
英文： I think therefore I am.

出　　處	笛卡兒《方法導論》
相關概念	證明神的存在
備　　註	近代哲學，自這句話揭開序幕

笛卡兒

假設有個極了不起的真理被發現了。但要是有人冒出一句「就算是這樣，搞不好這世界的一切原本就只是場夢啊」，那就無法反駁了。就算是為了避免出現這樣的情形，**笛卡兒**很想找到一個「**唯有它絕對真確**」的**原理**。

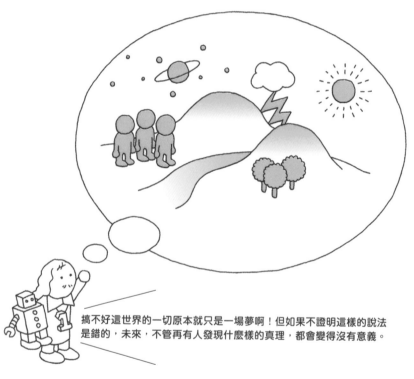

搞不好這世界的一切原本就只是一場夢啊！但如果不證明這樣的說法是錯的，未來，不管再有人發現什麼樣的真理，都會變得沒有意義。

於是，笛卡兒決定，要試著刻意地用「搞不好這世界只是場夢」這句話來懷疑看看（**方法懷疑論**）。結果，這會使得眼前看到的風景、書上寫的東西、數學，甚至於連自己的肉體，都變得令人懷疑。不過，仍有唯一一件無法懷疑的事還存留下來。那就是，懷疑「搞不好只是夢」的自我**意識**是存在的。就算進一步懷疑「正在懷疑搞不好只是夢的自己」，到頭來，自己的意識還是存在的。

附
錄

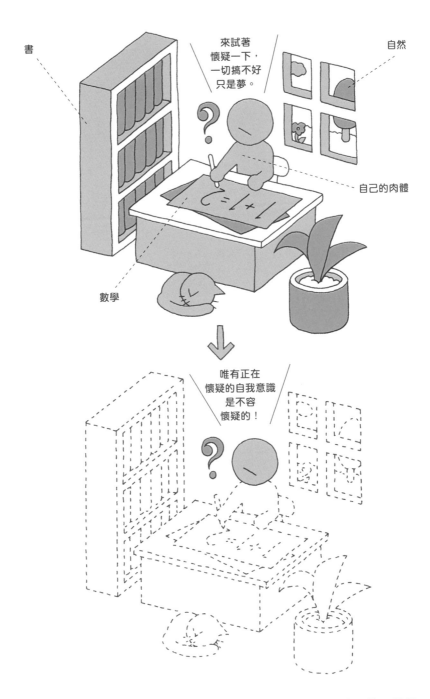

就這樣，**笛卡兒**發現，自己的意識之存在，是沒有辦法懷疑的。他就以「我思，故我在」（Cogito, ergo sum）來表現。由於確定「我」的存在，相當於確定在數學中 1+1=2 這樣的定理，因此稱之為**笛卡兒哲學**的第一定理。

笛卡兒

▶352

主觀 ｜ 客觀
Subject ｜ Object

相關概念 -- 身心二元論（P361）

備　註 ------------------ 英文中各以 subject 與 object 稱之，
和「主體」、「客觀」的英文相同，
歐美語言中並未把主體與主觀、客體與客觀區分使用

笛卡兒發現，人的**意識**是存在的（我思，故我在，P359）。自那之後，**笛卡兒**就把世界分成**認知的主體**與**被認知的客體**思考。前者的意識稱為**主觀**，後者稱為**客觀**。**笛卡兒**為認為「**自我**意識是主體」的近代哲學揭開了序幕。

附錄

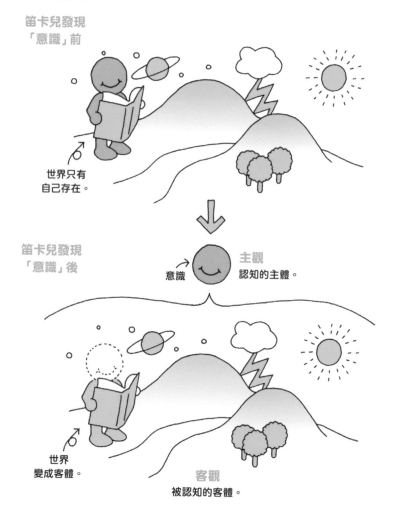

笛卡兒發現
「意識」前

世界只有
自己存在。

笛卡兒發現
「意識」後

意識

主觀
認知的主體。

世界
變成客體。

客觀
被認知的客體。

二元論
Dualism

文　　獻 ---------------------------- 笛卡兒《心靈的激情》

相關概念 ---------------------- 主觀｜客觀（P113）、展延（P115）

備　　註 ---------------------- 笛卡兒認為，大腦的松果體
是身體與精神產生交互作用的地點

笛卡兒認為，**精神與物體**是不同的存在（我思，故我在，P108），而**身體**等同於物體，都是機械般的東西。這稱之為心物二元論（mind-body dualism）。

心物二元論

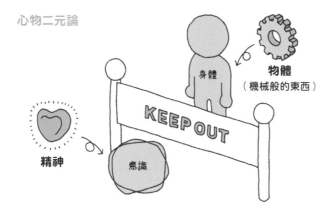

他把這解釋再擴大，就產生了將世界一分為二的二元論。

二元論

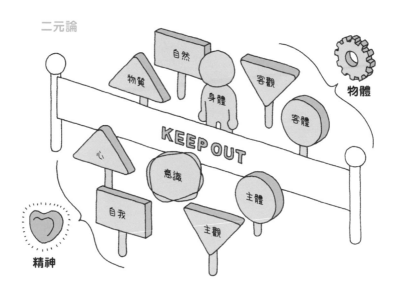

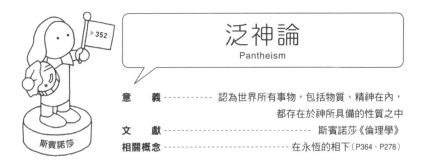

泛神論
Pantheism

意　　義 ---------- 認為世界所有事物，包括物質、精神在內，
　　　　　　　　　　都存在於神所具備的性質之中

文　　獻 ------------------------------- 斯賓諾莎《倫理學》

相關概念 ------------------------ 在永恆的相下（P364、P278）

笛卡兒發現了**意識**（我思，故我在 P358）後，**意識**及**身體（物體）**被視作個別的存在（二元論 P361），但**斯賓諾莎**對這個論點抱持疑問。

如果意識和身體是個別存在的，就無法解釋為什麼當意識感到悲傷時，身體會流出眼淚的原因。

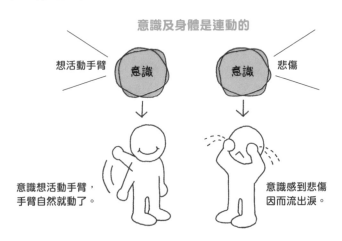

為暸解釋這個問題，**斯賓諾莎**認為我們的意識、身體及自然都應統括於**唯一的神**。

按照**斯賓諾莎**的看法，我們屬於自然的一部分，而且自然並非由神創造，神就等於自然（**神即自然**）。也就是說，包括在自然之中的我們的精神及身體，都屬於神的一部分。依照這個想法，精神和身體是相連的，所以悲傷時流出眼淚就沒有任何矛盾。

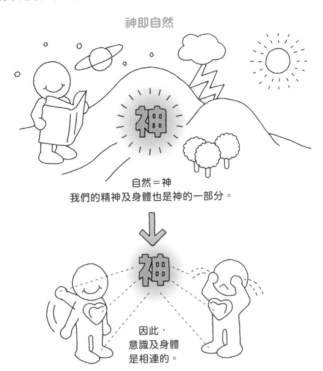

神即自然

自然＝神
我們的精神及身體也是神的一部分。

因此，
意識及身體
是相連的。

把神和世界視為同一概念，稱為泛神論。

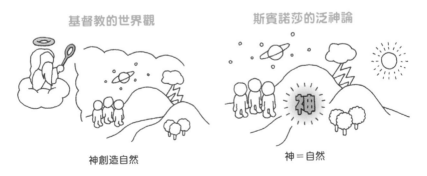

基督教的世界觀

斯賓諾莎的泛神論

神創造自然

神＝自然

相對於主張精神和物體應視作個別概念的**笛卡兒二元論**，**斯賓諾莎**則主張一切都存在於**唯一的神**的一元論。這種思維和把神視為人格存在的基督教並不相容，因而受到基督教抨擊。

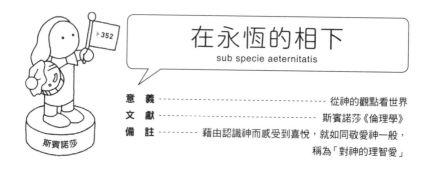

▶352

在永恆的相下
sub specie aeternitatis

意　義 -- 從神的觀點看世界
文　獻 -- 斯賓諾莎《倫理學》
備　註 -------- 藉由認識神而感受到喜悅，就如同敬愛神一般，
　　　　　　　　　　　　　　　　　　稱為「對神的理智愛」

斯賓諾莎

斯賓諾莎認為人類並沒有自由意志。人是神的一部分（泛神論 P363），
因此是在神的思考下行動，但我們並沒有覺察到這件事。

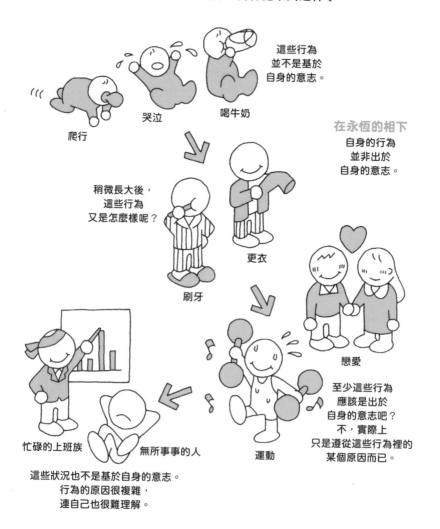

364

認為自身的行動是憑藉自身的意志，這個想法在**斯賓諾莎**看來，就像是被人丟到空中的石塊，卻誤以為是憑自己的力量飛起來一樣。

其實是
被拋到空中，
卻誤以為自己在飛。

在你身上所發生的只是自然現象的一部分，只不過是永恆中的一個場景。不過，倘若你不在，這個場景就無法成立，**斯賓諾莎**把這個觀點稱為在永恆的相下。

斯賓諾莎觀念中的神，
為了你
而把你的空間空出來。

那麼，神把自然的一部分放在你身上，是為了要你做什麼呢？**斯賓諾莎**的主張是人的幸福。

神要我做什麼呢？
我的任務
是什麼呢？

大概是那個！
好，我就做看看！
從現在開始試試看！

神應該賦予你某個任務，而你能夠直覺到那個任務。

康德

物自身

das Ding an Sich，英文：thing-in-itself

文　獻	康德《純粹理性批判》
相關概念	名家(P56)、生命衝力(P154)
相反詞	現象
備　註	物自身即使能夠推估也無法得知其真相

▶148

如果戴上紅色鏡片的太陽眼鏡，我們所看到的物（世界）就會染成紅色。如果我們的眼睛天生就是這樣的構造，我們將無法看到真正的物（世界）。那麼，我們實際上所看見的是真正的物（世界）嗎？絕非如此。一切不過是就我們眼睛的結構去看，蘋果是紅的，檸檬是黃的而已，實際上的檸檬或蘋果究竟是什麼顏色，我們無從得知。

人類無法看見真正的世界

紅色太陽眼鏡

戴上紅色鏡片的太陽眼鏡，
世界被染成紅色。
但我們看到的紅色世界並非真實的世界。
我們就像一生就戴著無法拿下來的太陽眼鏡，
因此我們無法看見真實的世界。

當然，不僅是顏色，形狀也是同樣的狀況。當我們喝醉酒時，物（世界）看起來是扭曲的。如果醉酒的狀態是人類正常的認識能力，我們所看到的一切物（世界）就只會是扭曲的。在這樣的情況下，摸到的觸感也會是依看到的外觀認識並記憶。

萬一，沒喝醉的狀態是異常，
而醉酒的狀態才是人類正常的認識能力時……

我們只是以感官結構去捕捉、觀察訊息，根據意識去創造物（世界）。因此，無法得知物（世界）真正的形貌究竟是什麼樣子。**康德**說人類無法探討出**物自身**的真相。

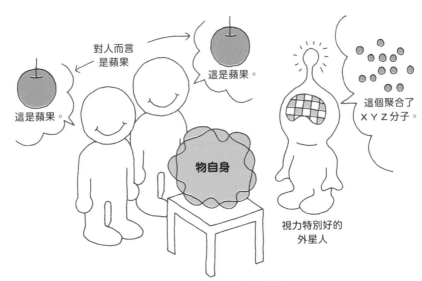

即使我們認為看到的對象都是蘋果，
我們也無法得知對外星人而言，它們看到的是什麼樣貌、是如何去詮釋的。
另外，時間及空間的概念，
因為只是我們的知覺形式所具有的，和物自身無關。

康德

▶353

道德法則
Moral Law

文　　獻	康德《實踐理性批判》
相關概念	定言令式（P369）
備　　註	比起行為結果，更重視動機的康德站在道德立場，稱為「動機說」（對立詞為「結果說」）

康德認為就如自然界有自然法則，人類社會也有必須遵從的道德法則。這是因為人類天生就具備「認為去做道德行為是善行」的理性。

道德法則是良心的聲音告訴我們的理性：「你應該做……」

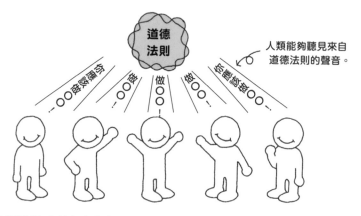

人類能夠聽見來自道德法則的聲音。

道德法則是幾乎所有人都認同的行為，並不是只為了自己。對康德而言，道德是普遍性的。

形成為了彼此而這樣做。

他更進一步地說，道德並不是手段，而應該是目的本身。例如，為了讓別人對自己親切，所以自己也對他人親切，這樣的行為並不是道德。因為這麼一來，道德就變成是為了達成某個目的而採取的手段。

附錄

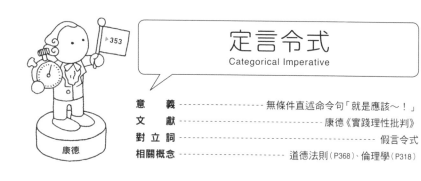

▶353

定言令式
Categorical Imperative

意　　義 ---------------------- 無條件直述命令句「就是應該～！」
文　　獻 ---------------------------------- 康德《實踐理性批判》
對 立 詞 --- 假言令式
相關概念 ---------------------- 道德法則（P368）、倫理學（P318）

康德認為**道德法則**（P368）不是僅為了達成目的而採取的手段，該行為也應該就是**目的**本身。

道德不是
「要是想做○○，就去做○○吧！」
而應該是以定言令式來表現
「就是應該這麼做！」

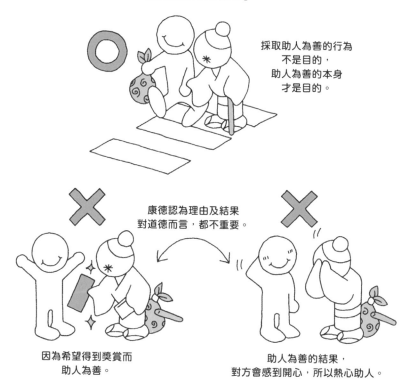

採取助人為善的行為
不是目的，
助人為善的本身
才是目的。

康德認為理由及結果
對道德而言，都不重要。

因為希望得到獎賞而
助人為善。

助人為善的結果，
對方會感到開心，所以熱心助人。

換句話說，道德不是「**要是想做○○，就去做○○吧！**」而應該是能斷言「**就是應該～！**」採取道德的行為，應該是沒有理由。這項「就是應該～做！」的無條件命令句就叫做定言令式。

附
錄

369

黑格爾

辯證法
Dialektik

意　義 -------------------- 把矛盾的事情，藉由統一或整合，
　　　　　　　　　　　　導向更高次元結論的思考方法
文　獻 -------------------- 黑格爾《精神現象學》
備　註 -------------------- 必須注意辯證法並不是單純的折衷方案

黑格爾認為只要以**辯證法**的方式進行，人類就能普遍地瞭解絕對理性的**真理**。若是有某一項主張，就一定存在相反的看法。對此不加以否定，而是相互截取優點加以統一，能夠創造嶄新想法的話，就能完成更高層次的知識。他認為重複這個過程的話，人們遲早會掌握理性的真理，瞭解**理性知識**，而學會這個**理性知識**的一連串過程是**辯證法**。

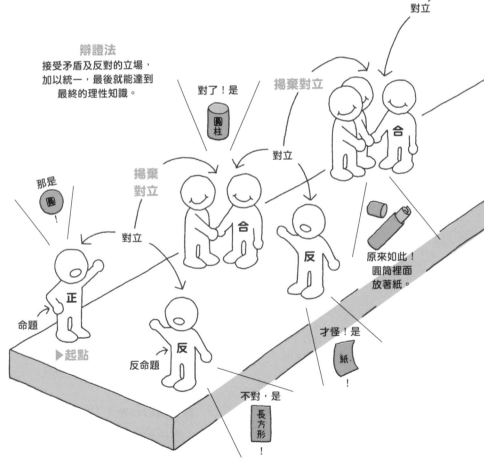

辯證法
接受矛盾及反對的立場，
加以統一，最後就能達到
最終的理性知識。

把一開始的主張稱為命題（正）或是自在，而否定該命題的立場即反命題（反），也就是自為。將兩者統一，產生更高次元的思考，稱為揚棄對立（aufheben），因而產生的一致性想法稱為合（Synthese），或是自在且自為。

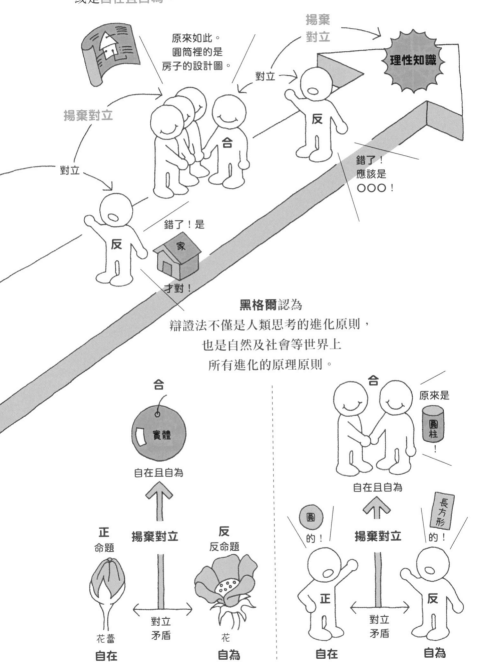

原來如此。
圓筒裡的是
房子的設計圖。

揚棄
對立

揚棄對立

對立

理性知識

反

錯了！
應該是
○○○！

對立

反

錯了！是

家

才對！

黑格爾認為
辯證法不僅是人類思考的進化原則，
也是自然及社會等世界上
所有進化的原理原則。

合

實體

自在且自為

正
命題

揚棄對立

反
反命題

對立
矛盾

花蕾

花

自在

自為

合

原來是

圓柱
！

自在且自為

圓
的！

揚棄對立

長方形
的！

正

對立
矛盾

反

自在

自為

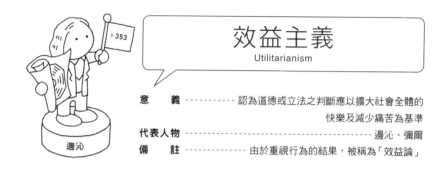

效益主義
Utilitarianism

意　　義	認為道德或立法之判斷應以擴大社會全體的快樂及減少痛苦為基準
代表人物	邊沁、彌爾
備　　註	由於重視行為的結果,被稱為「效益論」

邊沁

▶353

邊沁認為人類是**追求快樂且逃避痛苦**的動物。

因此他把能夠帶給人類**快樂**的行為定義為**善**;帶來**痛苦**的行為定義為**惡**。像這樣把善惡判斷的標準取決於能否帶來**快樂**的思想,稱為效益主義。

效益主義

能夠客觀判斷善惡的**效益主義**,現在仍對倫理學及政治學領域有很大的影響。

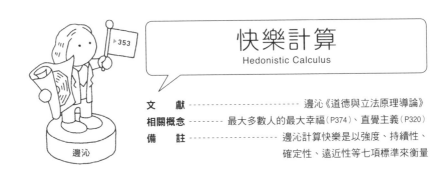

▶353

快樂計算
Hedonistic Calculus

文　獻	----------------	邊沁《道德與立法原理導論》
相關概念	-------	最大多數人的最大幸福（P374）、直覺主義（P320）
備　註	-------------	邊沁計算快樂是以強度、持續性、 確定性、遠近性等七項標準來衡量

邊沁

邊沁認為人類是追求快樂且逃避痛苦的動物。同時，他嘗試把快樂與痛苦量化，以**強度、持續性、確定性**等觀點來衡量快樂的程度，稱為快樂計算。

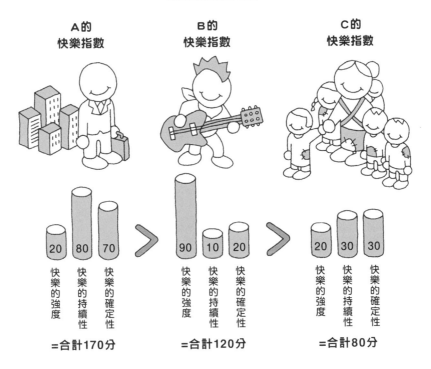

快樂計算
從強度、持續性、確定性等觀點
量化快樂的計算方法

他認為依據**快樂計算**的結果，分數高的人數愈多就是愈幸福的社會。身分高的人分數也和身分不高的人分數同等換算，這個思考對於民主主義發展貢獻很大。他曾說：「**每個人應同等被數算為一個人，誰都不該踰越這個計算。**」

最大多數人的最大幸福
The Greatest happiness of the greatest number

文　　獻	·········邊沁《道德與立法原理導論》
相關概念	·········效益主義（P372）、快樂計算（P373）、 兼愛（P50）、動物權利（P328）
備　　註	····原文是 the greatest happiness of the greatest number

邊沁認為依據**快樂計算**（P373）得到的分數總和，分數愈高的社會愈幸福。

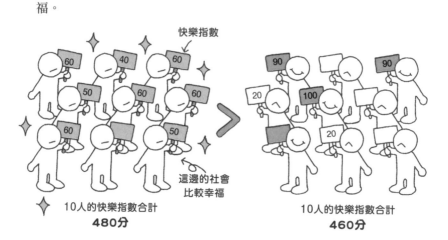

10人的快樂指數合計
480分

這邊的社會比較幸福

10人的快樂指數合計
460分

因此，**邊沁**認為必須盡可能讓更多人擁有更高的快樂指數。他稱為「**最大多數人的最大幸福**」，應做為立法的基準。

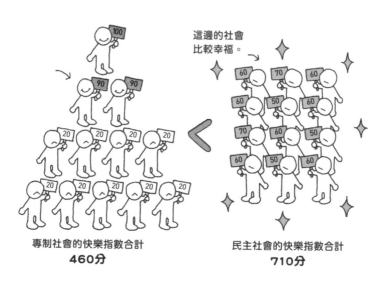

專制社會的快樂指數合計
460分

這邊的社會比較幸福。

民主社會的快樂指數合計
710分

附錄

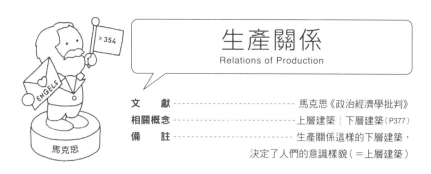

生產關係
Relations of Production

文　　獻	馬克思《政治經濟學批判》
相關概念	上層建築｜下層建築（P377）
備　　註	生產關係這樣的下層建築，決定了人們的意識樣貌（＝上層建築）

馬克思

人類為了生存，必須滿足衣食住的需求。生產有關衣食住物品的**設備、土地、原料**稱為**生產手段**。就像**封建制度**中相對於**佃農**的**封建領主**，或是**資本主義體制**中相對於**無產階級**的**資本家**，擁有**生產手段**者成為**支配階級**。根據**生產手段**的有無而發生的上下關係稱為**生產關係**。

各時代的生產關係

奴隸制

工業化

封建制
支配階級＝封建領主
被支配階級＝佃農

資本主義體制
支配階級＝資本家
被支配階級＝勞動者

附
錄

生產關係根據當代的技術程度而決定。然而，隨著技術進步，假設物資生產過度，**被支配階級**的地位提升，從**支配者階級**中獨立出來，因而進入下一個**生產關係**時代。

馬克思

（勞動的）異化
Alienation

文　獻 -------------------------------- 馬克思《哲學和經濟學手稿》
備　註 ---- 馬克思把勞動的異化分為「人與其勞動產品的異化」、
　　　　　「人與其勞動過程的異化」、「人與人的『類』
　　　　　本質的異化」、「人與他人的異化」等四個面向

人類必須為了衣食住而持續生產物品。換句話說，**馬克思**認為人類的本質就在於勞動。**勞動**不僅是生活的手段，也應該是與他人在社會生活中能展現自我的喜悅。但是在資本主義體制下，並未擁有生產手段的勞動者，受到資本家追求利潤的擺布，原本應該會感到快樂的勞動也變成痛苦，**馬克思**稱此為（勞動的）異化。

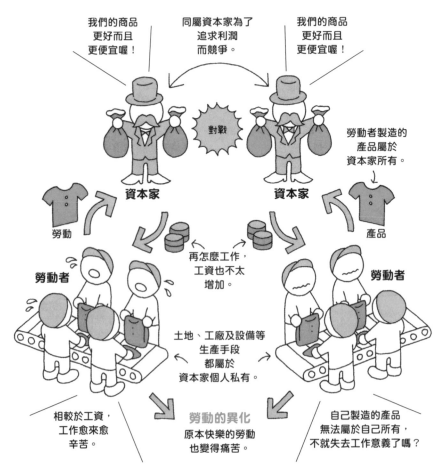

馬克思

上層建築｜下層建築
Superstructure｜Infrastructure

▶354

文　　獻 ------------------------------------- 馬克思《政治經濟學批判》
相關概念 -- 生產關係（P375）
備　　註 -------------------------- 以日本為例，下層建築是資本主義，
　　　　　　　　　　　　　　　　　　上層建築則是民主主義

馬克思把各時代**生產關係**（P375）衍生的經濟結構稱為**下層建築**；而法律、政治制度或宗教、藝術、學問等文化則稱為**上層建築**。馬克思並認為含有人類意識的**上層建築**，取決於物質的**下層建築**而形成。

上層建築（精神方面的內容）
法律、政治制度等思考類，或宗教、藝術等文化類稱為「上層建築」。

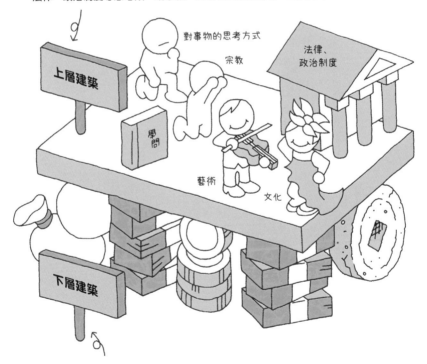

對事物的思考方式
宗教
法律、政治制度
上層建築
學問
藝術
文化
下層建築

下層建築（物質方面的內容）
各時代生產關係（P196）衍生的經濟結構稱為「下層建築」。各個時代究竟是封建的？還是資本主義或社會主義？自己究竟是有錢或貧窮的？由這些條件所構成的「下層建築」，決定了包含人類意識的「上層建築」。例如，「奢華」在社會主義之下玷汙了平等，在資本主義下卻往往豐富了心靈。換句話說，並不是人的意識形成經濟結構，而是經濟結構形成人的意識。

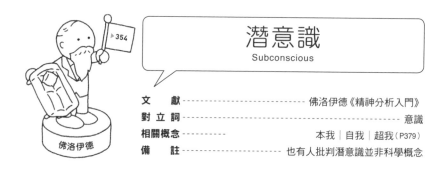

潛意識
Subconscious

文　　獻	佛洛伊德《精神分析入門》
對 立 詞	意識
相關概念	本我｜自我｜超我（P379）
備　　註	也有人批判潛意識並非科學概念

佛洛伊德

▶354

自從**笛卡兒**說出「**我思，故我在**」（P358）以後，一般認為**自我**就是自己的**意識**，而意識能夠以**理性**控制，就被視作是哲學的常識。但是**佛洛伊德**則認為人類大部分的行為都無法以理性控制，而是受潛意識控制。

意識

笛卡兒認為
自己的行為
能以理性
加以控制。

意識

潛意識

佛洛伊德認為
人的行為
受潛意識
影響。

個人想遺忘的記憶因平時受到壓抑，而深入到意識無法觸及的領域。這些記憶平時雖然未被意識到，卻可能因為某些狀況而被意識到，甚至因而神經衰弱。

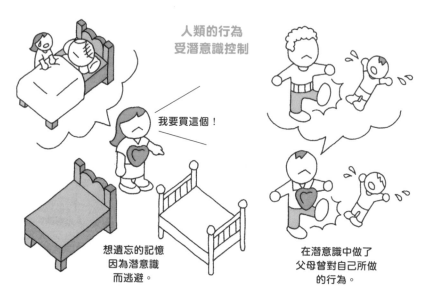

人類的行為
受潛意識控制

我要買這個！

想遺忘的記憶
因為潛意識
而逃避。

在潛意識中做了
父母曾對自己所做
的行為。

附錄

本我 ｜ 自我 ｜ 超我
Id ｜ Ego ｜ Super ego

佛洛伊德

▶354

文　　獻 --- 佛洛伊德《自我與本我》
相關概念 --- 想像界｜象徵界（P170）、現實界（P172）、潛意識（P378）
備　　註 -------- 可說是為了精神穩定而作用的自我「防衛機制」

佛洛伊德認為自我是後天產生的，自我的產生是為了取得人類天生性衝動（libido）當中的本我（id）以及為了抑制本我的道德性超我（super ego）的平衡。他說的**自我**，並不是像**笛卡兒**所指的那般穩固，也包括了不安定的**潛意識**（P378）領域。

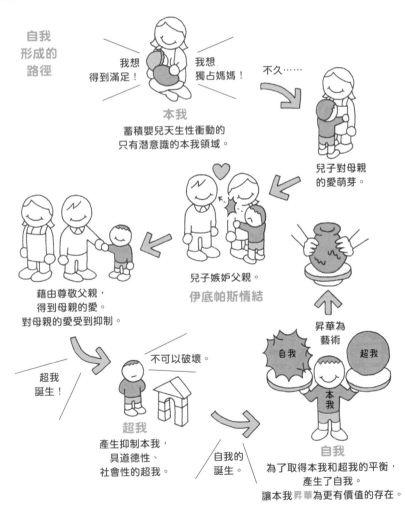

自我
形成的
路徑

我想
得到滿足！

我想
獨占媽媽！

本我
蓄積嬰兒天生性衝動的
只有潛意識的本我領域。

不久……

兒子對母親
的愛萌芽。

兒子嫉妒父親。
伊底帕斯情結

藉由尊敬父親，
得到母親的愛。
對母親的愛受到抑制。

昇華為
藝術

超我
誕生！

不可以破壞。

超我
產生抑制本我，
具道德性、
社會性的超我。

自我的
誕生。

自我
超我
本我

自我
為了取得本我和超我的平衡，
產生了自我。
讓本我昇華為更有價值的存在。

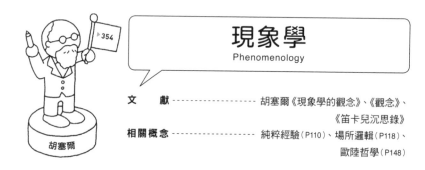

現象學
Phenomenology

文　　獻	----------------	胡塞爾《現象學的觀念》、《觀念》、
		《笛卡兒沉思錄》
相關概念	----------------	純粹經驗（P110）、場所邏輯（P118）、
		歐陸哲學（P148）

胡塞爾

由於蘋果就在眼前，所以通常我們不會懷疑蘋果的存在。但是**胡塞爾**仔細一想，認為這種情況下能夠確定的只是我們看到蘋果（自己的意識中出現蘋果）。

看到蘋果，所以認為蘋果是存在的。

但真相是……
蘋果在自己的意識中出現而已。

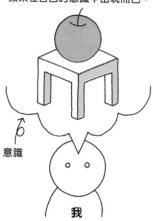

意識

我

當我們看著這個蘋果（覺知著），我們只能確信蘋果存在於我們的意識中，但我們卻認為蘋果同時存在於我們的主觀意識之外。

附

錄

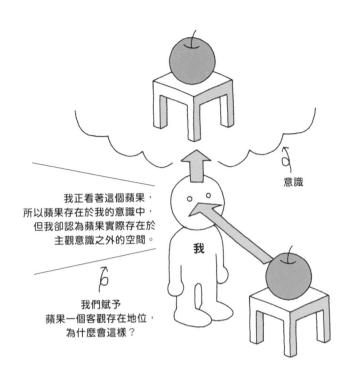

我正看著這個蘋果，
所以蘋果存在於我的意識中，
但我卻認為蘋果實際存在於
主觀意識之外的空間。

意識

我

我們賦予
蘋果一個客觀存在地位，
為什麼會這樣？

不僅是蘋果，其他人、自己的身體或過去的回憶，都是自己的意識，照理說除了意識之外什麼也沒有。世界只存在於自己的主觀之中，除了主觀什麼都沒有。但我們卻理所當然的相信世界**存在**於自身以外。我們不會從懸崖上往下跳就是這個緣故。

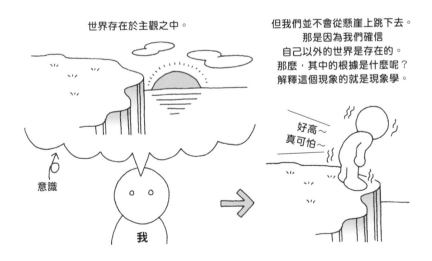

世界存在於主觀之中。

但我們並不會從懸崖上跳下去。
那是因為我們確信
自己以外的世界是存在的。
那麼，其中的根據是什麼呢？
解釋這個現象的就是現象學。

意識

我

好高～
真可怕～

我們為什麼**確信**世界真的存在？這樣的確信從何而生？解開這個謎題的就是現象學。

存在主義
Existentialism

意　　義	----------------------	探求主觀體驗及個人存在的思想
代表人物	----------------------	齊克果、海德格、雅斯培、沙特
備　　註	----------------------	在文學界，則出現杜思妥也夫斯基、
		卡夫卡、卡謬等存在主義作家

對**齊克果**而言，重要的並不是過去哲學所探尋的普遍性真理，而是
「對我為真的真理」。他把當前現實視作和普遍思想無關，而把思考
主體性生存稱作**「存在」**。而且，並不是像既有哲學般，客觀地掌握
世界，而是以「這個我」探求真理的立場，稱作**存在主義**。

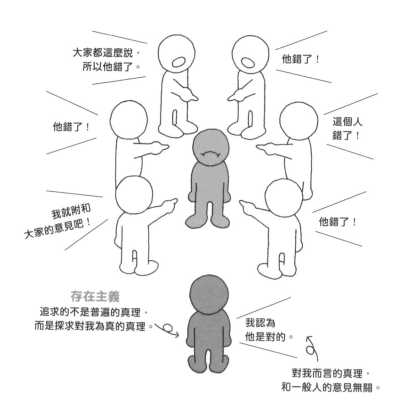

存在主義分為與超越人類對話（如神等）的**有神論存在主義**（齊克果、
雅斯培），以及否定神的**無神論存在主義**（尼采、海德格、沙特）。

沙特

▶355

存在先於本質
l'existence précède l'essence

意　　義 ------------世上沒有所謂自我的本質，
「本質」是由人具體的生存抉擇而決定的

出　　處 ------------沙特《存在主義是一種人道主義》

相關概念 ------------存在主義（P382）、歐陸哲學（P148）

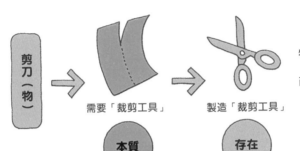

物體是先有本質
（存在理由），
而後產生存在。

剪刀（物）　→　需要「裁剪工具」　→　製造「裁剪工具」

本質　　　　　存在

附
錄

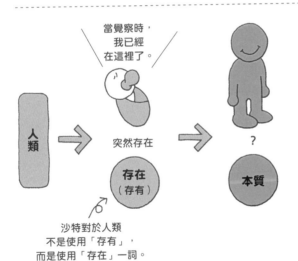

當覺察時，
我已經
在這裡了。

人類　→　突然存在　→　？

存在
（存有）　　本質

沙特對於人類
不是使用「存有」，
而是使用「存在」一詞。

**存在
先於本質**
沙特說，
當人覺察時就已經存
在（存有）。
因此，人必須自己建
構本質。
也就是說人類的存在
（存有）先於本質。
「人類一開始什麼都
不是，人是後來憑藉
自己而成為人。」

沙特以「**存在先於本質**」來表現**存在主義**（P382）。他所謂的**存在**，在這裡指的是**人類的存在**。而**本質**指的是物體之所以成為該物體不可或缺的條件。例如剪刀的**本質**是「裁剪工具」，如果欠缺這個條件，剪刀就沒有存在理由。物體是先有**本質**，然後才存在。但人類在覺察以前就已經存在了，所以之後必須自行建構自己的**本質**。

▶354

符號的任意性
Arbitrariness（任意性）

語　義 ----------	事物和詞彙（聲音）之間沒有直接必然的關係
文　獻 ----------	索緒爾《普通語言學教程》
備　註 ----------	以索緒爾的方式來說明，「意符」和「意指」沒有必然的關係，而是任意決定的

索緒爾

法國人用「papillon」來稱呼蝴蝶和蛾。換句話說，對法國人而言，並不存在「蝴蝶」或「蛾」這樣的詞彙。所以我們可以瞭解，世上所存在的「蝴蝶」，並不是全都命名為「蝴蝶」。這就是事物和詞彙（聲音）之間沒有必然的關聯性，稱為**符號的任意性**。

附錄

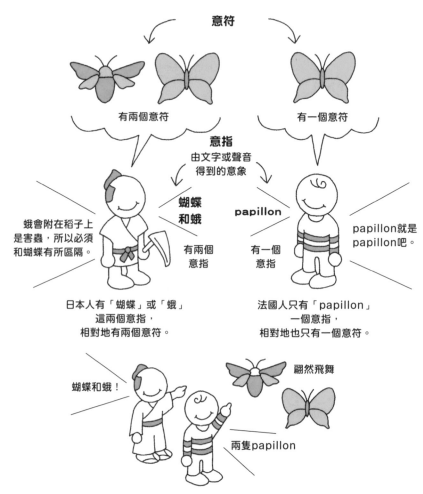

意符

有兩個意符　　　　　有一個意符

意指
由文字或聲音
得到的意象

蝴蝶和蛾　　　papillon

蛾會附在稻子上
是害蟲，所以必須
和蝴蝶有所區隔。

有兩個意指　　有一個意指

papillon就是
papillon吧。

日本人有「蝴蝶」或「蛾」
這兩個意指，
相對地有兩個意符。

法國人只有「papillon」
一個意指，
相對地也只有一個意符。

蝴蝶和蛾！　　　　　翩然飛舞

兩隻papillon

其他例子：

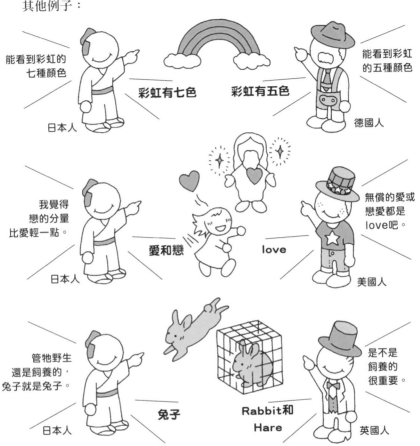

並不是先存在一個一個要素，然後為這些要素一一命名。我們以言語區分世界，然後形成一個一個要素。我們在這個語言世界範圍內思考。語言不僅是傳達思考的手段，也是決定思考的因素。

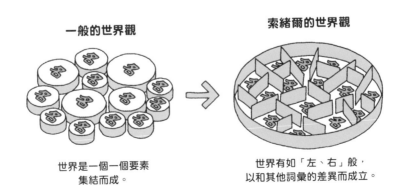

李維史陀

結構主義
Structuralism

意　　義 ------------------------------- 認為人類的言行舉止，
根據那個人所屬社會及文化的結構所規定的思想

代表人物 ------------- 李維史陀、米歇爾・傅柯、羅蘭・巴特等

沙特認為人是**自由**的，主體性地行動非常重要，但**李維史陀**則認為並非如此。

積極地
行動吧！

人類具備
主體性嗎？

沙特

李維史陀

這是因為**李維史陀**認為奠定人類的思考及行動的基礎受到社會、文化**結構**支配。他認為**索緒爾**的**語言學**（符號的任意性 P384）適用於人類社會而導出這個結論。

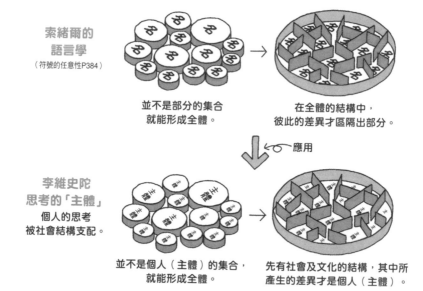

**索緒爾的
語言學**
（符號的任意性P384）

並不是部分的集合
就能形成全體。

在全體的結構中，
彼此的差異才區隔出部分。

應用

**李維史陀
思考的「主體」**
個人的思考
被社會結構支配。

並不是個人（主體）的集合，
就能形成全體。

先有社會及文化的結構，其中所
產生的差異才是個人（主體）。

這麼一想，人類的主體性就會受社會**結構**支配。**李維史陀**批判**沙特**強調主體性，是西方獨特的以人為中心的思想。

李維史陀親自和
原始部落的人
一起行動，
調查人類與社會結構
的關係。

同時也是文化人類學者的**李維史陀**，曾經和好幾個原始部落的人共同生活，調查出社會**結構**規範了人類行為。例如兩個原始部落交換女性的風俗背後，其實是**禁止近親結婚**的人類共通**結構**所造成的。

人類行為受社會結構支配。
如果只觀察單方面（原始部落Ａ）不會發現。
西方及日本都有女性出嫁的習俗，
但並未意識到其中的真正意義。

原始部落Ａ

交換女性的
風俗背後，
其實是禁止近親結婚。

原始部落Ｂ

另外，兩個原始部落的人們，彼此並不瞭解交換女性的風俗意義。行為的意義若是只觀察單方面也無從得知。**李維史陀**主張永遠都應該以**二元對立**為軸心去解讀事物。現象的意義不是來自它本身，而是從和它有關係的社會及文化**結構**去解讀。此思想稱為結構主義。

看不見
本質

變二元
對立了！

即使觀察眼前的現象，
也無法瞭解本質，
必須以更開闊的眼光
去看整體結構。

白川静『孔子伝』中公文庫 BIBLIO
守屋淳『人生に・経営に・思索に活かす論語』日本実業出版社
守屋淳『最強の孫子─「戦い」の真髄』日本実業出版社
守屋淳『最高の戦略教科書 孫子』日本経済新聞出版社
中島隆博『悪の哲学─中国哲学の想像力』筑摩選書
中島隆博『荘子─鶏となって時を告げよ』岩波書店
吉田公平『王陽明「伝習録」を読む』講談社学術文庫
湯浅邦弘『諸子百家─儒家・墨家・道家・法家・兵家』中公新書
湯浅邦弘『概説中国思想史』ミネルヴァ書房
浅野裕一『諸子百家』講談社
浅野裕一『古代中国の文明観─儒家・墨家・道家の論争』岩波新書
土田健次郎『論語五十選─素読のために』登龍館
土田健次郎『儒教入門』東京大学出版会
小倉紀蔵『入門 朱子学と陽明学』ちくま新書
小島毅『朱子学と陽明学』ちくま学芸文庫

檜垣立哉『西田幾多郎の生命哲学』講談社現代新書
檜垣立哉『日本哲学原論序説─拡散する京都学派』人文書院
清水正之『日本思想全史』ちくま新書
濱田恂子『入門 近代日本思想史』ちくま学芸文庫
田中久文『日本の哲学をよむ─「無」の思想の系譜』ちくま学芸文庫
田中久文『日本美を哲学する あはれ・幽玄・さび・いき』青土社
熊野純彦『日本哲学小史─近代 100 年の 20 篇』中公新書
藤田正勝『西田幾多郎─生きることと哲学』岩波新書
小坂国継『西田幾多郎の思想』講談社学術文庫
小坂国継『西田哲学を読む〈1〉場所的論理と宗教的世界観』大東出版社
小坂国継『西田哲学を読む〈2〉叡智的世界』大東出版社
小坂国継『西田哲学を読む〈3〉絶対矛盾的自己同一』大東出版社
永井均『西田幾多郎〈絶対無〉とは何か』NHK 出版
佐伯啓思『西田幾多郎 無私の思想と日本人』新潮新書
竹内整一『「おのずから」と「みずから」─日本思想の基層』春秋社
仲正昌樹『〈日本哲学〉入門講義』作品社
竹村牧男『〈宗教〉の核心 西田幾多郎と鈴木大拙に学ぶ』春秋社
竹村牧男『西田幾多郎と鈴木大拙 その魂の交流に聴く』大東出版社

石川美子『ロラン・バルト 言語を愛し恐れつづけた批評家』中公新書
今村仁司『現代思想の冒険者たち 22 アルチュセール─認識論的切断』講談社
松本卓也『人はみな妄想する─ジャック・ラカンと鑑別診断の思想』青土社
斎藤環『生き延びるためのラカン』ちくま文庫
篠原資明『ベルクソン─〈あいだ〉の哲学の視点から』岩波新書
金森修『ベルクソン～人は過去の奴隷なのだろうか』NHK 出版
向井雅明『ラカン入門』ちくま学芸文庫
福原泰平『現代思想の冒険者たち 13 ラカン 鏡像段階』講談社

附
録

内田樹『寝ながら学べる構造主義』文春新書

橋爪大三郎『はじめての構造主義』講談社現代新書

久米博『現代フランス哲学』新曜社

酒井健『バタイユ入門』ちくま新書

岡本裕一朗『フランス現代思想史—構造主義からデリダ以後へ』中公新書

細見和之『フランクフルト学派—ホルクハイマー、アドルノから21世紀の「批判理論」へ』中公新書

鈴村和成『現代思想の冒険者たち21 バルト テクストの快楽』講談社

竹田青嗣『現象学入門』NHKブックス

竹田青嗣『はじめての現象学』海鳥社

米盛裕二『アブダクション—仮説と発見の論理』勁草書房

戸田山和久『論理学をつくる』名古屋大学出版会

飯田隆『言語哲学大全I 論理と言語』勁草書房

飯田隆『言語哲学大全II 意味と様相（上）』勁草書房

飯田隆『言語哲学大全III 意味と様相（下）』勁草書房

飯田隆『言語哲学大全IV 真理と意味』勁草書房

『哲学の歴史〈第11巻〉論理・数学・言語』飯田隆 編 中央公論新社

八木沢敬『意味・真理・存在 分析哲学入門・中級編』講談社

丹治信春『クワイン—ホーリズムの哲学』平凡社ライブラリー

森本浩一『デイヴィドソン—「言語」なんて存在するのだろうか』NHK出版

戸田山和久『知識の哲学』産業図書

戸田山和久『科学的実在論を擁護する』名古屋大学出版会

伊藤邦武『物語 哲学の歴史 自分と世界を考えるために』中公新書

伊藤邦武『プラグマティズム入門』ちくま新書

魚津郁夫『プラグマティズムの思想』ちくま学芸文庫

大賀祐樹『希望の思想 プラグマティズム入門』筑摩書房

岡本裕一朗『ネオ・プラグマティズムとは何か ポスト分析哲学の新展開』ナカニシヤ出版

野矢茂樹『入門！論理学』中公新書

野矢茂樹『論理学』東京大学出版会

三浦俊彦『論理学入門 推論のセンスとテクニックのために』NHKブックス

八木沢敬『分析哲学入門』講談社選書メチエ

青山拓央『分析哲学講義』ちくま新書

戸田山和久『科学哲学の冒険 サイエンスの目的と方法をさぐる』NHKブックス

森田邦久『科学哲学講義』ちくま新書

一ノ瀬正樹『英米哲学史講義』ちくま学芸文庫

野家啓一『科学哲学への招待』ちくま学芸文庫

野家啓一『科学の哲学』放送大学教育振興会

『岩波講座 哲学〈3〉言語／思考の哲学』飯田隆 中畑正志 野家啓一 村田純一 伊藤邦武 井上達夫 川本隆史 熊野純彦 篠原資明 清水哲郎 末木文美士 中岡成文 編 岩波書店

山本貴光 吉川浩満『脳がわかれば心がわかるか—脳科学リテラシー養成講座』太田出版

山口裕之『認知哲学—心と脳のエピステモロジー』新曜社

金杉武司『心の哲学入門』勁草書房

宮原勇『図説・現代哲学で考える〈心・コンピュータ・脳〉』丸善

『岩波講座 哲学〈5〉心／脳の哲学』飯田隆 中畑正志 野家啓一 村田純一 伊藤邦武
井上達夫 川本隆史 熊野純彦 篠原資明 清水哲郎 末木文美士 中岡成文 編 岩波書店

小林道夫『科学の世界と心の哲学—心は科学で解明できるか』中公新書

『シリーズ 新・心の哲学 I 認知篇』信原幸弘 太田紘史 編 勁草書房

『シリーズ 新・心の哲学 II 意識篇』信原幸弘 太田紘史 編 勁草書房

『シリーズ 新・心の哲学 III 情動篇』信原幸弘 太田紘史 編 勁草書房

児玉聡『功利と直観—英米倫理思想史入門』勁草書房

伊勢田哲治『動物からの倫理学入門』名古屋大学出版会

永井均『倫理とは何か—猫のアインジヒトの挑戦』筑摩書房

加藤尚武『現代倫理学入門』講談社学術文庫

加藤尚武『環境と倫理—自然と人間の共生を求めて 新版』有斐閣アルマ

入不二基義『時間は実在するか』講談社現代新書

三浦俊彦『可能世界の哲学「存在」と「自己」を考える』NHK ブックス

鈴木生郎 秋葉剛史 谷川卓 倉田剛『ワードマップ現代形而上学—分析哲学が問う、
人・因果・存在の謎』新曜社

『岩波講座 哲学〈2〉形而上学の現在』飯田隆 中畑正志 野家啓一 村田純一 伊藤邦武
井上達夫 川本隆史 熊野純彦 篠原資明 清水哲郎 末木文美士 中岡成文 編 岩波書店

『現代哲学キーワード』野家啓一 門脇俊介 編 有斐閣

『岩波 哲学・思想事典』廣松渉 子安宣邦 三島憲一 宮本久雄 佐々木力 野家啓一
末木文美士 編 岩波書店

『新版 哲学・論理用語辞典』思想の科学研究会 編 三一書房

『概念と歴史がわかる 西洋哲学小事典』生松敬三 伊東俊太郎 岩田靖夫 木田元 編 筑摩
書房

『哲学キーワード事典』木田元 編 新書館

『現代思想フォーカス 88』木田元 編 新書館

『哲学の古典 101 物語 新装版』木田元 編 新書館

『哲学者群像 101』木田元 編 新書館

山本巍 宮本久雄 門脇俊介 高橋哲哉 今井知正 藤本隆志 野矢茂樹『哲学 原典資料集』
東京大学出版会

麻生享志 伊古田理 桑田礼彰 河谷淳 飯田亘之 黒崎剛 久保陽一『原典による哲学の歴史』
公論社

永井均 小林康夫 大澤真幸 山本ひろ子 中島隆博 中島義道 河本英夫『事典・哲学の木』
講談社

貫成人『図説・標準 哲学史』新書館

貫成人『真理の哲学』ちくま新書

貫成人『哲学マップ』ちくま新書

船木亨『現代思想史入門』ちくま新書

熊野純彦『西洋哲学史 古代から中世へ』岩波新書

熊野純彦『西洋哲学史 近代から現代へ』岩波新書

今道友信『西洋哲学史』講談社学術文庫

加地伸行『ビギナーズ・クラシックス 中国の古典 論語』角川ソフィア文庫

福島正『ビギナーズ・クラシックス 中国の古典 史記』角川ソフィア文庫

湯浅邦弘『超入門「中国思想」』だいわ文庫

富増章成『東洋の賢者の思想がよくわかる本』中経出版

小川仁志『世界のエリートが学んでいる教養としての日本哲学』PHP 研究所

松岡正剛 赤坂真理 斎藤環 中沢新一『別冊 NHK100 分 de 名著「日本人」とは何者か？』NHK 出版

山竹伸二『フシギなくらい見えてくる！本当にわかる哲学』日本実業出版社

三浦俊彦『フシギなくらい見えてくる！本当にわかる論理学』日本実業出版社

岡本裕一朗『フシギなくらい見えてくる！本当にわかる現代思想』日本実業出版社

田上孝一『フシギなくらい見えてくる！本当にわかる倫理学』日本実業出版社

VALIS DEUX『絵でわかる現代思想』日本実業出版社

甲田烈『手にとるように哲学がわかる本』かんき出版

世界思想史研究会『手にとるように東洋思想がわかる本』島田裕巳 監修 かんき出版

秦野勝『面白いほどよくわかる！哲学の本』西東社

小須田健『面白いほどよくわかる 図解 世界の哲学・思想』日本文芸社

貫成人『図解雑学 哲学』ナツメ社

小阪修平『図解雑学 現代思想』ナツメ社

小阪修平『そうだったのか現代思想 ニーチェからフーコーまで』講談社＋α文庫

スラヴォイ・ジジェク『ラカンはこう読め！』鈴木晶 訳 紀伊國屋書店

ジョン・R・サール『MiND 心の哲学』山本貴光 訳、吉川浩満 訳 朝日出版社

ベン・デュプレ『人生に必要な哲学 50』近藤隆文 訳 近代科学社

トマス・ネーゲル『哲学ってどんなこと？』岡本裕一朗 若松良樹 訳 昭和堂

ヨースタイン・ゴルデル『ソフィーの世界』須田朗 監修 池田香代子 訳 NHK 出版

アール・コニー セオドア・サイダー『形而上学レッスン―存在・時間・自由をめぐる哲学ガイド』丹治信春 監修 小山虎 訳 春秋社

ウィル・バッキンガム『哲学大図鑑』小須田健 訳 三省堂

ドミニク・フォルシェー『年表で読む哲学・思想小事典』菊地伸二 杉村靖彦 松田克進 訳 白水社

マーカス・ウィークス『10 代からの哲学図鑑』スティーブン・ロー 監修 日暮雅通 訳 三省堂

アンヌ・チャン『中国思想史』志野好伸 中島隆博 廣瀬玲子 訳 知泉書院

高等学校公民科倫理教科書　東京書籍／清水書院／山川出版社／数研出版

『倫理用語集』濱井修 監修 小寺聡 編 山川出版社

『もういちど読む山川哲学―ことばと用語』小寺聡 編 山川出版社

索引

哲學原典

《人類有將來嗎?》 193
《大學》 084
《不平等論》 202
《中庸》 084
《內在體驗》 145
《公孫龍子》 023
《反對方法》 201
《心之概念》 195
《心理學》 190
《心靈哲學》 203
《文本的快樂》 147
《文集》 146
《文學與惡》 145

▶五劃

《四書集注》 025
《正義論》 200
《民主主義與教育》 191
《存在之本質》 192
《老子》 018
《自由的進化》 206
《自由與行為的哲學》 199
《自由與理性》 199
《西洋哲學史》 193
《作為公平的正義:正義新論》 200
《否定辯證法》 146
《告別理性》 201
《言語與行為》 198
《言語與行為》 199
《兩難論——日常語言哲學》 195
《命名與必然性》 205
《孟子》 020, 084
《宗教經驗之種種》 190
《放屁!名利雙收的捷徑》 202
《易經》 084
《物質與記憶》 144

《風土》 132
《知識的騙局》 209
《知覺的言語——理性與感性》 198
《社會改造原理》 193
《社會理論與社會結構》 197
《社會學的兩義性》 197
《拱廊街計畫》 144, 164
《春秋》 084
《保衛馬克思》 147

▶十劃

《流行體系》 147
《相對論的意義》 194
《科學社會學》 197
《科學革命的結構》 201
《科學實在論與心靈的可塑性》 206
《科學與近代世界》 192
《倫理學》 016
《倫理學原理》 193
《哲學、藝術、語言》 145
《哲學入門九堂課》 204
《哲學和自然之鏡》 203
《哲學解釋》 204
《哲學與邏輯句法》 195
《孫子》 019, 054
《時間之非真實性》 192
《時間與自由意志》 144
《書經》 084
《狹義與廣義相對論》 194
《真理與解釋》 199
《破除魔咒》 206
《荀子》 023
《偶然、反諷與團結:一個實用主義者的政治想像》 203
《動物解放》 208
《啟蒙辯證法》 146
《從邏輯的觀點看來》 196
《情色論》 145
《現代社會的神話》 147
《理性、真理和歷史》 202
《莊子》 020
《被詛咒的部分》 145
《創造進化論》 144

《創造進化論》 155
《最小道德學》 146
《無政府、國家與烏托邦》 204
《詞語與對象》 196
《開放社會及其敵人》 196
《傳習錄》 025
《意義和必然性》 195
《意識的解釋》 206
《意識眾相》 209
《意識腦》 209
《概念釐清方法論》 190
《當蝙蝠是什麼滋味?》 204
《董仲舒一百三十二篇》 024
《詩經》 084
《過程即實在》 192
《道德的思考方式》 199
《道德的語言》 199
《道德與宗教的兩個起源》 144
《達反事實條件句》 205
《實在論與理性》 202
《實務倫理》 208

▶十五劃

《徹底經驗主義論文集》 190
《維根斯坦關於規則與私有語言》 205
《認知哲學 :從腦科學到心靈哲學》 206
《語言、真理、邏輯》 197
《語言行為》 203
《墨子》 019
《寫作的零度》 147
《暴力的批判》 144
《論再生產》 147
《論多元社會》 205
《論語》 037, 084
《機械複製時代的藝術作品》 144
《歷史決定論的貧困》 196
《築就我們的國家:20世紀美國左派思想》 203
《韓非子》 024
《禮記》 084

附錄

《邏輯哲學論》194
《觀念的冒險》192
「粹」的構造 106

哲學概念

A系列 338
B系列 339
C系列 339

▶一劃

一元論 280, 363

▶二劃

二元論 361
人工智慧／人工智慧 295
人工語言哲學 231
人之本性趨向惡 046
人之性惡，其善者偽也 046
人本性為善 038
人生論筆記 107

▶三劃

三木清 107
上善若水 068
上層建築 377
下層建築 377
大丈夫 043
大他者 171
大陸哲學 148
大道廢，有仁義 066
小國寡民 074
工具主義 223
不可共量性 266
不相容論 347
不斷摸索 226
中文房間 311
中立一元論 278
中國人民 310
中國哲學 027
丹尼特 206
五行論 058
五倫 040

五倫五常 040
五常 040
仁 032, 038
仁義 042

▶四劃

公平的機會平等 327
六經 084
分析形上學 334
分析性真理 254
分析倫理學 318
分析哲學 230
反 371
反命題 371
反基礎論／反基礎主義 271
反實在論 262
天人之分 047
巴斯卡對人的研究 107
心即理 096
心身平行論 279
心身交感論 279
心物二元論 361
心靈哲學／精神哲學 276
心齋坐忘 082
文本 179
方法懷疑論 358
日本的靈性 105, 137
日本意識型態論 107
日常語言哲學 231
王道（政治）044

▶五劃

主客未分 113
主體 360
主觀 360
功能主義 271
古寺巡禮 106
可否證性 250
可能世界 340
可能世界論 342
可錯論，可謬論，易謬主義 217
四書五經 084
四端 038
四德 038
平行論 279

必然性真理 340
未解決的問題 320
本我 376
本我 379
正 371
生命倫理學 330
生命衝力 154, 155
生物自然主義 312
生產手段 375
生產關係 375
田邊元 105
白馬非馬 056
白馬論 056

▶六劃

交利 049
交感論 279
合 371
合縱之策 059
同一律 344
同一論 286
名家 056
因果法則 348
因果封閉原則 305
因果關係 300
因維根 207
在永恆的相下 365
多元決定 183
存在 382
存在主義 382
存在先於本質 383
存在理由 383
曳尾 081
曳尾泥塗 081
有用即是真理 221
有的場所 119
有保證的可斷言性／可信的
　論斷性 225
朱子學 087
死心 128
百一新論 104
百學連環 104
老莊思想 076
自由意志 346
自由意志主義 326
自由意志主義 347
自在 371

自在且自為 371
自我 360, 379
自為 371
自然 130
自然世界 118
自然主義 255
自然主義二元論 309
自然主義謬誤 321
自然法則 368
自覺的全般者 118
行為主義 284
行為主義心理學 285
西田哲學 119

▶七劃

作者之死 179
作為懺悔道的哲學 124
克己復禮 033
兵家 054
判斷的全般者 118
別 041
別愛 049
君子 032
否定辯證法 161
妙好人 139
孝 032
孝悌 032
序 041
形 126
忒修斯之船 344
快樂計算 373
我思，故我在 359
批判理性主義 250
杜恩-奎因 論題 253
每個人應同等被數算為一個
　人，誰都不該踰越這個計算
　373
決定論／拉普拉斯信條
　347
沙特 355
沙漠型 132
良心的聲音 368
良知 098
言語行為理論 272

▶八劃

京都學派 123
典範 264
取消主義 297
命題 234
命題 371
奇蹟論證 263
季風型 132
定言令式 369
居敬 092
居敬窮理 093
忠 032
性 090
性即理 090
性善 038
性惡 046
性衝動 379
性質二元論 278
拉普拉斯的惡魔 249
易姓革命 045
沼澤人 344
法治主義 061
法家 060
法蘭克福學派 160
泛神論 363
牧場型 132
物自身 367
物理主義 280
物種主義 329
直覺主義 321
知行合一 099
知足 073
社會化的神話 177
空 134
表象 237, 371
表義 176
非攻 053
非認知主義 325

▶九劃

信 032, 040, 041
信賞必罰 061
客體 360
客觀 360
後設倫理學 318
後結構主義 185
指物論 057
指涉／指稱 232

指稱的不可測度性 258
施為語句／述行語 272
是非之心 038
柔弱謙下 071
派典轉移／典範轉移 264
相容論 347
相對無的場所 118
科學社會學 269
科學哲學 246
科學實在論 262
科學論 107
蝴蝶之夢 077
致良知 098
英美哲學 211
計算主義 293
計算機功能主義 293
述行／展演性／施為句 272
述詞邏輯 116
風土 132

▶十劃

修己治人 034
個例 288
個例同一論 288
倫理學 318
兼愛 050
兼愛交利 049
哲學入門 105
哲學之改造 191
哲學殭屍／哲學喪屍 308
家族相似性 245
差異原則 327
弱人工智慧 295
恕 032
悌 032
效益主義 372
時間的不實在性 339
時間論 106
時態 338
格物致知 094
氣 088
浩然之氣 043
消盡 157
真人 083
真假值／真值 233
神即自然 363
神話作用 177

附
錄

純粹經驗 111

骨氣 128

▶十一劃

做中學 227

偶然 129

偶然性的問題 106

偶然性真理 340

副現象論／超現象主義 305

動物權利／動物解放 329

唯心論 280

唯物論 280

問題解決 227

基本自由原則 326

基礎論／基礎主義 270

堅白論 057

強人工智慧 295

強硬決定論 347

從動者到見者 104

情 091

情色 159

情意 126

情緒主義 323

敘言／記述性／表述句 272

桶中之腦 336

現代思想 148

現象意識 301

現象學 381

現實界 173

理 088

理性知識 370

理則 126

理型 356

理氣二元論 088

異化 376

笛卡兒劇場 298

符號的任意性 384

第一定理 359

第一原理 359

羞惡之心 038

規約主義 324

規範倫理學 318

許行 022

軟性決定論 347

逍遙遊 081

連衡之策 059

陰陽五行 058

陰陽家 058

陰陽論 058

陳述語句／述願語 272

▶十二劃

創造性智能 227

善的研究 104、114

善的研究 114

場所邏輯 119

媚態 128

悲觀歸納 263

惻隱之心 038

描述詞理論 239

揚棄對立 371

智 083

最大多數的最大幸福 374

朝三暮四 079

焚書坑儒 084

無 064

無分別智 137

無用之用 080

無名 064

無知之幕 326

無為自然 067

無限大的述詞 117

無窮後退／無限後退／無限
回溯 270

發話行為／言外行為 273

結構主義 387

絕對矛盾的自我同一 122

絕對無 121

絕對無的自覺 121

絕對無的場所 121

絕學無憂 072

虛無 126

視野 166

視野融合 167

象徵界 171

超我 379

開拓精神；進取精神 222

間柄的存在 135

陽明學 095

黑箱功能主義 293

▶十三劃

傾向性 284

想像界 170

意涵 236

意識之野 119

意識世界 118

意識難題 303

新科學哲學 267

新實用主義 261

新儒學 087

概念唯實論 057

意識形態國家機器 184

當代形上學 334

當蝙蝠是什麼滋味？ 314

碎裂的身體 168

經驗主義的兩個教條 256

經驗機器 337

群體語言 174

義 038、041

聖人 091

萬物齊同 078

解釋主義／詮釋論 285

解釋的鴻溝／裂縫 302

詮釋學 166

農家 029

道 064

道 035

道家 062

道教 063

道德法則 368

零度寫作 175

▶十四劃

圖像理論 240

圖像說 240

圖靈測試 294

實用主義 190

實用主義 215

實用主義 221

實體二元論／本質二元論
278

構想力 126

構想力的邏輯 107

演繹 219

瑪莉房間／黑白瑪莉論證／
知識論證 306

睿智的世界 119

睿智的全般者 118

種的邏輯 124

算數的基本法則 191
算數的基礎 191
粹 128
綜合性真理 254
綿延 152
認知無政府主義 269
認識論 057
認識論的斷裂 181
誘導法 218
語句 234
語言分析哲學 230
語言的轉向 230
語言遊戲 243

翻譯的不確定性 259
霸道（政治） 044
辭讓之心 038
鏡像階段 168
類別 288
類別同一論 288
嚴格不相容論 348
懺悔道 124
辯證法 370
讀者之誕生 179
邏輯實證主義 248
靈光 162
靈性 137

▶十五劃～十七劃

墨子 019
墨家 049
影像 150
德治主義 034
模仿遊戲 294
模態實在論 342
潛意識 378
窮理 093
範疇誤用／類錯誤 283
緣起 134
諸子百家 028
質包／質感／感質／直感／
　感官質包 302
儒家 030
儒教 031
儒學 084
整體論 253
機器中的幽靈 282
蕩盡 157
親 041
隨附性／附隨發生 310
隨順命運 080
應用倫理學 318
環境倫理學 330
禪與日本文化 105
縱橫家 059
隱含義 176
歸納 219
禮 032, 038
禮治主義 048

▶十八劃～

附
錄

國家圖書館出版品預行編目 (CIP) 資料

哲學超圖解 . 2, 中國‧日本‧歐美當代哲學
篇：中西 72 哲人 x190 哲思 ,600 幅可愛漫畫
秒懂深奧哲學 , 讓靈魂更自由 ! / 田中正人
著 ; 齋藤哲也監修 . -- 初版 . -- 新北市 : 野人
文化出版 : 遠足文化發行 , 2019.04
　面 ;　公分
譯自 : 統‧哲學用語図鑑
ISBN 978-986-384-344-3(平裝)

1. 哲學

100　　　　　　　　　　108002435

Original Japanese title: ZOKU TETSUGAKU YOUGO ZUKAN
© Masato Tanaka 2017
Original Japanese edition published by President Inc.
Traditional Chinese translation rights arranged with President Inc.
through The English Agency (Japan) Ltd. and Bardon-Chinese
Media Agency
Original design and illustration by Masato Tanaka and Mayuko
Watanabe（MORNING GARDEN INC.）

哲學超圖解 2【中國‧日本‧歐美當代哲學篇】
中西 72 哲人 x 190 哲思 ,600 幅
可愛漫畫秒懂深奧哲學，讓靈魂更自由！

線上讀者回函專用 QR CODE，您的寶貴意見，
將是我們進步的最大動力。

GRAPHIC
TIMES
012

哲學超圖解②

中國‧日本‧歐美當代哲學篇

中西72哲人╳190哲思, 600幅可愛漫畫秒懂深奧哲學, 讓靈魂更自由!

作者	田中正人 (著)，齋藤哲也 (監修)
中文版審定	苑舉正、伍至學、冀劍制
譯者	何姵儀、卓惠娟、陸蕙貽

社長	張瑩瑩
總編輯	蔡麗真
責任編輯	蔡欣育
專業校對	邱心柔
校對	魏秋綢
行銷企畫	林麗紅
封面設計	井十二設計研究室
美術設計	洪素貞
出版	野人文化股份有限公司
發行	遠足文化事業股份有限公司 (讀書共和國出版集團)
	地址：231 新北市新店區民權路 108-2 號 9 樓
	電話：（02）2218-1417　傳真：（02）2218–1142
	電子信箱：service@bookrep.com.tw
	網址：www.bookrep.com.tw
	郵撥帳號：19504465　戶名：遠足文化事業股份有限公司
	客服專線：0800-221-029

法律顧問	華洋法律事務所 蘇文生律師
印製	凱林彩印股份有限公司
初版	2019 年 4 月
初版 7 刷	2023 年 6 月

書　名 _____

姓　名 _____ □女 □男　年齡 _____

地　址 _____
_____

電　話 _____ 手機 _____

Email _____

□同意 □不同意　收到野人文化新書電子報

學　歷 □國中(含以下) □高中職　□大專　　□研究所以上
職　業 □生產/製造　□金融/商業　□傳播/廣告　□軍警/公務員
□教育/文化　□旅遊/運輸　□醫療/保健　□仲介/服務
□學生　　　□自由/家管　□其他

◆你從何處知道此書？
□書店：名稱 _____　□網路：名稱 _____
□量販店：名稱 _____　□其他 _____

◆你以何種方式購買本書？
□誠品書店　□誠品網路書店　□金石堂書店　□金石堂網路書店
□博客來網路書店　□其他 _____

◆你的閱讀習慣：
□親子教養　□文學　□翻譯小説　□日文小説　□華文小説　□藝術設計
□人文社科　□自然科學　□商業理財　□宗教哲學　□心理勵志
□休閒生活（旅遊、瘦身、美容、園藝等）　□手工藝／DIY　□飲食／食譜
□健康養生　□兩性　□圖文書／漫畫　□其他 _____

◆你對本書的評價：（請填代號，1. 非常滿意　2. 滿意　3. 尚可　4. 待改進）
書名 _____ 封面設計 _____ 版面編排 _____ 印刷 _____ 內容 _____
整體評價 _____

◆你對本書的建議：
_____
_____
_____
_____

23141
新北市新店區民權路108-2號9樓
野人文化股份有限公司 收

請沿線撕下對折寄回

書號：0NGT0012